高等学校经济管理类专业系列教材

校企"双元"合作开发教材

财 务 会 计

主　编　徐建斌　王慧华

副主编　裴德金　伍梦欣　林　菁　袁素琴

主　审　陈正军

西安电子科技大学出版社

内 容 简 介

　　本书基于工作过程整合了会计领域十二个工作岗位的技能要求,分为十二个项目,每个项目下又分为若干任务,全面阐述了工业企业供、产、销过程中会计核算的内容和方法。具体内容包括会计基础知识,出纳业务,存货业务,往来业务,固定资产及无形资产业务,投资业务,职工薪酬,借款业务,资本金核算,收入核算,税收、费用和利润核算业务,财务报表。

　　本书讲解透彻、易学易用,可作为高等院校财经类相关专业的教学用书,也可作为社会培训机构的辅导用书和企业财务岗位工作人员的参考书。

图书在版编目(CIP)数据

　财务会计 / 徐建斌,王慧华主编. — 西安:西安电子科技大学出版社,2021.5
ISBN 978-7-5606-6032-5

Ⅰ. ①财… Ⅱ. ①徐… ②王… Ⅲ. ①财务会计 Ⅵ. ①F234.4

中国版本图书馆 CIP 数据核字(2021)第 052174 号

策划编辑　李鹏飞
责任编辑　李　萍　李鹏飞
出版发行　西安电子科技大学出版社(西安市太白南路 2 号)
电　　话　(029)88242885　88201467　　邮　编　710071
网　　址　www.xduph.com　　　　　　电子邮箱　xdupfxb001@163.com
经　　销　新华书店
印刷单位　西安创维印务有限公司
版　　次　2021 年 5 月第 1 版　　2021 年 5 月第 1 次印刷
开　　本　787 毫米×1092 毫米　　1/16　印　张　14.75
字　　数　347 千字
印　　数　1~3000 册
定　　价　42.00 元
ISBN 978-7-5606-6032-5 / F
XDUP 6334001-1
***** 如有印装问题可调换 *****

前　言

根据教育部 16 号文件精神，高职高专的课程要基于工作过程，以就业为导向，突出职业能力培养。针对此要求，本书编者依据财政部截至 2017 年 7 月颁布的最新企业会计准则和 2016 年 3 月国家颁布的《营业税改征增值税试点实施办法》，详尽分析了企业财务会计工作岗位特点及具体工作过程，编写了这本《财务会计》教材。

在内容的组织设计上，本书坚持"以岗位为载体"的原则，针对会计领域的十二类工作岗位，提炼出各岗位的技能要求，合并应知应会的知识点和必须掌握的实操技能点，将其设计成十二个项目，每个项目正好对应企业财务的一类具体岗位，力求最大限度地贯彻"基于工作过程"这一指导思想。这样编写既有利于教师安排教学工作，也方便学生自学。

本书是编者所在学校与江西省景德镇陶瓷股份有限公司、深圳市齐创企业管理顾问有限公司进行校企合作开发的"双元"创新型教材，我们在编写过程中邀请了这两家公司的财务主管作为技术顾问，在此深表感谢。

由于编者水平有限，书中难免有欠妥之处，敬请读者批评指正。

编　者

2021 年 2 月

目　　录

项目一　会计基础知识

【学习目标】
　　知识目标：掌握财务会计和会计基本假设的含义，明确会计信息质量要求和会计要素的具体内容。
　　技能目标：熟悉会计科目的内容和分类。

任务一　财务会计的概念和目标

　　会计是随着社会生产的发展和经济管理的需要而产生、发展并不断完善起来的。在人类社会的发展历史上，为了具体了解生产成果和安排生活，逐步产生了记数和计算的要求。例如，我国的结绳记事、刻木记数就是会计的萌芽。随着社会经济的不断发展，生产力水平的不断提高，剩余产品的大量出现，会计逐步成为生产经营的附带职能。随着商品经济的发展，人们对经济管理的要求也越来越高，会计在核算内容和方法上也发生了很大的变化，并逐渐成为一种独立的管理活动。进入资本主义社会，随着商品经济规模的进一步扩大，会计逐步从简单记录、计量、比较盈亏损益，发展成为一门具有完整方法体系的学科。第二次世界大战以后，随着市场竞争的加剧，会计又从对经济活动的结果进行记录、计算和报告，发展到对企业活动的全过程进行控制和监督，并参与企业的经营决策。为了强化企业的经营管理服务，会计信息也越来越受重视。特别是为适应股份公司制和国际经济交往，会计信息逐渐突破了为单个企业服务的界限和国界。

一、财务会计的概念

　　财务会计是以会计准则或会计制度为主要依据，运用簿记系统的专门方法，对企业已经发生的交易或事项进行确认、计量、记录，并以财务报告的形式提供企业财务状况、经营成果以及现金流量等方面的财务信息，以满足信息使用者决策需要的信息系统。由于财务会计主要向企业外部与企业有经济利益的单位和个人提供会计信息，所以，财务会计也被称为对外报告会计。

二、财务会计的目标

　　我国财务会计的目标是向财务报告使用者提供与企业财务状况、经营成果和现金流量等有关的会计信息，反映企业管理层受托责任的履行情况，帮助财务报告使用者做出经济决策。它主要包括以下两个方面的内容：
　　(1) 向财务报告使用者提供对决策有用的信息。

　　企业编制财务报告的主要目的是满足财务报告使用者的信息需要,帮助财务报告使用者做出经济决策。因此,向财务报告使用者提供对决策有用的信息是财务报告的基本目标。如果企业在财务报告中提供的会计信息与使用者的决策无关,没有使用价值,那么财务报告就失去了其编制的意义。

　　根据向财务报告使用者提供对决策有用的信息这一目标,财务报告所提供的会计信息应当如实反映企业所拥有或者控制的经济资源、对经济资源的要求权以及经济资源要求权的变化情况,如实反映企业的各项收入、费用、利得和损失的金额及其变动情况,如实反映企业各项经营活动、投资活动和筹资活动等所形成的现金流入和现金流出情况等,从而有助于现在的或者潜在的投资者、债权人以及其他使用者正确、合理地评价企业的资产质量、偿债能力、盈利能力和营运效率等,有助于使用者根据相关会计信息做出理性的投资和信贷决策,有助于使用者评估与投资和信贷有关的未来现金流量的金额、时间和风险等。

　　(2) 反映企业管理层受托责任的履行情况。

　　在现代公司制下,企业所有权和经营权相分离,企业管理层是受委托人之托经营管理企业及其各项资产的,负有受托责任,即企业管理层所经营管理的企业的各项资产基本上均为投资者投入的资本(或者将留存收益作为再投资资本)或者向债权人借入的资金所形成的,企业管理层有责任妥善保管并合理、有效地运用这些资产。企业投资者和债权人等需要及时或者经常性地了解企业管理层保管、使用资产的情况,以便于评价企业管理层受托责任的履行情况和业绩情况,并决定是否需要调整投资或者信贷政策、是否需要加强企业内部控制和其他制度建设、是否需要更换管理层等。因此,财务报告应当反映企业管理层受托责任的履行情况,以便于评价企业的经营管理责任和资源使用的有效性。

任务二　会计准则和会计制度

一、企业会计准则

1. 企业会计准则的概念

　　企业会计准则是在《中华人民共和国会计法》(简称《会计法》)和会计理论指导下由一定组织机构制定的会计标准,是企业会计工作的规范,是处理会计实务、评价企业会计工作质量的准绳。在社会、政治、经济环境的影响下,会计准则随着会计理论与实践的发展而不断完善。

　　从 1973 年到 2000 年,国际会计准则(IAS)由国际会计准则委员会(IASC)发布。2001年,国际会计准则理事会(IASB)取代了国际会计准则委员会,并且在 2001 年 4 月宣称它会采用国际会计准则委员会以前发布的所有国际会计准则。IASB 自 2001 年正式成立以来,其发布的会计准则被称为国际财务报告准则。截至目前,通过改进原来的国际财务报告准则和发布新的国际财务报告准则,现行有效的国际财务报告准则共 38 项。这些会计准则主要涉及财务报表列报、存货、无形资产、现金流量表、所得税会计、不动产、厂房和设备、租赁、每股权益、收入等方面。

我国对国际财务报告准则十分重视，为使我国会计与国际会计接轨，适应我国社会主义市场经济发展的需要，保证会计信息质量，依据《会计法》的要求，在总结我国会计改革实践的基础上，经过我国会计专家和广大会计工作者的努力，制定并陆续修订和完善了我国的会计准则体系。会计准则是我国会计核算工作的统一标准，是审核企业会计报告的依据。

我国企业会计准则体系的基本框架是：以基本准则为指导原则，以存货、固定资产等一般业务的具体准则为主线，兼顾金融、石油、天然气等特殊行业中的特定业务准则，按照现金流量表、合并财务报表等报告准则进行列报，涵盖企业绝大部分经济业务的会计处理和相关信息的披露，体现我国国情并与国际会计准则基本趋同。

2. 企业会计基本准则和会计具体准则

我国的企业会计准则包括会计基本准则和会计具体准则两部分。

1) 会计基本准则

会计基本准则是指对会计核算工作做出的原则性规定。我国现行的企业会计基本准则是在 1993 年 7 月 1 日起实施的会计准则的基础上于 2006 年修订，自 2007 年 1 月 1 日起在上市公司范围内实施，并鼓励其他企业执行的《企业会计准则——基本准则》。它主要包括四个部分：总则、会计信息质量要求、会计要素准则、财务报表准则。会计基本准则的规定是我国不同所有制、不同行业的企业所必须共同遵守的原则。

2) 会计具体准则

会计具体准则是根据会计基本准则的要求就会计核算的基本业务和特殊行业的会计核算工作做出的规定。会计具体准则按照其内容可以分为共性业务会计准则、财务报表准则和特殊业务会计准则三类。共性业务会计准则主要对各行各业会计核算中共同的基本业务的会计处理做出规定，包括固定资产、存货、收入、无形资产、或有事项、租赁、外币折算等。财务报表准则主要就各种财务报表反映的内容、列示方法和报表的格式等做出规定，包括财务报表列报、现金流量表、中期财务报告、合并财务报表等。特殊业务会计准则主要是分别对一些特殊行业的基本会计业务的核算做出规定，包括金融工具的确认和计量、石油和天然气的开采、生物资产的确认和计量等。

3. 实施企业会计准则的意义

在我国，随着社会主义市场经济体系的建立和完善以及对外开放的不断扩大，企业已走向国际市场，这就要求企业会计按国际惯例进行运作。因此，制定和实施适合我国国情的会计准则就有着非常重要的现实意义，主要表现在以下三个方面：

(1) 有利于保护社会公众利益。我国企业会计准则体系以提高会计信息质量、维护社会经济秩序为宗旨，按照国际惯例对会计信息的生成和披露做了更加严格和科学的规定。我国企业会计准则体系的实施，必将进一步强化对信息供给的约束，有效维护投资者的知情权，有利于社会公众做出理性决策，有利于保护社会公众的切身利益，促进经济持续、稳定和有序发展。

(2) 有利于完善市场经济体制。我国企业会计准则体系适应经济全球化、会计国际趋同和社会主义市场经济体制的新形势、新要求。我国企业会计准则体系的实施，有利于更好地发挥会计工作引导资源配置、支持科学决策、加强经营管理、推动合理分配的职能，对促进深化企业改革、建设现代市场体系、完善市场经济体制和加强宏观调控具有重要作用。

(3) 有利于提高对外开放水平。会计是国际通用的商业语言，随着经济全球化趋势的深入发展，我国经济与世界经济的相互联系、相互依存和相互影响日益加深，迫切需要大胆借鉴国际通行规则，不断完善会计审计准则。我国企业会计准则体系的实施，有利于进一步优化我国的投资环境，促进企业更多、更好地"走出去"，稳步推进我国会计审计的国际化发展战略，全面提高我国的对外开放水平。

二、企业会计制度

1. 企业会计制度的概念

会计制度是部门或行业根据会计准则制定的适用于本身进行会计工作所遵循的规则、方法和程序的总称。目前，由财政部根据《会计法》和会计准则制定的、于 2001 年 1 月 1 日发布实施的国家统一会计制度，仍在我国非上市公司执行。我国会计领域出现了企业会计准则和企业会计制度并存的趋势。各部门和单位也可根据企业会计准则的要求，制定部门或单位的会计制度。

2. 企业会计制度的内容

目前，财政部颁布实施的会计制度主要有企业会计制度、金融企业会计制度和小企业会计制度等。会计制度的核心是账户设置、会计核算、具体流程和会计核算的具体方法等。

任务三　会计基本假设和要求

一、会计基本假设

会计基本假设是企业会计确认、计量和报告的前提，是对会计核算所处时间、空间环境等所做的合理设定。会计基本假设包括会计主体、持续经营、会计分期和货币计量。

1. 会计主体

会计主体假设界定了会计核算的空间范围。企业应当对它本身发生的交易或者事项进行会计确认、计量和报告，反映企业本身所从事的各项生产经营活动，应将它本身的交易或者事项与会计主体所有者的交易或者事项以及其他会计主体的交易或者事项区分开来。只有那些影响企业本身经济利益的各项交易或事项才能加以确认、计量和报告，那些不影响企业本身经济利益的各项交易或事项则不能加以确认、计量和报告。例如，企业所有者投入到企业的资本或者企业向所有者分配的利润，属于企业主体所发生的交易或者事项，应当纳入企业会计核算的范围。明确界定会计主体是开展会计确认、计量和报告工作的重要前提。

会计主体不同于法律主体。一般来说，法律主体必然是一个会计主体。例如，一个企业作为一个法律主体，应当建立财务会计系统，独立反映其财务状况、经营成果和现金流量。但是，会计主体不一定是法律主体。例如，就企业集团而言，母公司拥有若干子公司，母、子公司虽然是不同的法律主体，但是母公司对子公司拥有控制权，为了全面反映企业集团的财务状况、经营成果和现金流量，有必要将企业集团作为一个会计主体，编制合并财务报表。在这种情况下，尽管企业集团不属于法律主体，但它是会计主体。

2. 持续经营

持续经营是指在可以预见的将来，企业将会按当前的规模和状态继续经营下去，不会停业，也不会大规模削减业务。在持续经营假设下，企业进行会计确认、计量和报告应当以持续经营为前提。明确这一基本假设，就意味着会计主体将按照既定的用途使用资产，按照既定的合约条件清偿债务，会计人员就可以在此基础上选择会计政策和估计方法。例如，某企业购入一条生产线，预计使用寿命为 10 年。考虑到该企业将会持续经营下去，因此可以假定企业的固定资产会在持续的生产经营过程中长期发挥作用，并服务于生产经营过程，即不断地为企业生产产品，直至生产线的使用寿命结束。为此，该生产线就应当根据历史成本进行记录，并采用折旧的方法将历史成本分摊到预计使用寿命期间所生产的相关产品的成本中。

当然，在市场经济环境下，任何企业都存在破产、清算的风险。也就是说，企业不能持续经营的可能性总是存在的。因此，需要企业定期对其持续经营这一基本前提做出分析和判断。如果判断企业不能持续经营，就应当改变会计核算的原则和方法，并在企业财务报告中做相应披露。如果一个企业在不能持续经营时还假定企业能够持续经营，并仍按持续经营的基本假设选择会计核算的原则和方法，就不能客观地反映企业的财务状况、经营成果和现金流量，会误导财务报告使用者进行经济决策。

3. 会计分期

会计分期是指将一个企业持续经营的生产经营活动期间划分为若干连续的、长短相同的期间。会计分期的目的在于通过会计期间的划分，将持续经营的生产经营活动期间划分成持续的、相同的期间，据以结算盈亏，按期编报财务报告，从而及时向财务报告使用者提供有关企业财务状况、经营成果和现金流量的信息。在会计分期假设下，企业应当划分会计期间，分期结算账目和编制财务报告。会计期间分为年度和中期。年度和中期均按公历起讫日期确定。中期是指短于一个完整的会计年度的报告期间。

根据持续经营假设，一个企业将按当前的规模和状态持续经营下去。要想最终确定企业的生产经营成果，只能等到企业在若干年后歇业时一次核算盈亏。但是，无论是企业的生产经营决策还是投资者、债权人等的决策，都需要及时的信息，不能等到歇业时。因此，就必须将企业持续经营的生产经营活动期间划分为若干连续的、长短相同的期间，分期确认、计量和报告企业的财务状况、经营成果和现金流量。正是由于会计分期，才产生了当期与以前期间、以后期间的差别，出现了权责发生制和收付实现制的区别，才使不同类型的会计主体有了记账的基准，进而出现了应收、应付、折旧、摊销等会计处理方法。

4. 货币计量

货币计量是指会计在进行会计确认、计量和报告时加以货币计量，反映会计主体的财务状况、经营成果和现金流量。在会计的确认、计量和报告过程中选择货币作为基础进行计量，是由货币本身的属性决定的。货币是商品的一般等价物，是衡量一般商品价值的共同尺度，具有价值尺度、流通手段、储藏手段和支付手段等特点。其他计量单位，都只能从一个侧面反映企业的生产经营情况，无法在量上进行汇总和比较，不便于会计计量和经营管理。因此，为了全面反映企业的生产经营活动和有关交易、事项，会计确认、计量和报告选择货币作为计量单位。但是，统一采用货币计量也存在缺陷。例如，某些影响企业财务状况和经营成果的因素，如企业经营战略、研发能力、市场竞争力等，往往难以用货币来计量，但这些信息对于使用者决策也很重要。因此，企业可以通过在财务报告中补充披露有关的非财务信息来弥补上述缺陷。

二、会计信息质量要求

企业在进行会计核算时，对会计信息的质量主要有如下要求：

(1) 可靠性。企业应当以实际发生的交易或者事项为依据进行确认、计量和报告，如实反映符合确认和计量要求的各项会计要素和其他相关信息，保证会计信息真实可靠、内容完整。

(2) 相关性。企业提供的会计信息应当与投资者等财务报告使用者的经济决策需要相关，有助于投资者等财务报告使用者对企业过去、现在或者未来的情况做出评价或者预测。

(3) 可理解性。企业提供的会计信息应当清晰明了，便于投资者等财务报告使用者理解和使用。

(4) 可比性。企业提供的会计信息应当相互可比。同一企业不同时期发生的相同或者相似的交易或者事项，应当采用一致的会计政策，不得随意变更；确需变更的，应当在报表附注中说明。不同企业发生的相同或者相似的交易或者事项，应当采用规定的会计政策，确保会计信息口径一致、相互可比。

(5) 实质重于形式。企业应当按照交易或者事项的经济实质进行确认、计量和报告，而不是仅以交易或者事项的法律形式为依据。

(6) 重要性。企业提供的会计信息应当反映与企业财务状况、经营成果和现金流量有关的所有重要交易或者事项。

(7) 谨慎性。企业对交易或者事项进行会计确认、计量和报告时要保持应有的谨慎，不应高估资产或者收益，低估负债或者费用。

(8) 及时性。企业对于已经发生的交易或者事项，应当及时进行确认、计量和报告，不得提前或者延后。

三、会计计量属性要求

会计计量是为了将符合确认条件的会计要素登记入账，并列报于财务报表而确定其金额的过程。计量属性是指所要计量的某一要素的特性，如桌子的长度、铁矿的质量、楼房的高度等。从会计的角度来看，计量属性反映的是会计要素金额的确定基础，它主要包括历史成本、重置成本、可变现净值、现值和公允价值等。

(1) 历史成本又称实际成本，是指取得或者制造某项财产物资时所实际支付的现金或其他等价物。在历史成本计量下，资产按照购置时支付的现金或者现金等价物的金额，或者按照购置资产时所付出的对价的公允价值计量；负债按照其因承担现时义务而实际收到的款项或者资产的金额，或者承担现时义务的合同金额，或者日常活动中为偿还负债预期需要支付的现金或者现金等价物的金额计量。

(2) 重置成本又称现行成本，是指在当前市场条件下，重新取得同样一项资产所需支付的现金或现金等价物的金额。在重置成本计量下，资产按照现在购买相同或者相似资产所需支付的现金或者现金等价物的金额计量；负债按现在偿付该项债务所需支付的现金或者现金等价物的金额计量。

(3) 可变现净值是指在正常生产经营过程中，以预计售价减去进一步加工成本和预计销售费用以及相关税费后的净值。在可变现净值计量下，资产按照正常对外销售所能收到现金或者现金等价物的金额扣减该资产至完工时估计将要发生的成本、估计的销售费用以及相关税金后的金额计量。

(4) 现值是指对未来现金流量以恰当的折现率进行折现后的价值，是考虑货币时间价值的一种计量属性。在现值计量下，资产按照预计从持续使用和最终处置中所产生的未来净现金流入量的折现金额计量；负债按照预计期限内需要偿还的未来净现金流出量的折现金额计量。

(5) 公允价值是指在公平交易中，熟悉情况的交易双方自愿进行资产交换或者债务清偿的金额。在公允价值计量下，资产和负债按照熟悉情况的交易双方自愿进行资产交换或者债务清偿的金额计量。

任务四 会计要素及其确认

会计要素是根据交易或者事项的经济特征所确定的财务会计对象的基本分类。会计要素按照其性质分为资产、负债、所有者权益、收入、费用和利润。其中，资产、负债和所有者权益要素侧重于反映企业的财务状况，收入、费用和利润要素侧重于反映企业的经营成果。会计要素的界定和分类可以使财务会计系统更加科学严密，为投资者等财务报告使用者提供更加有用的信息。

一、反映企业财务状况的会计要素及其确认

1. 资产

资产是指企业过去的交易或者事项形成的、由企业拥有或者控制的、预期会给企业带来经济利益的资源。

根据资产的定义，资产具有如下三个特征：

(1) 资产预期会给企业带来经济利益。

资产预期会给企业带来经济利益，是指资产具有直接或者间接导致现金和现金等价物流入企业的潜力。这种潜力可以来自企业日常的生产经营活动，也可以来自非日常生产经营活动；带来的经济利益可以是现金或者现金等价物，也可以是可以转化为现金或者现金等价物的其他资产，或者表现为减少现金或现金等价物流出。

资产预期能为企业带来经济利益是资产的重要特征。如果某一项目预期不能给企业带来经济利益，那么就不能将其确认为企业的资产，前期已经确认为资产的项目，如果不能再为企业带来经济利益，也不能继续将其确认为企业的资产。

(2) 资产应为企业拥有或者控制的资源。

资产作为一项资源应当由企业拥有或控制，具体是指企业享有某项资源的所有权，或者虽然不享有某项资源的所有权，但能够控制该资源。

企业享有资产的所有权，通常表明企业能够排他性地从资产中获取经济利益。即使企业并不享有资产的所有权，但是企业控制了这些资产，同样表明企业能够从资产中获取经济利益。反之，如果企业既不拥有也不控制资产，就不能从资产中获取经济利益，那么就不能将其作为企业的资产在会计上予以确认。

【例 1-1】某企业以融资租赁方式租入一项固定资产，尽管企业并不拥有其所有权，但是如果租赁合同规定的租赁期相当长，接近于该资产的使用寿命，则表明企业控制了该资产的使用及其所能带来的经济利益，因此，应当将其作为企业的资产予以确认、计量和报告。

(3) 资产是由企业过去的交易或事项形成的。

资产应当由企业过去的交易或事项所形成。过去的交易或事项包括购买、生产、建造行为，即只有过去发生的交易或事项才能产生资产，企业预期在未来发生的交易或事项不形成资产。

【例 1-2】甲企业和乙企业签订了一份购买原材料的合同，合同尚未履行，即购买行为尚未发生，因此该批原材料不符合资产的定义，甲企业不能因此而确认存货资产。

将一项资源确认为资产，首先应当符合资产的定义。除此之外，还需要同时满足以下两个条件：

(1) 与该资源有关的经济利益很可能流入企业。

根据资产的定义，能够带来经济利益是资产的一个本质特征，但是由于经济环境瞬息万变，与资源有关的经济利益能否流入企业或能够流入多少实际上是不确定的，因此资产的确认应当与经济利益流入的不确定性程度的判断结合起来。如果根据编制财务报表时所取得的证据，与该资源有关的经济利益很可能流入企业，那么就应当将其作为资产予以确认；反之，则不予确认。例如，对于所形成的应收账款，如果企业判断很可能部分或全部无法收回，则表明该部分或全部应收账款已经不符合资产的确认条件，企业应当对该应收账款计提一项坏账准备，减少资产的价值。

(2) 该资源的成本或价值能够可靠地计量。

可计量性是所有会计要素确认的重要前提，资产的确认同样需要符合这一要求。只有当有关资源的成本或价值能够可靠地计量时，才能确认为资产。企业取得的许多资产都是发生了实际成本的，如企业购买或生产的存货、企业购置的厂房或设备等，只要这些资产实际发生的购买或生产成本能够可靠地计量，就应视为符合资产的可计量性确认条件。在某些情况下，企业取得的资产没有发生实际成本或发生的实际成本很小，如企业持有的某些衍生金融工具形成的资产，尽管它们没有发生实际成本或发生的实际成本很小，但是如果其公允价值能够可靠地计量，也应视为符合资产的可计量性确认条件。

因此，一项资源除了应当符合资产的定义外，还必须同时满足上述两个条件，才能将其确认为一项资产。

【例 1-3】甲企业为一家高科技企业，于 2019 年度发生研究支出 5 000 万元。该研究支出尽管能够可靠地计量，但是很难判断它能否为企业带来经济利益，因此不能将其作为资产予以确认。

【例 1-4】ABC 企业是一家咨询服务企业，人力资源丰富，而且这些人力资源很可能为企业带来经济利益，但是人力资源的成本或价值往往无法可靠地计量，因此在现行会计系统中人力资源通常不被确认为企业的一项资产。

2. 负债

负债是指企业过去的交易或者事项形成的、预期会导致经济利益流出企业的现时义务。

根据负债的定义，负债具有以下四个特征：

(1) 负债是基于过去的交易或事项而产生的。

负债是基于过去的交易或事项而产生的。也就是说，导致负债的交易或事项必须已经发生，如购置货物产生应付账款(已经预付或在交货时支付的款项除外)，接受银行贷款产生偿还贷款的义务。只有源于已经发生的交易或事项，会计上才有可能确认为负债。正在筹划的未来交易或事项，如企业的业务计划，不会产生负债。

【例 1-5】某企业已经向银行借入款项 5 000 万元，属于过去的交易或事项所形成的负债。企业同时还与银行达成 2 个月后借入 3 000 万元的借款意向书，该交易就不属于过去的交易或事项，不能形成企业的负债。

(2) 负债是企业承担的现时义务。

必须是企业承担的现时义务，这是负债的一个基本特征。现时义务是指企业在现行条件下已承担的义务。未来发生的交易或事项形成的义务不属于现时义务，不应当确认为负债。

现时义务可以是法定义务，也可以是推定义务。其中，法定义务是指具有约束力的合同或法律、法规规定的义务，具有强制性。推定义务是指根据企业多年来的习惯做法、公开的承诺或公开宣布的政策而导致企业将承担的责任，这些责任也使有关各方形成了企业将履行义务、解脱责任的合理预期。

【例 1-6】乙企业多年来制定有一项销售政策，即对于售出商品提供一定期限内的售后保修服务。乙企业预期为售出商品提供的保修服务属于推定义务，应当将其确认为一项负债。

(3) 现时义务的履行通常关系到企业放弃含有经济利益的资产，以满足对方的要求。

现时义务的履行，可采取若干种方式，如支付现金，转让其他资产，提供劳务，以其他义务替换该项义务，将该项义务转换为所有者权益等。

(4) 负债通常在未来某一时日通过交付资产(包括现金和其他资产)或提供劳务来清偿。

负债通常都有确切的收款人和偿付日期，或者说债权人和负债到期日都可以合理地估计确定。例如，企业对已经出售的产品的质量担保债务，对于哪些客户和在什么时期内有效，一般是可以合理估计的。有时企业可以通过承诺新的负债或将负债转化为所有者权益来了结一项现有负债，前一种情况只是负债的展期，后一种情况则是用增加所有者权益来了结债务。

将一项现时义务确认为负债，首先应当符合负债的定义，此外还需要同时满足以下两个条件：

(1) 与该义务有关的经济利益很可能流出企业。

根据负债的定义，预期会导致经济利益流出企业是负债的一个本质特征。鉴于履行义务所需流出的经济利益具有不确定性，尤其与推定义务相关的经济利益流出通常需要较大程度的估计，负债的确认应当与经济利益流出的不确定性程度的判断结合起来。如果根据编制财务报表时所取得的证据判断，与现时义务有关的经济利益很可能流出企业，那么就应当将其作为负债予以确认。

【例 1-7】某企业涉及的未决诉讼和为销售商品提供的质量保证，如果很可能导致经济利益流出企业，就应当视为符合负债的确认条件。反之，企业虽然承担了现时义务，但是导致经济利益流出企业的可能性很小，则不符合负债的确认条件，不应当将其作为负债予以确认。

(2) 未来流出的经济利益的金额能够可靠地计量。

负债的确认也需要符合可计量性的要求，即对于未来流出的经济利益的金额应当能够可靠地计量。对于与法定义务有关的经济利益流出金额，通常可以根据合同或法律的规定予以确定。经济利益的流出一般发生在未来期间，有时未来期间的时间还很长，在这种情况下，有关金额的计量通常需要考虑货币时间价值等因素的影响，对于与推定义务有关的经济利益流出金额，通常需要较大程度的估计。因此，企业应当根据履行相关义务所需支出的最佳估计数进行确认，并综合考虑货币时间价值、风险等因素的影响。

3. 所有者权益

所有者权益是指企业资产扣除负债后剩余的由所有者享有的权益。公司的所有者权益又称为股东权益。

所有者权益反映了所有者对企业资产的剩余索取权，是企业资产扣除债权人权益后应由所有者享有的部分。所有者权益按来源主要包括所有者投入的资本、直接计入所有者权益的利得和损失、留存收益等。

所有者投入的资本是指所有者投入企业的资本部分，既包括构成企业注册资本或股本部分的金额，也包括投入资本超过注册资本或股本部分的金额，即资本溢价或股本溢价，这部分投入资本在我国企业会计准则体系中被计入了资本公积，并在资产负债表中的资本公积项目下反应。

直接计入所有者权益的利得和损失是指不应计入当期损益、会导致所有者权益发生增减变动的、与所有者投入资本或向所有者分配利润无关的利得或损失。其中，利得是指由企业非日常活动所形成的、会导致所有者权益增加的、与所有者投入资本无关的经济利益的流入；损失是指由企业日常活动所发生的、会导致所有者权益减少的、与向所有者分配利润无关的经济利益的流出。直接计入所有者权益的利得和损失主要包括以公允价值计量且其变动计入其他综合收益的金融资产的公允价值变动额、现金流量套期中套期工具公允价值变动额(有效套期部分)等。

留存收益是企业历年实现的净利润留存于企业的部分，主要包括计提的盈余公积和未分配利润。

由于所有者权益体现的是所有者在企业中的剩余权益，因此所有者权益的确认主要依赖于其他会计要素，尤其是资产和负债的确认；所有者权益金额的确定也主要取决于资产和负债的计量。例如，企业接受投资者投入的资产，在该资产符合企业资产确认条件时，也相应地符合所有者权益的确认条件。

二、反映企业经营成果的会计要素及其确认

1. 收入

收入是指企业在日常活动中形成的、会导致所有者权益增加的、与使用者投入资本无关的经济利益的总流入。

根据收入的定义，收入具有以下三个特征：

(1) 收入应当是企业在日常活动中形成的。

收入应当是企业在日常活动中所形成的。其中，日常活动是指企业为完成其经营目标所从事的经常性活动以及与之相关的活动。例如，工业企业制造并销售产品、商业企业销售商品、保险公司签发保单、咨询公司提供咨询服务、软件企业为客户开发软件、安装公司提供安装服务、商业银行对外贷款、租赁公司出租资产等，均属于企业的日常活动。明确界定日常活动是为了区分收入与利得，企业非日常活动所形成的经济利益的流入不能确认为收入，而应当计入利得。

(2) 收入应当导致经济利益的流入，该流入不包括所有者投入的资本。

收入应当导致经济利益的流入，从而导致资产的增加。例如，企业销售商品，必须收到现金或有权力收到现金，才能确认收入。但是，企业经济利益的流入有时是由所有者投入资本的增加所导致的，与收入相关的经济利益的流入不包括所有者投入的资本，因此所有者投入资本的增加不应当确认为收入，应当将其直接确认为所有者权益。

(3) 收入应当最终导致所有者权益的增加。

与收入相关的经济利益的流入最终应当导致所有者权益的增加。不会导致所有者权益增加的经济利益的流入不符合收入的定义，不应确认为收入。

【例 1-8】某企业向银行借入款项 1 000 万元，尽管该借款导致了企业经济利益的流入，但是该流入并不会导致所有者权益的增加，反而使企业承担了一项现时义务。因此，借入款项所导致的经济利益的增加不应确认为收入，而应当确认为一项负债。

除了应当符合收入的定义外，收入的确认还应当满足严格的确认条件。收入只有在经济利益很可能流入，从而导致企业资产增加或负债减少，且经济利益的流入额能够可靠计量时才能予以确认。因此，收入的确认至少应当同时符合下列条件：

(1) 与收入相关的经济利益应当很可能流入企业。

(2) 经济利益流入企业的结果会导致企业资产的增加或负债的减少。

(3) 经济利益的流入额能够可靠计量。

2. 费用

费用是指企业在日常活动中发生的，会导致所有者权益减少的、与向所有者分配利润无关的经济利益的总流出。

根据费用的定义，费用具有以下三个特征：

(1) 费用应当是企业在日常活动中发生的。

费用应当是企业在其日常活动中所发生的，这里的日常活动与收入定义中的日常活动一致。日常活动所产生的费用通常包括销售成本、职工薪酬、折旧费、无形资产摊销费等。将费用界定为日常活动中所发生的，目的是将其与损失相区分。企业非日常活动所导致的

经济利益的流出不能确认为费用，而应当计入损失。

(2) 费用应当导致经济利益的流出，该流出不包括向所有者分配的利润。

费用应当会导致经济利益的流出，从而导致资产的减少或负债的增加(最终也会导致资产的减少)，其表现形式包括现金或现金等价物的流出，以及存货、固定资产和无形资产等的流出或消耗等。企业向所有者分配利润也会导致经济利益的流出，而该经济利益的流出属于所有者权益的抵减项目，因而不应确认为费用。

(3) 费用应当最终导致所有者权益的减少。

属于费用的经济利益的流出最终应当导致所有者权益的减少。不会导致所有者权益减少的经济利益的流出不符合费用的定义，不应确认为费用。

【例 1-9】某企业用银行存款 500 万元购买工程用物资，尽管该购买行为使企业的经济利益流出了 500 万元，但并不会导致企业所有者权益的减少，而是使企业增加了另外一项资产。在这种情况下，就不应当将该经济利益的流出确认为费用。

【例 1-10】某企业用银行存款偿还了一笔短期借款 1 000 万元，尽管该偿付行为导致企业经济利益流出了 1 000 万元，但该流出并没有导致企业所有者权益的减少，而是使企业的负债减少了。在这种情况下，就不应当将该经济利益的流出确认为费用。

除了应当符合费用的定义外，费用的确认还应当满足严格的确认条件。费用的确认至少应当同时满足以下条件：

(1) 与费用相关的经济利益应当很可能流出企业。

(2) 经济利益流出企业的结果会导致资产的减少或负债的增加。

(3) 经济利益的流出额能够可靠计量。

此外，确认费用还应当注意以下三点：

(1) 企业为生产产品、提供劳务等发生的可归属于产品成本、劳务成本等的费用，应当在确认产品销售收入、劳务收入等时将已销售产品、已提供劳务的成本等计入当期损益，即这些费用应当与企业实现的相关收入相配比，并在同一会计期间予以确认，计入利润表。

(2) 企业发生的支出不产生经济利益的，或即使能够产生经济利益但不符合或不再符合资产确认条件的，应当在发生时确认为费用，计入当期损益。

【例 1-11】某企业发生的办公经费和业务招待费不会给企业带来未来经济利益，因此，应当于发生时直接确认为费用，计入当期损益。

【例 1-12】某企业发生的研究费用，尽管将来有可能会带来经济利益，但是能否带来经济利益或能够带来多少经济利益有很大的不确定性，因此不符合资产的确认条件，应当在发生时将其确认为费用，计入当期损益。

【例 1-13】某企业持有的资产发生了减值，减值的部分已不能为企业带来经济利益，因此不再符合资产的确认条件，应当将其确认为费用，计入当期损益。

(3) 企业发生的交易或事项导致其承担了一项负债而又不确认为一项资产的，应当在发生时确认为费用，计入当期损益。

【例 1-14】某企业对外销售产品时提供了产品质量保证，该保证导致企业承担了一项负债，但企业不能将其确认为一项资产，而应当作为费用予以确认。

3. 利润

利润是指企业在一定会计期间的经营成果。

利润反映的是企业的经营业绩情况，是业绩考核的重要指标。

利润包括收入减去费用后的净额、直接计入当期利润的利得和损失等。其中，收入减去费用后的净额反映的是企业日常活动的业绩，直接计入当期利润的利得和损失反映的是企业非日常活动的业绩。

直接计入所有者权益的利得或损失是指不应计入当期损益、会导致所有者权益发生增减变动、与所有者投入资本或向所有者分配利润无关的利得或损失；直接计入当期利润的利得或损失是指应当计入当期损益、会导致所有者权益发生增减变动、与所有者投入资本或向所有者分配利润无关的利得或损失。

利润反映的是收入减去费用、利得减去损失后的净额的概念。因此，利润的确认主要依赖于收入和费用以及利得和损失的确认，其金额的确定也主要取决于收入、费用、利得、损失金额的计量。

练 习 题

一、单项选择题

1. 同一会计主体在不同会计期间尽可能采用相同的会计处理方法和程序，这一信息质量要求在会计上称为(　　)。

A. 可比性　　　　　　　　　　　B. 连续性

C. 相关性　　　　　　　　　　　D. 配比性

2. 导致权责发生制的产生以及预提、待摊等会计处理方法的运用的基本前提是(　　)。

A. 持续经营　　　　　　　　　　B. 会计主体

C. 会计分期　　　　　　　　　　D. 货币计量

3. 下列各项中，体现谨慎性信息质量要求的是(　　)。

A. 存货采用历史成本计价　　　　B. 应收账款计提坏账准备

C. 当期销售收入与费用配比　　　D. 无形资产摊销

4. 下列项目中，能同时引起资产和负债发生变化的是(　　)。

A. 赊购商品　　　　　　　　　　B. 接受投资者投入设备

C. 收回应收账款　　　　　　　　D. 支付股票股利

5. 以下事项中，不属于企业收入的是(　　)。

A. 让渡资产使用权所取得的收入　B. 提供劳务所取得的收入

C. 出售无形资产取得的净收益　　D. 出租机器设备取得的收入

二、多项选择题

1. 下列项目中，属于所有者权益项目的有(　　)。

A. 所有者投入的资本

B. 直接计入所有者权益的利得和损失

C. 留存收益

D. 应付职工薪酬

2. 下列各项中,属于利得的有( )。

A. 出租无形资产取得的收益

B. 投资者的出资额大于其在被投资单位注册资本中所占份额的金额

C. 处置固定资产产生的净收益

D. 出售原材料获得的净收益

3. 下列资产中,属于本企业资产范围的有( )。

A. 融资租入设备   B. 经营方式租出设备

C. 委托加工物资   D. 经营方式租入设备

项目二　出纳业务

【学习目标】
　　知识目标：掌握货币资金的概念、库存现金和银行存款的核算内容，明确现金管理和
　　　　　　　银行结算管理的有关规定，了解其他货币资金的核算内容。
　　技能目标：熟悉库存现金、银行存款、其他货币资金的账务处理。

任务一　库 存 现 金

　　库存现金是指存放于企业会计部门，由出纳人员保管的作为日常零星开支的现款。企业的库存现金包括库存的人民币现金和外币现金。库存现金是企业资产中流动性最强的一种货币资金，可随时用于购买所需的物资，支付有关费用和偿还债务，也可以随时存入银行。

一、现金管理的主要内容

　　现金的流动性最强，最易被挪用或侵占，因此，企业应特别重视现金的管理与控制，以保护其安全与完整。现金管理的主要内容包括：

　　(1) 企业必须按《现金管理暂行条例》中规定的现金结算的范围使用现金，不属于现金开支范围的业务一律通过银行办理转账结算。现金结算范围主要有职工薪酬、差旅费、结算起点以下的零星支出等。

　　(2) 企业应当加强库存现金库存限额的管理，在银行核定的库存限额内支付现金，不得任意超过库存现金的限额，超过库存限额的现金应及时存入银行。

　　(3) 企业应当加强现金的管理，明确收款、付款、记录等各个环节出纳人员与相关人员的职责权限。

　　(4) 企业现金收入应及时存入银行，不得用于直接支付单位自身的支出，因特殊情况需要坐支现金的，应事先报开户银行审查批准，由开户银行确定坐支的数额等，未经银行批准的，严禁坐支现金。

　　(5) 企业应当定期和不定期地进行现金盘点，确保现金账面余额与实际库存相符，不得用白条抵库和挪用现金。

二、库存现金核算

1. 账户设置

　　为了反映企业库存现金的收、付及结存情况，企业应设置"库存现金"账户。该账户

属于资产类账户，用以核算企业现金的增加和减少以及结存情况。该账户的借方登记库存现金的增加，贷方登记库存现金的减少，期末借方余额表示库存现金的结余额。

2. 现金收支的会计处理

企业收入现金时，应借记"库存现金"账户，按照现金的来源贷记有关账户；支出现金时，按照现金的用途借记有关账户，贷记"库存现金"账户。

【例 2-1】某企业从银行提取现金 2 000 元以备日常开支。根据现金支票编制的会计分录如下：

借：库存现金　　　　　　　　　　　　　　　　　　　2 000
　　贷：银行存款　　　　　　　　　　　　　　　　　　　　2 000

【例 2-2】某企业以现金支付购买办公用品的费用 500 元。根据购货发票编制的会计分录如下：

借：管理费用　　　　　　　　　　　　　　　　　　　500
　　贷：库存现金　　　　　　　　　　　　　　　　　　　　500

【例 2-3】某企业销售一批产品，货款 600 元，增值税 78 元，共计收到现金 678 元。根据销售发票编制的会计分录如下：

借：库存现金　　　　　　　　　　　　　　　　　　　678
　　贷：主营业务收入　　　　　　　　　　　　　　　　　600
　　　　应交税费——应交增值税(销项税额)　　　　　　　78

为了加强对库存现金的管理和核算，企业应设置"现金日记账"，由出纳人员根据审核无误的收付款凭证，逐日逐笔对现金收付进行登记，每日终了应计算全天现金收入合计、支出合计和库存余额，并将账面结存数与库存现金实存数进行核对，保证账款相符；若发现账款不符，应及时查明原因，进行处理。月份终了，应将"现金日记账"的余额与"库存现金"账户的余额核对，做到账账相符，实现现金的日清月结。

三、现金清查

1. 清查方法与结果

为了保证现金的安全与完整，企业应经常对库存现金进行盘点清查，出纳人员应该对本人经管的现金逐日进行盘点，企业组成的清查小组还应对库存现金进行定期和不定期的清查。清查方法是清点库存现金，并将库存现金的实有数与账面余额进行核对。

现金清查中若发生账款不符，属于尚待查明原因的现金短缺或溢余，应先通过"待处理财产损溢"账户核算，待查明原因后，分情况进行处理。

2. 长款与短款的处理

若为现金短款，则属于应由责任人赔偿或者保险公司赔偿的部分，应记入"其他应收款"；若属于无法查明的其他原因，则经批准后记入"管理费用"。

【例 2-4】某企业现金清查时发现短缺 160 元。编制的会计分录如下：

借：待处理财产损溢　　　　　　　　　　　　　　　　160
　　贷：库存现金　　　　　　　　　　　　　　　　　　　　160

其中，100 元应由出纳人员赔偿，其余 60 元属于无法查明的其他原因，经批准记入管理费用。编制如下会计分录：

借：其他应收款   100

    管理费用   60

    贷：待处理财产损溢   160

若为现金溢余，则属于应支付给其他人员或单位的部分，应记入"其他应付款"，属于无法查明的其他原因，经批准后记入"营业外收入"。

【例 2-5】某企业现金清查时发现现金溢余 620 元。编制的会计分录如下：

借：库存现金   620

    贷：待处理财产损溢   620

其中，500 元属于应支付给其他单位的，其余 120 元属于无法查明的其他原因，经批准记入营业外收入。编制的会计分录如下：

借：待处理财产损溢   620

    贷：其他应付款   500

        营业外收入   120

任务二　银行存款

银行存款是指企业存放在银行或其他金融机构的货币资金，包括人民币存款和外币存款。

一、银行支付结算方式

支付结算是指单位、个人在社会经济活动中使用票据、信用卡和汇兑、托收承付、委托收款等结算方式进行货币给付及资金清算的行为。银行是支付结算和资金清算的中介机构。企业各项经济业务除按规定可以直接使用现金办理收付结算的外，都必须通过银行办理转账结算。

根据中国人民银行有关支付结算办法的规定，企业发生的经济业务可以采用以下几种结算方式，通过银行办理转账结算。

1. 支票

支票是指出票人签发的、委托办理支票存款业务的银行在见票时无条件支付确定的金额给收款人或者持票人的票据。支票按支付方式不同，分为现金支票、转账支票和普通支票。支票上印有"现金"字样的为现金支票，现金支票只能用于支付现金；支票上印有"转账"字样的为转账支票，转账支票只能用于转账；支票上未印"现金"或"转账"字样的为普通支票，普通支票可以用于支取现金，也可以用于转账。在普通支票左上角划两条平行线的，为划线支票，划线支票只能用于转账，不得支取现金。

单位和个人在同一票据交换区域的各种款项结算，均可以使用支票。

存款人领购支票，必须填写"票据和结算凭证领用单"并签章，存款账户结清时，必须将全部剩余空白支票交回银行注销。签发支票的金额不得超过付款时在付款人处实有的存款余额，即禁止签发空头支票。不得签发与其预留银行签章不符的支票；使用支付密码的，不得签发支付密码错误的支票。支票的提示付款期限为自出票日起 10 天内，中国人民银行另有规定的除外。超过提示付款期限提示付款的，持票人开户银行不予受理，付款人不予付款。

2. 银行本票

银行本票是银行签发的、承诺自己在见票时无条件支付确定的金额给收款人或者持票人的票据。单位和个人在同一票据交换区域需要支付各种款项时，均可以使用银行本票。

申请人办理银行本票时，应填写"银行本票申请书"，详细填明收款人名称和金额，并向银行交存款项。银行收取款项后，即向申请人签发与交存金额相等的银行本票，付款人持银行本票向收款人办理结算。收款人收到银行本票后，经审核无误，在银行本票背面加盖预留银行印鉴，并填写"银行进账单"，送开户银行办理转账收款。

银行本票可分为不定额本票和定额本票两种。定额本票的面额分别为 1 000 元、5 000 元、10 000 元和 50 000 元 4 种。

银行本票的提示付款期限为自出票日起最长不超过 2 个月。在有效付款期内，银行本票见票即付，超过提示付款期限提示付款的，银行不予受理。申请人因银行本票超过付款期限或其他原因要求退款时，可持银行本票到签发银行办理。

3. 银行汇票

银行汇票是出票银行签发的，由其在见票时按照实际结算金额无条件支付给收款人或持票人的票据。单位和个人各种款项的结算，均可以使用银行汇票。

申请人在办理银行汇票时，应填写"银行汇票委托书"，详细填明收款人名称、付款人名称、汇票金额、申请日期等内容；签发银行受理委托，在收妥款项后，即向汇款人签发银行汇票；汇款人取得银行汇票后应将银行汇票与解讫通知一并交给收款人，完成付款结算；收款人收到银行汇票，经审核无误后，应在出票金额以内，根据实际结算金额和多余的金额，准确、清晰地填入银行汇票和解讫通知的有关栏内，填写银行进账单，在汇票背面加盖预留银行的印鉴，连同解讫通知一并送交开户银行办理转账收款。

银行汇票的提示付款期限为自出票日起 1 个月内。持票人超过提示付款期限提示付款的，银行不予受理。银行汇票可办理转账，但填明"现金"字样的银行汇票也可以用于支取现金。

4. 商业汇票

商业汇票是出票人签发的、委托付款人在指定日期无条件支付确定的金额给收款人或持票人的票据。在银行开立账户的法人以及其他组织，相互之间具有真实的交易关系或债权债务关系，均可以使用商业汇票结算。

商业汇票按承兑人不同，可以分为商业承兑汇票和银行承兑汇票。商业承兑汇票是由收款人签发、经付款人承兑，或由付款人签发并承兑的票据。银行承兑汇票是由收款人或承兑申请人签发，并由承兑申请人向其开户银行申请，经银行审查同意承兑的票据。

在商业承兑汇票结算过程中，付款人首先按购销合同签发商业承兑汇票并承兑，然后将已承兑的汇票交与收款人。收款人将汇票保留到期满，送交开户银行办理转账收款。收款人开户银行将汇票转递承兑人开户银行要求收款，同时承兑人应在汇票期满前将足额票款存入开户银行，承兑人开户银行在收到汇票后从承兑人账户内划转款项，完成结算。承兑人收到开户银行的付款通知，应在当日通知银行付款，承兑人在接到通知后次日起3日内未通知银行付款的，视同承兑人同意付款，银行将于承兑人接到通知日的次日起第4日上午开始营业时，将票款划给收款人。如果承兑人账户没有足够资金支付，则其开户银行应填制付款人未付票款通知书，连同汇票退给收款人，银行不负责付款。

在银行承兑汇票的结算过程中，首先由付款人按购销合同签发银行承兑汇票，然后由付款人持银行承兑汇票向其开户银行申请承兑。银行审查同意后，在汇票的正面签章承兑并收取票面金额万分之五的承兑手续费，付款人将以承兑的银行承兑汇票支付收款人，收款人将银行承兑汇票保存到期满时，送开户银行办理转账收款，同时出票人应在汇票期满前将足额票款存入开户银行，收款银行将汇票转递承兑银行要求付款，承兑银行收到汇票后无条件付款，同时向付款人收回票款。收款银行在收到承兑银行划转的款项后通知收款人进账。银行承兑汇票的出票人于汇票到期前未能足额缴存票款的，承兑银行除凭票向持票人无条件付款外，对出票人尚未支付的汇票金额按每天万分之五计收罚金。

商业汇票的付款期限最长不超过6个月。商业汇票的提示付款期限为自汇票到期日起10天内。

5. 委托收款

委托收款是收款人委托银行向付款人收取款项的结算方式。单位和个人凭已承兑的商业汇票、债券、存单等付款人债务证明办理款项的结算时，均可以使用委托收款结算方式。委托收款在同城、异地均可使用。委托收款结算方式的划回方式分为邮寄和电报两种，由收款人选用。

委托收款结算方式分为委托和付款两个阶段。收款人办理委托收款应向银行提交委托收款凭证和有关债务证明。银行接到寄来的委托收款凭证和有关债务证明，审查无误后办理付款。付款人接到通知后，应在规定期限内付款。付款期为3天，从付款人开户银行发出付款通知的次日算起，付款人在接到通知后次日起3日内未通知银行付款的，视同付款人同意付款，银行将于付款人接到通知日的次日起第4日上午开始营业时，将款项划给收款人。

6. 托收承付

托收承付是根据购销合同，由收款人发货后委托银行向异地付款人收取款项，由付款人向银行承认付款的结算方式。使用托收承付结算方式的结算单位和付款单位必须是国有企业、供销合作社以及经营管理较好并经开户银行审查同意的城乡集体所有制工业企业。办理的款项必须是商品交易或因商品交易而产生的劳务供应款项。代销、寄销、赊销商品的款项，不得办理托收承付。

托收承付结算每笔的金额起点为10 000元。新华书店系统每笔结算的金额起点为1 000元。

托收承付结算方式分为托收和承付两个阶段。在托收承付结算过程中，收款人按合同规定发运货物后，填写托收凭证，连同有关发票附件送开户银行办理托收；收款人开户银行受理后，将托收凭证和有关发票等附件转寄付款人开户银行委托收款；付款人开户银行收到托收凭证及有关附件，经审查无误，应及时通知付款人。付款人接到托收凭证及附件后，若审查无误同意付款，则通知银行付款；若不同意付款，则应在承付期内出具"拒付理由书"，通知银行拒付。

承付货款的方式分为验单付款和验货付款两种，由收付双方商量选用，并在合同中明确规定。验单付款承付期为 3 天，从付款人开户银行发出承付通知的次日算起，付款人在承付期内未向银行表示拒绝付款的，银行视作承付，并于承付期满的次日将款项划给收款单位。验货付款承付期为 10 天，从运输部门向付款人发出提货通知的次日算起。付款单位收到提货通知后，应向银行交验提货通知。付款单位在验单和验货时，如果发现所到货物的品种、规格、数量、价格与合同规定不同，或货物已到，经查验货物与合同规定或发货清单不符，则可在承付期内提出全部或部分拒付的意见。付款单位在提出拒绝付款时，必须填写"拒绝付款理由书"并签章，注明拒绝付款的理由。

不论是验单付款还是验货付款，付款单位都可以在付款期内提前向银行表示承付。付款单位在承付期满日款项不足支付的，其不足部分要按每天万分之五支付给收款方赔偿金。

7. 汇兑

汇兑是汇款人委托银行将其款项支付给收款人的结算方式。汇兑分为信汇和电汇两种，由汇款人选择使用。单位和个人各种款项的结算均可以使用汇兑结算方式。

采用汇兑结算时，汇款人应填写信汇凭证或电汇凭证，详细填明汇入地点、汇入银行名称、收款人名称、银行账号、汇款用途等内容，交汇出银行划汇。汇入银行接到汇出银行转来的汇兑凭证后，应立即将款项转入收款人账户，并向其发出收账通知。未在银行开立存款账户的收款人凭信汇、电汇的取款通知，向汇入银行支取款项，银行应查验取款人身份证件或证明、印鉴后支付现金或办理转账。汇款若需汇入行支取现金，则应在汇款凭证的大写金额前写明"现金"字样。

汇款人对汇出款项要求退汇时，应备正式函件或本人身份证连同原信汇、电汇回单向汇出行申请退汇，由汇出银行通知汇入银行，经汇入银行证实汇款确未支付，方可退汇。

8. 信用卡

信用卡指商业银行向个人或单位发行的，凭以向特约单位购物、消费或向银行存取现金，且具有消费信用的特制载体卡片。按使用对象分单位卡和个人卡，按信用等级分为金卡和普通卡。

凡在中国境内金融机构开立基本存款账户的单位可申领单位卡，单位卡的资金一律从其基本存款账户转账存入，不得交存现金，不得将销货收入的款项存入其账户。持卡人凭卡在特约单位购物、消费，但单位卡不得用于 10 万元以上的商品交易、劳务供应款的结算，不得支取现金。信用卡仅限于合法持卡本人使用，不得出租或转借。信用卡透支金额依据其分类而有所不同：金卡最高不得超过 10 000 元，普通卡最高不得超过 5 000 元，透支期限最长为 60 天。

单位和个人申领信用卡应按规定填制申请表，连同有关资料一并送交发卡银行，符合条件并按一定要求交存一定金额的备用金后，银行为申请人开立信用卡存款账户，并发给信用卡。

9. 信用证

信用证保证金存款是指采用信用证结算方式的企业为开具信用证而存入银行信用证保证金专户的款项。信用证结算方式是国际结算的一种主要方式。

企业向银行申请开立信用证，应按规定向银行提交开证申请书、信用证申请人承诺书和购销合同。

采用信用证结算方式的，收款单位收到信用证后，即备货装运，签发有关发票账单，连同运输单据和信用证送交银行，根据银行退还的有关凭证编制收款凭证。付款单位在接到开证行的通知时，根据付款的有关单据编制付款凭证。

二、开立银行账户

1. 银行存款账户的分类及其开立条件

根据规定，每个企业都要在银行或其他金融机构开立账户，用来办理货币资金的存取和转账结算业务。银行存款结算账户按用途不同可以分为基本存款账户、一般存款账户、临时存款账户和专用存款账户。

(1) 基本存款账户。基本存款账户是存款人因办理日常转账结算和现金收付需要开立的银行结算账户。该账户用于办理存款人日常经营活动的资金收付以及存款人的工资、奖金等现金的支取。基本存款账户是存款人的主要存款账户，企业可以自主选择银行开立基本存款账户，但一个企业只能选择一家银行的一个营业机构开立一个基本存款账户，不得在多家银行机构同时开立基本存款账户。

(2) 一般存款账户。一般存款账户是存款人在基本存款账户以外的银行借款转存或与基本存款账户的存款人在同一地点的附属非独立核算单位开立的账户。该账户主要用于办理存款人借款转存、借款归还和其他结算业务。存款人可通过该账户办理现金缴存业务，但不能办理现金支取业务。企业不得在同一家银行的几个分支机构同时开立一般存款账户。

(3) 临时存款账户。临时存款账户是存款人因临时经营活动需要并在规定时限内使用而开立的银行结算账户。该账户主要用于办理设立临时机构、异地临时开展经营活动、注册验资等。该账户可以办理转账和根据国家现金管理规定办理现金收付，临时存款账户的期限最长不得超过2年。

(4) 专用存款账户。专用存款账户是存款人按照法律、行政法规和规章，对其特定用途的资金进行专项管理和使用而开立的银行结算账户。该账户主要用于办理基本建设资金、社会保障资金、财政预算外资金、粮棉油收购资金、证券交易结算资金等专项管理和使用的资金。

2. 开立银行结算账户的方法和程序

(1) 单位申请：开户时，企业要凭证明文件到银行办理开户手续，按要求填制开户申请书，送交盖有存款人印章的印鉴卡片。

(2) 上级审查：银行应对企业的开户申请书填写的事项和证明文件的真实性、完整性、合理性进行认真的审查。开户申请书填写的事项齐全、符合开立账户条件的，银行应将企业的开户申请书、相关的证明文件和银行审核意见等开户资料报送中国人民银行当地分支行，经其核准后办理开户手续。

(3) 银行批准：银行同意为企业开立结算账户的，应与企业签订银行结算账户管理协议，明确双方的权利和义务。银行为企业开立结算账户后，应签发开户登记证。开户登记证是记载单位银行结算账户信息的有效证明，企业应按规定使用并妥善保管。

三、银行存款核算

1. 账户设置

为了总括反映企业银行存款的收支和结存情况，企业应设置"银行存款"账户，该账户属于资产类账户，用以核算企业存入银行或其他金融机构的各种款项。该账户的借方登记存入银行或其他金融机构的各种款项，贷方登记从银行或其他金融机构提取或支付的款项，期末借方余额表示企业存在银行或其他金融机构的各项款项。

2. 银行存款收支的会计处理

企业收到款项时，应借记"银行存款"账户，按照银行存款的来源贷记有关账户；支出款项时，按照银行存款的用途借记有关账户，贷记"银行存款"账户。

【例2-6】某企业收到银行转来的A公司所欠货款5 000元。根据银行转来的收账通知编制的会计分录如下：

借：银行存款 5 000
    贷：应收账款——A公司 5 000

【例2-7】某企业用银行存款交纳税金2 500元。根据银行的付款凭证编制的会计分录如下：

借：应交税费 2 500
    贷：银行存款 2 500

为了全面、系统、连续、详细地反映银行存款的收支和结存情况，加强对银行存款的管理，企业应设置"银行存款日记账"，由出纳人员根据审核无误的银行存款收付款凭证，按照业务发生的先后顺序逐日逐笔对银行存款的收付进行登记，每日终了应计算全天银行存款收入合计、支出合计和结余数，定期与开户银行进行核对，保证账实相符。

3. 银行对账

为了防止记账错误，保证银行存款账目正常无误，掌握银行存款的实际余额，企业应定期对银行存款进行清查，即将企业银行存款日记账的账面余额与开户银行转达来的对账单的余额进行核对。若双方余额不一致，则有两种原因：企业或银行记账有错误，存在未达账项。对于双方发生的错账和漏账等，应预先进行更正。未达账项是指由于企业与银行取得有关凭证的时间不同而发生的一方已经取得凭证登记入账，而另一方由于未取得凭证尚未入账的款项。未达账项具体有以下四种情况：

(1) 企业已收款入账，银行尚未收款入账，即企收银未收。

(2) 企业已付款入账，银行尚未付款入账，即企付银支付。

(3) 银行已收款入账，企业尚未收款入账，即银收企未收。

(4) 银行已付款入账，企业尚未付款入账，即银付企未付。

存在未达账项的企业应编制"银行存款余额调节表"进行调节，如果双方均无记账错误，则调节后双方余额应相等。经过调整后的银行存款余额是企业在银行实际拥有的存款数额。"银行存款余额调节表"只是为了核对账目，并不能作为银行存款账面的余额的记账依据。对于银行已经入账而企业尚未入账的未达账项，企业一定要等到结算凭证到达后才能进行账务处理。

【例2-8】某企业3月31日银行存款日记账余额为60 000元，银行对账单余额为65 000元，经逐笔核对发现有以下未达账项：

(1) 企业收到一张转账支票，金额1 500元已送存银行，但银行尚未入账。

(2) 企业开出支票1 000元支付办公费，但持票人尚未到银行提取。

(3) 企业委托银行收款，银行收到7 000元并已入账，企业尚未接到收款通知。

(4) 企业水电费1 500元已由银行代付，但企业尚未接到通知。

根据存在的未达账项编制银行存款余额调节表，见表2-1。

表2-1 银行存款余额调节表

单位：元

项 目	余额	项 目	余额
银行存款日记账余额	60 000	银行对账单余额	65 000
加：银行已收，企业未收	7 000	加：企业已收，银行未收	1 500
减：银行已付，企业未付	1 500	减：企业已付，银行未付	1 000
调节后余额	65 500	调节后余额	65 500

任务三 其他货币资金

其他货币资金是指企业除库存现金和银行存款以外的各种货币资金，包括外埠存款、银行汇票存款、银行本票存款、信用卡存款、信用证保证金存款、存出投资款等。

为了核算和监督企业其他货币资金的收付和结存情况，企业应设置"其他货币资金"账户，并按"外埠存款""银行汇票存款""银行本票存款""信用卡存款""信用证保证金存款""存出投资款"等设置明细账。该账户属于资产类账户，借方登记其他货币资金的增加额，贷方登记其他货币资金的减少额，期末借方余额表示其他货币资金的结存额。

一、外埠存款

1. 外埠存款的概念

外埠存款是指企业到外地进行临时或零星采购时，汇往采购地银行开设临时采购专户的款项。企业的外埠存款除采购员的差旅费可以支取现金外，其余一律采用转账结算。

2. 外埠存款的会计处理

外埠存款的核算程序可分为三个步骤：汇出资金并在采购地银行开户，此时应借记"其他货币资金——外埠存款"；采购并通过银行支付款项，此时应贷记"其他货币资金——外埠存款"；余额转回所在地银行，此时应贷记"其他货币资金——外埠存款"。

【例2-9】某企业2020年1月1日委托当地开户银行将20 000元资金汇往外地银行开立采购专户。根据银行转来的结算凭证回单，编制的会计分录如下：

借：其他货币资金——外埠存款　　　　　　　　　　　20 000
　　贷：银行存款　　　　　　　　　　　　　　　　　　　　　20 000

1 月 15 日收到采购员寄来的采购材料发票等凭证，货款总额 16 000 元，增值税款 2 080 元，编制的会计分录如下：

借：材料采购　　　　　　　　　　　　　　　　　　　16 000
　　应交税费——应交增值税(进项税额)　　　　　　　　2 080
　　贷：其他货币资金——外埠存款　　　　　　　　　　　　18 080

月末采购业务结束，将剩余的采购资金转回本地银行。根据银行的收账通知编制的会计分录如下：

借：银行存款　　　　　　　　　　　　　　　　　　　　1 920
　　贷：其他货币资金——外埠存款　　　　　　　　　　　　　1 920

二、银行汇票存款

1. 银行汇票存款的概念

银行汇票存款是指企业为取得银行汇票按规定存入银行的款项。

2. 银行汇票存款的会计处理

银行汇票存款的核算程序可分为三个步骤：取得银行汇票，此时应借记"其他货币资金——银行汇票存款"；用银行汇票付款，此时应贷记"其他货币资金——银行汇票存款"；余额转回，此时应贷记"其他货币资金——银行汇票存款"。

【例 2-10】 某企业于 2020 年 2 月 1 日向银行提交"银行汇票委托书"，金额为 10 000 元，收到银行签发的银行汇票和解讫通知。根据"银行汇票委托书"存根联编制的会计分录如下：

借：其他货币资金——银行汇票存款　　　　　　　　　10 000
　　贷：银行存款　　　　　　　　　　　　　　　　　　　　10 000

2 月 15 日，用银行签发的银行汇票和解讫通知支付货款总额 8 000 元，增值税款 1 040 元。根据银行转来的银行汇票第四联和购货发票等原始凭证编制的会计分录如下：

借：材料采购　　　　　　　　　　　　　　　　　　　8 000
　　应交税费——应交增值税(进项税额)　　　　　　　　1 040
　　贷：其他货币资金——银行汇票存款　　　　　　　　　　　9 040

2 月 18 日，收到退回的多余款项。根据银行的"多余款收账通知"编制的会计分录如下：

借：银行存款　　　　　　　　　　　　　　　　　　　　　960
　　贷：其他货币资金——银行汇票存款　　　　　　　　　　　　960

三、银行本票存款

1. 银行本票存款的概念

银行本票存款是指企业为取得银行本票按规定存入银行的款项。

2. 银行本票存款的会计处理

银行本票存款的核算程序可分为三个步骤：取得银行本票，此时应借记"其他货币资金——银行本票存款"；用银行本票付款，此时应贷记"其他货币资金——银行本票存款"；余额转回，此时应贷记"其他货币资金——银行本票存款"。

【例2-11】某企业于2020年3月1日向银行提交"银行本票申请书"，金额为25 000元，收到银行签发的银行本票。根据"银行本票申请书"存根联编制的会计分录如下：

借：其他货币资金——银行本票存款　　　　　　　　　25 000
　　贷：银行存款　　　　　　　　　　　　　　　　　　　25 000

2月15日，用银行签发的银行本票支付货款总额20 000元，增值税款2 600元。根据发票、账单等原始凭证编制的会计分录如下：

借：材料采购　　　　　　　　　　　　　　　　　　20 000
　　应交税费——应交增值税(进项税额)　　　　　　　2 600
　　贷：其他货币资金——银行本票存款　　　　　　　　22 600

2月18日，收到退回的多余款项。根据银行的相关凭证编制的会计分录如下：

借：银行存款　　　　　　　　　　　　　　　　　　　2 400
　　贷：其他货币资金——银行本票存款　　　　　　　　　2 400

四、信用卡存款

信用卡存款是指企业为取得信用卡按规定存入银行的款项。信用卡存款的会计处理内容包括以下三个方面。

(1) 企业办理信用卡，存入备用金时，根据原始凭证编制的会计分录如下：

借：其他货币资金——信用卡存款
　　贷：银行存款

(2) 凭卡购物、消费时，根据发票等原始凭证编制的会计分录如下：

借：材料采购
　　应交税费——应交增值税(进项税额)
　　贷：其他货币资金——信用卡存款

(3) 企业注销信用卡，并将剩余资金转回基本存款账户时，根据银行的相关凭证编制的会计分录如下：

借：银行存款
　　贷：其他货币资金——信用卡存款

五、信用证保证金存款

信用证保证金存款是采用信用证结算方式的企业为开具信用证而存入银行信用证保证金账户的存款。信用证保证金存款的会计处理内容包括以下三个方面。

(1) 企业申请信用证并将信用证保证金交存银行时，应根据银行盖章退回的"信用证申请书"回单编制的会计分录如下：

借：其他货币资金——信用证保证金

　　贷：银行存款

　　(2) 企业使用信用证结算时，根据供货单位信用证结算凭证及发票等原始凭证编制的会计分录如下：

　　借：材料采购
　　　　应交税费——应交增值税(进项税额)
　　　　贷：其他货币资金——信用证保证金

　　(3) 企业将未用完的信用证保证金存款余额转回开户银行时，根据银行的相关凭证编制的会计分录如下：

　　借：银行存款
　　　　贷：其他货币资金——信用证保证金

六、存出投资款

　　存出投资款是指企业已存入证券公司但尚未进行短期投资的资金。存出投资款的会计处理内容包括以下两个方面。

　　(1) 企业向证券公司划出资金时，应按实际划出的金额，根据相关凭证编制的会计分录如下：

　　借：其他货币资金——存出投资款
　　　　贷：银行存款

　　(2) 购买股票、债券时，按实际发生的金额，根据相关凭证编制的会计分录如下：

　　借：交易性金融资产
　　　　贷：其他货币资金——存出投资款

练 习 题

一、单项选择题

　　1. 企业在现金清查时发现长款的，在未经批准处理之前，应借记"库存现金"科目，贷记(　　)科目。

　　A. 营业外收入　　　　　　　　　B. 待处理财产损溢
　　C. 其他应付款　　　　　　　　　D. 其他业务收入

　　2. 根据《现金管理暂行条例规定》，下列各类款项中，不能用现金支付的是(　　)。

　　A. 支付职工奖金 5 000 元　　　　B. 支付零星办公用品购置费 800 元
　　C. 支付物资采购货款 1 800 元　　D. 支付职工差旅费 2 000 元

　　3. 企业的银行存款账户中，办理日常转账结算和现金收付业务的是(　　)。

　　A. 基本存款账户　　　　　　　　B. 一般存款账户
　　C. 临时存款账户　　　　　　　　D. 专用存款账户

　　4. 根据《支付结算办法》的规定，银行汇票的提示付款期限为(　　)。

　　A. 自出票日起 10 日　　　　　　B. 自出票日起 1 个月
　　C. 自出票日起 2 个月　　　　　　D. 自出票日起 6 个月

5. 下列各项中，不属于"其他货币资金"账户核算内容的是(　　)。

A. 信用证存款 　　　　　　　　　　B. 存出投资款

C. 备用金 　　　　　　　　　　　　D. 银行汇票存款

二、多项选择题

1. 按照规定，银行存款账户分为(　　)。

A. 基本存款账户 　　　　　　　　　B. 一般存款账户

C. 临时存款账户 　　　　　　　　　D. 专用存款账户

2. 商业汇票的签发人可以是(　　)。

A. 收款人 　　　　　　　　　　　　B. 付款人

C. 承兑银行的存款人 　　　　　　　D. 承兑银行

三、业务题

1. 某企业 5 月份有关银行存款的业务如下：

5 月 2 日，购进原材料一批，价款 2 000 元，增值税 260 元，用银行存款支付。

5 月 8 日，通过银行收到 A 公司所欠货款 2 800 元。

5 月 21 日，销售商品一批，款项共计 11 300 元，其中增值税 1 300 元，货款已全部收存银行。

要求：根据上述资料编制相应的会计分录。

2. 某企业 6 月份有关其他货币资金的业务如下：

6 月 3 日，向银行提交"银行汇票委托书"，金额为 36 000 元，收到银行签发的银行汇票和解讫通知。

6 月 15 日，用银行签发的银行汇票和解讫通知支付材料款 30 000 元，增值税款 3 900 元。

6 月 28 日，收到退回的多余款项 2 100 元。

要求：根据上述资料编制相应的会计分录。

项目三　存货业务

【学习目标】

知识目标：掌握存货的概念及分类、原材料按实际成本计价的核算、原材料按计划成本计价的核算，明确发出存货的计价方法、存货的期末计量，了解周转材料的核算。

技能目标：熟悉存货初始计量、原材料按实际成本计价、原材料按计划成本计价的账务处理。

任务一　存 货 概 述

一、存货的概念及分类

1. 存货的概念

存货是指企业在日常生产经营过程中持有以备出售的产成品或商品，或者为了出售仍然处于生产过程的在产品，或者在生产过程或提供劳务过程中耗用的材料、物料等。

存货属于企业的流动资产，它通常在制造企业、商品流通企业等的资产总额中占很大比重，因而是一项重要资产。

2. 存货的分类

为了给企业存货的管理提供有用的会计信息，应科学合理地对企业存货进行分类。存货按其经济内容可以分为以下六类：

(1) 原材料：指企业在生产过程中经加工改变其形态或性态并构成产品主要实体的各种原料及主要材料、辅助材料、外购半成品、修理用备件、包装材料、燃料等。

(2) 在产品：指企业正在制造尚未完工的产品，包括正在各个生产工序加工的产品和已加工完毕但尚未检验或已检验但尚未办理入库手续的产品。

(3) 半成品：指经过一定生产过程并已检验合格交付半成品仓库保管，但尚未制造完工成为产成品，仍需进一步加工的中间产品。

(4) 产成品：指工业企业已经完成全部生产过程并验收入库，可以按照合同规定的条件送交订货单位，或者可以作为商品对外销售的产品。企业接受外来原材料加工制造的代制品和为外单位加工修理的代修品，制造和修理完成并验收入库后视同企业的产成品。

(5) 商品：指商品流通企业外购或委托加工完成验收入库用于销售的各种物品。

(6) 周转材料：指企业能够多次使用、逐渐转移其价值但仍保持原有形态、不确认为固定资产的材料，如包装物和低值易耗品。其中，包装物是指为了包装本企业产品而储存的各种包装容器；低值易耗品是指不符合固定资产确认条件的各种用具物品以及在经营过程中周转使用的容器等。

二、存货的确认

确认一项货物是否属于企业存货，其标准是看企业是否对其拥有法人财产权(或法定产权)。凡在盘点日期，法定产权属于企业的物品，不论其存放在何处或处于何种状态，都应确认为企业的存货；反之，凡是法定产权不属于企业的物品，即使存放于企业，也不应确认为企业的存货。

下列各项货物都属于企业存货：① 已经确认为购进(如已付款等)但尚未到达或入库的在途货物；② 已收到货物但尚未收到销售结算凭证的货物；③ 货物虽已发出，但所有权尚未转移给购货方的货物；④ 委托其他单位代销或加工的货物。

对于按销售合同、协议规定已确认销售(如已收到货款等)而尚未发运给购货方的货物，不应视为本企业的存货。

对于接受其他单位委托代销的货物，其所有权属于委托方，应作为委托方的存货处理。

任务二　原　材　料

原材料是企业存货的重要组成部分，其品种、规格较多，企业可以根据自身生产经营特点及管理要求，对原材料采用不同的方法进行核算。在我国会计实务中，根据"原材料"科目记录的价格不同，原材料的计算方法可以分为两种：一种是按实际成本计价，另一种是按计划成本计价。

一、原材料按实际成本计价的核算

原材料按实际成本计价，是指每种材料的采购、收发和结存，不论总分类核算，还是明细分类核算，都按实际成本计价。按实际成本计价一般适用于规模较小、存货品种简单、采购业务不多的企业。

1. 账户设置

1)"原材料"账户

"原材料"账户用来核算原材料的收入、发出和结存情况，属于资产类账户。在材料按实际成本核算时，借方登记库存材料的实际成本；贷方登记发出、盘亏、毁损等材料的实际成本；期末余额在借方，反映库存材料的实际成本。该账户应按材料的存放地点、类别、品种和规格进行明细核算。

2)"在途物资"账户

"在途物资"账户只在材料按实际成本核算方式下设置，用来核算企业购入但尚未到达或尚未验收入库的各种物资的实际成本。它属于资产类账户，借方登记已经付款或已经开出商业汇票，但尚在运输途中或虽已运达但尚未验收入库物资的实际成本；贷方登记验收入库的在途物资的实际成本；期末余额在借方，反映在途物资的实际成本。该账户可按供货单位和物资品种进行明细核算。

2. 原材料收入的会计处理

1) 外购材料

企业购入原材料的采购成本由买价、运杂费、运输途中的合理损耗、入库前的挑选整理费用、购入材料负担的税费和其他费用组成。其中，买价是指购入材料时发票所开列的货款金额，其已扣除了商业折扣，但包括现金折扣，如果企业因在折扣期内付款而取得了现金折扣，则应作为理财收益，冲减当期财务费用，不抵减所购入材料的成本；运杂费包括运输费、装卸费、保险费、包装费、仓储费等，不包括按规定根据运输费的一定比例计算的可抵扣的增值税税额。按照有关规定，一般纳税人外购物资所支付的运输费用中不含增值税金额部分计入采购成本，随同运输费支付的装卸费、保险费等其他杂项也应计入采购成本。

当企业外购原材料时，既可以从本地进货，又可以从外地进货，而且可以根据购货业务的不同特点采用不同的结算方式。由于采购地点和采用的结算方式等因素的影响，经常会出现材料入库和付款时间不一致的情况，因此，其会计处理方法也不一样。

(1) 单货同到。对于发票、账单与材料同时到达的采购业务，企业在支付货款或开出并承兑商业汇票且材料验收入库后，应根据发票、账单等结算凭证确定的材料成本，借记"原材料"账户，贷记"银行存款"或"应付票据"，对于增值税专用发票上注明的可抵扣的进项税额，应借记"应交税费——应交增值税(进项税额)"账户。

【例 3-1】从某企业购进 A 材料 1 000 kg，单价为 10 元，取得增值税专用发票，货款为 10 000 元，增值税为 1 300 元，价税均已转账支票付清，材料已验收入库。企业根据购货发票、进货费用单据、材料入库单、银行结算凭证等，编制的会计分录如下：

借：原材料——A 材料　　　　　　　　　　　　　　　10 000
　　应交税费——应交增值税(进项税额)　　　　　　　 1 300
　　　贷：银行存款　　　　　　　　　　　　　　　　　　　　　1 1300

【例 3-2】某企业采用汇兑结算方式从大华公司购入甲材料一批，增值税专用发票上记载的货款为 40 000 元，增值税为 5 200 元。另外，大华公司代垫运输费，取得一张运输发票，其上注明：运费 500 元，增值税额 45 元，材料已验收入库，所有账款已由银行支付。

本例中，计入"原材料"科目的金额为：40 000 + 500 = 40 500(元)。

"应交税费——应交增值税(进项)"科目的金额为：5 200 + 45 = 5 245(元)。

借：原材料——甲材料　　　　　　　　　　　　　　　40 500
　　应交税费——应交增值税(进项税额)　　　　　　　 5 245
　　　贷：银行存款　　　　　　　　　　　　　　　　　　　　　45 745

(2) 单到货未到。单到货未到是指先支付货款或开出经承兑的商业汇票，材料尚未到达或尚未验收入库。在这种情况下，企业先收到结算凭证及发票等单据，经审核无误后即可承付货款或开出经承兑的商业汇票，并根据有关凭证，借记"在途物资"账户，贷记"银行存款"或"应付票据"账户。收到材料时，借记"原材料"账户，贷记"在途物资"账户。

【例 3-3】某企业购进乙材料 3 000 kg，收到银行转来该单位的结算凭证及所附的增值税专用发票和代垫费用单据，乙材料的单价为 20 元，货款为 60 000 元，增值税额为 7 800 元，代垫运杂费为 600 元。经审核无误承付款项，材料尚未收到。企业根据购货发票、进货费用单据、银行结算凭证等，编制的会计分录如下：

  借：在途物资   60 600
    应交税费——应交增值税(进项税额)   7 800
    贷：银行存款   68 400

10 日后，乙材料到达，验收入库。企业根据材料入库单，编制的会计分录如下：

  借：原材料——乙材料   60 600
    贷：在途物资   60 600

(3) 货到单未到。货到单未到是指材料先到，发票账单后到，货款尚未支付。这种情况下，平时无须进行账务处理，若等到月末仍未收到相应的单据，则于此时按材料的暂估价值(合同定价或计划价格)，借记"原材料"账户，贷记"应付账款——暂估应付账款"账户。下月初，编制一张相同的红字记账凭证予以冲销，以便以后收到相应单据时再按正常程序进行账务处理。

【例 3-4】某企业从外地采购丙材料一批，材料已到并验收入库，但银行的结算凭证和发票等单据未到，货款尚未支付。月末，按暂估价入账，假设其暂估价为 195 000 元。编制的会计分录如下：

  借：原材料——丙材料   195 000
    贷：应付账款——暂估应付账款   195 000

下月初用红字予以冲回：

  借：原材料——丙材料   195 000
    贷：应付账款——暂估应付账款   195 000

若下月 10 日收到该批材料的发票账单，增值税专用发票上注明的材料价款为 193 000 元，增值税税额为 25 090 元，运输发票标明运费 4 000 元，增值税额 360 元，装卸费用 500 元，款项共计 222 950 元已用银行存款支付。编制的会计分录如下：

  借：原材料——丙材料   197 500
    应交税费——应交增值税(进项税额)   25 450
    贷：银行存款   222 950

(4) 款付货未到。款付货未到是指先支付货款，货物尚未收到。这种情况相当于提前预付货款，应在预付材料价款时，按照实际预付金额，借记"预付账款"账户，贷记"银行存款"账户，在已经预付货款的材料验收入库后，根据发票、账单等所列的价款、税款等，借记"原材料"账户和"应交税费——应交增值税(进项税额)"，贷记"预付账款"；预付账款不足，补付货款时，按补付金额，借记"预付账款"账户，贷记"银行存款"账户；退回上述多付的款项时，借记"银行存款"账户，贷记"预付账款"账户。

【例 3-5】根据与宝钢公司的购销合同规定，伟华公司为购买 H 钢材向宝钢公司预付100 000 元货款的 80%，计 80 000 元，已通过汇兑方式汇出。编制的会计分录如下：

  借：预付账款——宝钢公司   80 000
    贷：银行存款   80 000

【例 3-6】在例 3-5 中，伟华公司收到宝钢公司发运来的 H 钢材，已验收入库。有关发票账单记账，该批货物的货款 100 000 元，增值税税额 13 000 元，对方代垫包装费 3 000 元，所欠款项以银行存款付讫。编制的会计分录如下：

借：原材料——H 钢材　　　　　　　　　　　　　　103 000
　　应交税费——应交增值税(进项税额)　　　　　　　 13 000
　　　贷：预付账款——宝钢公司　　　　　　　　　　　　　80 000
　　　　　银行存款　　　　　　　　　　　　　　　　　　36 000

(5) 购入材料发生短缺和毁损。企业外购原材料可能会发生短缺和毁损，必须认真查明原因，分清经济责任，分不同情况进行处理：

① 凡属运输途中的合理损耗，如果由于自然损耗等原因而发生的短缺，应当计入验收入库材料的采购成本之中，相应提高入库材料的实际单位成本，不再另作账务处理。

② 凡属由供应单位少发货等原因造成的短缺，应分两种情况处理。一种是货款尚未支付的情况，企业应按短缺的数量和发票单价计算拒付金额，填写部分拒付理由书，向银行办理拒付手续，经银行同意后即可根据收料单、发票账单、部分拒付理由书和银行结算凭证，按实际支付金额记账；另一种是货款已经支付并已记入"在途物资"账户的情况，企业应将短缺部分的成本和增值税转入"应付账款"账户，同时按实际收到的材料记入"原材料"账户。凡属由运输机构或过失人造成的短缺，应将短缺部分的成本和增值税转入"其他应收款"账户。

③ 尚待查明原因和需要报经批准才能转销的损失，应先转入"待处理财产损溢"账户核算，待查明原因后再分别处理：属于应由供应单位、运输机构、保险公司或其他过失人负责赔偿的损失，记入"应付账款"和"其他应收款"等账户；属于自然灾害等非常原因造成的损失，应将扣除残料价值和过失人、保险公司赔款后的净损失，记入"营业外支出——非常损失"账户；属于无法收回的其他损失，记入"管理费用"账户。

【例 3-7】某公司购进钢材 20 t，每吨买价 2 000 元，增值税税额 5 200 元，代垫运杂费 160 元。材料验收入库时发现短缺 4 t。

如果仍在货款承付期内，则填制"部分拒绝承付理由书"，通知银行拒付短缺 4 t 钢材的货款。若银行同意拒付，则退回"部分拒绝承付理由书"回单时，编制的会计分录如下：

借：原材料——钢材　　　　　　　　　　　　　　　32 160
　　应交税费——应交增值税(进项税额)　　　　　　　 4 160
　　　贷：银行存款　　　　　　　　　　　　　　　　　　36 320

如果货款已经承付并已记入"在途物资"账户，即之前已进行账务处理：

借：在途物资　　　　　　　　　　　　　　　　　　40 160
　　应交税费——应交增值税(进项税额)　　　　　　　 5 200
　　　贷：银行存款　　　　　　　　　　　　　　　　　　45 360

在短缺原因查明之前，先将损失部分记入"待处理财产损溢"账户，再报有关部门领导批准。

借：原材料——钢材　　　　　　　　　　　　　　　32 160
　　待处理财产损溢——待处理流动资产损溢　　　　　 8 000
　　　贷：在途物资　　　　　　　　　　　　　　　　　　40 160

如果事后经查明，短缺的 4 t 钢材属于供货单位责任事故，则应根据有关原始凭证编制的会计分录如下：

借：应付账款——××供货单位　　　　　　　　　　　　　　　9 040
　　贷：待处理财产损溢——待处理流动资产损溢　　　　　　　　8 000
　　　　应交税费——应交增值税(进项税额转出)　　　　　　　1 040

如果事后经查明，短缺的 4 t 钢材属运输途中丢失，应由运输部门赔偿，则根据有关原始凭证编制的会计分录如下：

借：其他应收款——××运输部门　　　　　　　　　　　　　　9 040
　　贷：待处理财产损溢——待处理流动资产损溢　　　　　　　　8 000
　　　　应交税费——应交增值税(进项税额转出)　　　　　　　1 040

如果事后经查明，短缺的 4 t 钢材属运输途中意外事故造成，对此公司可以从保险公司获赔 8 500 元，则根据有关原始凭证编制的会计分录如下：

借：其他应收款——保险公司　　　　　　　　　　　　　　　　8 500
　　营业外支出　　　　　　　　　　　　　　　　　　　　　　　540
　　贷：待处理财产损溢——待处理流动资产损溢　　　　　　　　8 000
　　　　应交税费——应交增值税(进项税额转出)　　　　　　　1 040

2) 自制材料

企业基本生产车间或辅助生产车间自制完工并验收入库的材料，应按实际成本计价，根据材料入库单，借记"原材料"账户，贷记"生产成本"账户。

3) 接受投资材料

接受投资材料在材料验收入库时，按投资合同或协议约定的价值，借记"原材料"，按增值税专用发票上注明的增值税额，借记"应交税费——应交增值税(进项税额)"账户，按其拥有的份额贷记"实收资本"账户，差额记入"资本公积"账户。对于材料收入的总分类核算，可以根据收料凭证逐日逐笔编制记账凭证，登记总分类账，也可以根据收料凭证整理汇总，定期编制"收料凭证汇总表"，在月终一次登记总分类账，进行总分类核算。

3. 原材料发出的会计处理

企业应当根据各类存货的实物流转方式、企业管理的要求、存货的性质等实际情况，合理地确定发出存货成本的计算方法以及当期发出存货的实际成本。对于性质和用途相同的存货，应当采用相同的成本计算方法确定发出存货的成本。在实际成本核算方式下，企业可以采用的发出存货成本的计价方法包括个别计价法、先进先出法、月末一次加权平均法和移动加权平均法等。

1) 个别计价法

个别计价法又称个别认定法，是逐一辨认各批发出材料和期末材料所属的购进批别或生产批别，以每次(批)收入材料的实际成本作为发出各次(批)材料的成本的方法。采用这种方法要求企业按品种和批次做详细的记录，并在材料上附加标签或编号，以便确定发出材料的个别实际成本。计算公式为

每次(批)存货发出成本 ＝ 该次(批)存货实际收入时的单位成本 × 该次(批)存货发出数量

个别计价法的成本计算准确，符合实际情况，但在存货收发频繁的情况下，其发出成本分辨其工作量较大。因此，这种方法适用于一般不能替代使用的存货、为待定项目专门购入或制造的存货以及提供的劳务，如珠宝、名画等贵重物品。

【例 3-8】某企业 2019 年 10 月份甲材料收发结存资料见表 3-1，假设月初只结存一个批次的材料，10 月 2 日发出材料是月初结存材料；10 月 10 日发出材料 1 200 kg，其中 600 kg 是月初结存的材料，另外 600 kg 是 10 月 8 日购入的材料；10 月 25 日发出材料均是 10 月 18 日购入的材料。采用个别计价法计算甲材料的发出成本和结存成本，见表 3-2。

表 3-1　材料收发结存资料

名称及规格：甲材料　　　　　　　　计量单位：kg　　　　　　　　金额单位：元

业务	收入		发出数量	结存数量
	数量	单价		
10 月 1 日存货		10.00		1 500
10 月 2 日发出			800	700
10 月 8 日购入	1 000	11.75		1 700
10 月 10 日发出			1 200	500
10 月 18 日购入	1 500	11.50		2 000
10 月 25 日发出			1 000	1 000

表 3-2　材料明细分类账

名称及规格：甲材料　　　　　　　　计量单位：kg　　　　　　　　金额单位：元

2019 年		凭证号数	摘要	收入			发出			结存		
月	日			数量	单价	金额	数量	单价	金额	数量	单价	金额
	1		月初结存							1 500	10.00	15 000
	2	略	发出				800	10.00	8 000	700	10.00	7 000
	8		购入	1 000	11.75	11 750				700	10.00	7 000
										1 000	11.75	11 750
	10		发出				600	10.00	6 000	100	10.00	1 000
							600	11.75	7 050	400	11.75	4 700
10	18		购入	1 500	11.50	17 250				100	10.00	1 000
										400	11.75	4 700
										1 500	11.50	17 250
	25		发出				1 000	11.50	11 500	100	10.00	1 000
										400	11.75	4 700
										500	11.50	5 750
			本月合计	2 500		29 000	3 000		32 550	100	10.00	1 000
										400	11.75	4 700
										500	11.50	5 750

编制的会计分录如下：

10 月 2 日：

借：生产成本　　　　　　　　　　　　　　　　　　　　　8 000

    贷：原材料   8 000

10月10日：

  借：生产成本   13 050

    贷：原材料   13 050

10月25日：

  借：生产成本   11 500

    贷：原材料   11 500

2) 先进先出法

先进先出法是指以先购入的存货应先发出(销售或耗用)这样一种存货实物流动假设为前提，对发出存货进行计价的一种方法。采用这种方法时，先购入的存货成本在后购入存货成本之前转出，据此确定发出存货和期末存货的成本。具体方法是：收入存货时，逐笔登记收入存货的数量、单价和金额；发出存货时，按照先进先出的原则逐笔登记存货的发出成本和结存金额。

采用先进先出法，便于计算日常发出材料及结存材料的成本，但在材料收入业务频繁、单价经常变动的情况下，企业计算的工作量较大。应用该种方法的优点是企业不能随意挑选材料价格以调整当期利润，但当物价上涨时，用早期较低成本与现行收入配比，会高估企业当期利润，反之则低估当期利润。

【例3-9】沿用例3-8的资料，采用先进先出法计算甲材料发出成本和期末结存成本，见表3-3。

表3-3 材料明细分类账

名称及规格：甲材料   计量单位：kg   金额单位：元

2019年		凭证号数	摘要	收入			发出			结存		
月	日			数量	单价	金额	数量	单价	金额	数量	单价	金额
	1		月初结存							1 500	10.00	15 000
	2	略	发出				800	10.00	8 000	700	10.00	7 000
	8		购入	1 000	11.75	11 750				700	10.00	7 000
										1 000	11.75	11 750
10	10		发出				700	10.00	7 000	500	11.75	5 875
							500	11.75	5 875			
	18		购入	1 500	11.50	17 250				500	11.75	5 875
										1 500	11.50	17 250
	25		发出				500	11.75	5 875	1 000	11.50	11 500
							500	11.50	5 750			
			本月合计	2 500		29 000	3 000		32 500	1 000	11.50	11 500

编制的会计分录如下：

10月2日：

借：生产成　　　　　　　　　　　　　　　　　　　8 000
　　贷：原材料　　　　　　　　　　　　　　　　　　　　　　8 000
10 月 10 日：
借：生产成本　　　　　　　　　　　　　　　　　　12 875
　　贷：原材料　　　　　　　　　　　　　　　　　　　　　12 875
10 月 25 日：
借：生产成本　　　　　　　　　　　　　　　　　　11 625
　　贷：原材料　　　　　　　　　　　　　　　　　　　　　11 625

3) 月末一次加权平均法

月末一次加权平均法是指以本月全部进货数量与月初存货数量的和作为权数，去除本月全部进货成本与月初存货成本的和，计算出存货的加权平均单价，以此为基础计算本月发出存货的成本和月末存货的成本的一种方法。有关计算公式如下：

$$加权平均单价 = \frac{月初结存存货实际成本 + 本月收入存货实际成本}{月初结存存货数量 + 本月收入存货数量}$$

本月发出存货成本 = 本月发出存货数量 × 加权平均单价

月末结存存货成本 = 月末结存存货数量 × 加权平均单价

　　　　　　　　 = 月初结存存货成本 + 本月收入存货实际成本 − 本月发出存货成本

【例 3-10】沿用例 3-8 的资料，采用月末一次加权平均法计算甲材料发出成本和月末结存成本，见表 3-4。

表 3-4　材料明细分类账

名称及规格：甲材料　　　　　　　　　　计量单位：kg　　　　　　　　　　金额单位：元

2019 年		凭证号数	摘要	收入			发出			结存		
月	日			数量	单价	金额	数量	单价	金额	数量	单价	金额
10	1		月初结存							1 500	10.00	15 000
	2	略	发出				800			700		
	8		购入	1 000	11.75	11 750				1 700		
	10		发出				1 200			500		
	18		购入	1 500	11.50	17 250				2 000		
	25		发出				1 000			1 000		
			本月合计	2 500		29 000	3 000	11.00	33 000	1 000	11.00	11 000

加权平均单位成本 = (15 000 + 29 000) ÷ (1 500 + 2 500) = 11.00(元)

本月发出材料成本 = 3 000 × 11.00 = 33 000(元)

月末结存成本 = 1 000 × 11.00 = 11 000(元)

月末一次汇总结转发出材料成本，编制的会计分录如下：

借：生产成本　　　　　　　　　　　　　　　　33 000

　　贷：原材料　　　　　　　　　　　　　　　　　　　33 000

4. 移动加权平均法

移动加权平均法是指每次收到材料后，立即根据库存材料的数量和总成本计算出新的平均单位成本，并对发出材料进行计价的一种方法。计算公式为

$$移动加权平均单位成本=\frac{原有库存存货的实际成本+本次收入存货的实际成本}{原有库存存货数量+本次收入存货数量}$$

本次发出存货成本 = 本次发出存货数量 × 本次发出存货前存货加权平均单价

月末库存存货成本 = 月末库存存货数量 × 本次发出存货前存货加权平均单价

【例3-11】沿用例3-8的资料，采用移动加权平均法计算甲材料发出成本和月末结存成本，见表3-5。

表3-5 材料明细分类账

名称及规格：甲材料　　　　　　　　　计量单位：kg　　　　　　　　　金额单位：元

2019年		凭证号数	摘要	收入			发出			结存		
月	日			数量	单价	金额	数量	单价	金额	数量	单价	金额
10	1		月初结存							1 500	10.00	15 000
	2	略	发出				800	10.00	8 000	700	10.00	7 000
	8		购入	1 000	11.75	11 750				1 700	11.03	18 751
	10		发出				1 200	11.03	13 236	500	11.03	5 515
	18		购入	1 500	11.50	17 250				2 000	11.38	22 760
	25		发出				1 000	11.38	11 380	1 000	11.38	11 380
			本月合计	2 500		29 000	3 000		32 616	1 000	11.38	11 380

10月2日发出材料的成本 = 800 × 10 = 8 000 (元)

10月8日购入材料后的平均单位成本 = (7 000 + 11 750) ÷ (700 + 1 000)≈11.03 (元)

10月10日发出材料的成本 = 1 200 × 11.03 = 13 236 (元)

10月18日购入材料后的平均单位成本 = (5 515 + 17 250) ÷ (500 + 1 500)≈11.38 (元)

10月25日发出材料的成本 = 1 000 × 11.38 = 11 380 (元)

编制的会计分录如下：

10月2日：

借：生产成本　　　　　　　　　　　　　　　　8 000

　　贷：原材料　　　　　　　　　　　　　　　　　　　8 000

10 月 10 日：

借：生产成本 13 236

　　贷：原材料 13 236

10 月 25 日：

借：生产成本 11 380

　　贷：原材料 11 380

采用移动加权平均法能够使企业管理当局及时了解存货的结存情况，计算的平均单位成本以及发出和结存的存货成本比较客观。但由于每次收货都要计算一次平均单位成本，因此计算工作量较大，对收发货较频繁的企业不适用。

4. 原材料发出的汇总核算

企业发出的材料不管其用途如何，均应办理必要的手续和填制领发料凭证。各种领发料凭证是进行原材料发出总分类核算的依据。企业可直接根据领发料凭证填制记账凭证，登记总分类账。为了简化日常材料核算的工作，也可在月末根据当月的领发料凭证，按领用部门和用途进行归类汇总，编制"发料凭证汇总表"(见表 3-6)，据以填制记账凭证，登记总分类账。不同用途的发出材料应借记不同的账户，贷记"原材料"账户。

【例 3-12】某企业 2019 年 9 月末根据领发料凭证，汇总编制"发料凭证汇总表"。

表 3-6　发料凭证汇总表

2019 年 9 月 30 日 单位：元

用　途	原材料		
	原料及主要材料	辅助材料	合计
生产成本——A 产品	200 000	1 500	201 500
生产成本——B 产品	100 000	2 000	102 000
制造费用		5 000	5 000
管理费用		3 000	3 000
合计	300 000	11 500	311 500

根据发料凭证汇总表，编制"转账凭证"，编制的会计分录如下：

借：生产成本——A 产品 201 500

　　　　　　——B 产品 102 000

　　制造费用 5 000

　　管理费用 3 000

　　贷：原材料——原料及主要材料 300 000

　　　　　　　——辅助材料 11 500

二、原材料按计划成本计价的核算

原材料按计划成本计价，是指每种材料的日常收、发、结存核算都按预先确定的计划成本计价。其主要特点是：从材料的收发凭证到明细分类账和总分类账的登记，全部按计划成本计价。材料的实际成本与计划成本的差异，通过"材料成本差异"账户进行核算。

因此，企业应设置下列账户：

(1) "原材料"账户：与按实际成本计价的核算内容相同，但借方、贷方和余额均反映材料的计划成本。

(2) "材料采购"账户：核算企业购入材料、商品等的采购成本。它属于资产类账户，借方登记外购物资的实际成本和结转实际成本小于计划成本的节约差异，贷方登记验收入库物资的计划成本和结转实际成本大于计划成本的超支差异，期末余额在借方，反映已经收到发票账单已付款或已开出、承兑商业汇票，但物资尚未到达或尚未验收入库的在途物资。该账户应按供应单位和物资品种设置明细账，进行明细核算。

(3) "材料成本差异"账户：核算采用计划成本进行原材料日常核算的原材料实际成本与计划成本之间的差额。本账户借方登记实际成本大于计划成本的差额(超支差)，贷方登记实际成本小于计划成本的差额(节约差)以及月末分配的材料成本差异；期末借方余额表示库存材料的成本超支差异，贷方余额表示库存原材料的成本节约差异。

1. 外购原材料的核算

企业外购原材料，要通过"材料采购"账户进行核算，其核算内容包括三个方面：一是反映材料采购成本的发生；二是按计划成本反映材料验收入库；三是结转入库材料的成本差异。

(1) 原材料入库，同时根据结算凭证办理款项结算(或已开出并承兑商业汇票)。

企业购入并验收入库的材料，按计划成本，借记"原材料"账户，按实际成本，贷记"材料采购"账户，按实际成本大于计划成本的差异，借记"材料成本差异"账户，贷记"材料采购"账户；实际成本小于计划成本的差异，借记"材料采购"账户，贷记"材料成本差异"账户。

【例3-13】某企业6月10日从本地甲厂购入C材料一批，增值税专用发票上注明的材料价款为200 000元，增值税税额为26 000元，材料已验收入库，计划成本为205 000元。企业当即开出并承兑一张面值为226 000元、期限为2个月的商业汇票结算货款。编制的会计分录如下：

开出、承兑商业汇票结算货款时：

借：材料采购——C材料	200 000
应交税费——应交增值税(进项税额)	26 000
贷：应付票据——甲厂	226 000

材料验收入库时：

借：原材料——C材料	205 000
贷：材料采购——C材料	200 000
材料成本差异——C材料	5 000

(2) 货款已经支付(或已开出、承兑商业汇票)，材料尚未验收入库。

企业对货款已付或已开出、承兑商业汇票的材料采购业务，不论材料是否收到，都应根据发票账单支付的材料实际成本，借记"材料采购"账户，待以后材料验收入库时，再按计划成本贷记"材料采购"账户并结转材料成本差异。若到月末材料仍未收到，"材料采购"账户有借方余额，表现为在途材料。

【例 3-14】某公司 2019 年 8 月 19 日购入一批材料,取得增值税专用发票上注明的原材料价款为 100 000 元,增值税税额为 13 000 元,发票等结算凭证已经收到,货款以银行存款支付,但材料尚未运到。该批材料的计划成本为 96 000 元。编制的会计分录如下:

借:材料采购　　　　　　　　　　　　　　　　　　 100 000
　　应交税费——应交增值税(进项税额)　　　　　　 13 000
　　　贷:银行存款　　　　　　　　　　　　　　　　　　　 113 000

(3) 材料已验收入库,货款尚未支付(或尚未开出、承兑商业汇票)。

这类业务具体又分为以下两种情况:

第一种情况:尚未收到发票账单。月内暂不作会计处理,月末企业应根据收料凭证,按材料的计划成本暂估入账,下月初用红字冲回,其会计处理与按实际成本计价的账务处理基本相同。

【例 3-15】某企业 7 月 21 日从丙单位购入一批 H 材料,材料已运到并验收入库,其计划成本为 50 000 元,到月末该批材料的发票账单尚未收到,货款未付。企业应于月末按材料的计划成本估价入账,编制的会计分录如下:

借:原材料——H 材料　　　　　　　　　　　　　　　 50 000
　　　贷:应付账款——暂估应付账款　　　　　　　　　　　 50 000

下月初用红字将上述会计分录冲回。

借:原材料——H 材料　　　　　　　　　　　　　　　 50 000
　　　贷:应付账款——暂估应付账款　　　　　　　　　　　 50 000

以后收到发票账单并支付款项时,按正常程序记账。

第二种情况:已收到发票账单,款项未付。应按材料采购的正常核算程序,通过"材料采购"账户进行核算。

【例 3-16】沿用例 3-15,假定该企业在 7 月 31 日已收到发票账单,该批材料价款为 49 000 元,增值税税额 6 370 元,但仍未付款。月末时,编制的会计分录如下:

借:材料采购——H 材料　　　　　　　　　　　　　　 49 000
　　应交税费——应交增值税(进项税额)　　　　　　　 6 370
　　　贷:应付账款——丙单位　　　　　　　　　　　　　　 55 370
借:原材料——H 材料　　　　　　　　　　　　　　　 50 000
　　　贷:材料采购——C 材料　　　　　　　　　　　　　　 49 000
　　　　　材料成本差异——C 材料　　　　　　　　　　　　 1 000

(4) 购入材料发生短缺和毁损。

材料验收入库时发现短缺与毁损,其账务处理与按实际成本计价的账务处理大致相同:运输途中的合理损耗,应计入材料的实际成本;应由供应单位、外部运输机构或有关责任人负责赔偿的材料短缺与毁损,应按照材料的实际成本及负担的增值税,借记"应付账款""其他应收款"等账户,贷记"材料采购""应交税费——应交增值税(进行税额转出)"账户;尚待查明原因和需要报经批准才能转销的损失,先计入"待处理财产损溢"账户,待查明原因后再作处理。

2. 原材料收入的汇总核算

为了简化日常核算工作，企业平时可不进行材料入库和结转材料成本差异的总分类核算，月末以仓库转来的收料凭证为依据，区分不同材料类别和付款与否等情况进行汇总，编制"收料凭证汇总表"，据以编制记账凭证并登记总分类账。

【例3-17】某企业2019年8月份发生的材料收入业务集中在月末进行核算，编制"收料凭证汇总表"（见表3-7），据以编制记账凭证并登记"原材料"和"材料成本差异"总分类账，结转入库材料成本和材料成本差异。

表3-7 收料凭证汇总表

应借账户：原材料　　　　　　　　2019年8月31日　　　　　　　　　单位：元

应贷账户	原料及主要材料		燃 料		合 计		
	实际成本	计划成本	实际成本	计划成本	实际成本	计划成本	成本差异
材料采购	260 000	266 500	130 000	128 180	390 000	394 680	-4 680
应付账款	65 000	65 000			65 000	65 000	
合计	325 000	331 500	130 000	128 180	455 000	459 680	-4 680

根据收料凭证汇总表，编制的会计分录如下：

借：原材料——原料及主要材料　　　　　　　　331 500

　　　　——燃料　　　　　　　　　　　　　128 180

　　贷：材料采购——原材料　　　　　　　　　　　390 000

　　　　应付账款——暂估应付账款　　　　　　　　65 000

　　　　材料成本差异　　　　　　　　　　　　　　4 680

3. 原材料发出的核算

采用计划成本法进行材料日常核算的企业，发出材料时应先按计划成本计价入账，即按发出材料的计划成本借记"生产成本""制造费用""销售费用""管理费用"等账户，贷记"原材料"账户。月末根据材料成本差异率计算发出材料应负担的"材料成本差异"，将本月发出材料由计划成本调整为实际成本。在结转发出材料的材料成本差异时，超支差异借记"生产成本""制造费用""销售费用""管理费用"等科目，贷记"材料成本差异"；节约差异借记"材料成本差异"，贷记"生产成本""制造费用""销售费用""管理费用"等科目。发出材料应负担的成本差异应当按月分摊，不得在季末或年末一次计算。有关计算公式如下：

$$本期材料成本差异率 = \frac{期初结存材料成本差异 + 本期验收入库材料成本差异}{期初结存材料计划成本 + 本期验收入库材料计划成本} \times 100\%$$

发出材料应负担的材料成本差异 = 发出材料计划成本 × 本期材料成本差异率

【例3-18】华东机械厂采用计划成本法进行材料的日常核算。2019年11月，月初结存材料的计划成本为104 000元，成本差异为节约差异2 000元；本月入库材料的计划成本为996 000元，成本差异为超支差异24 000元；本月发出材料的计划成本为900 000元，其中，基本生产车间生产产品领用600 000元，基本生产车间非生产产品领用40 000元，辅助生产车间领用 200 000 元，行政管理部门领用 10 000 元，出售 50 000 元。该企业的会计处理如下：

(1) 结转发出材料的计划成本。

借：生产成本——基本生产成本　　　　　　　　　　600 000
　　　　　　——辅助生产成本　　　　　　　　　　200 000
　　制造费用　　　　　　　　　　　　　　　　　　 40 000
　　管理费用　　　　　　　　　　　　　　　　　　 10 000
　　其他业务成本　　　　　　　　　　　　　　　　 50 000
　　贷：原材料　　　　　　　　　　　　　　　　　　　　900 000

(2) 结转发出材料应负担的材料成本差异。

$$本月材料成本差异率=\frac{-2\,000+24\,000}{104\,000+996\,000}\times100\%=2\%$$

本月发出材料应负担的材料成本差异 = 900 000 × 2% = 18 000(元)

借：生产成本——基本生产成本　　　　　　　　　　 12 000
　　　　　　——辅助生产成本　　　　　　　　　　　 4 000
　　制造费用　　　　　　　　　　　　　　　　　　　　 800
　　管理费用　　　　　　　　　　　　　　　　　　　　 200
　　其他业务成本　　　　　　　　　　　　　　　　　 1 000
　　贷：材料成本差异　　　　　　　　　　　　　　　　　 18 000

4. 原材料发出的汇总核算

在计划成本法下，企业可于月末编制"发料凭证汇总表"，据以编制记账凭证并登记总分类账。原材料发出的总分类核算包括以下两个方面的内容：

一是按计划成本结转发出材料的成本，按材料发出的不同用途，借记有关账户，贷记"原材料"账户。

二是结转发出材料应负担的超支成本差异，借记有关账户，贷记"材料成本差异"账户；结转节约成本差异，做相反的会计分录。发出材料的计划成本加上(或减去)应负担的成本差异，就是发出材料的实际成本。

【例 3-19】某公司 2019 年 5 月 31 日根据领发料凭证，汇总编制"发料凭证汇总表"(见表 3-8)，本月原材料的成本差异率为– 1%(节约差异)。

表 3-8　发料凭证汇总表

2019 年 5 月 31 日　　　　　　　　　　　　　　　单位：元

应贷科目		生产成本		制造费用	管理费用	合计
		A 产品	B 产品			
原材料	原料及主要材料	338 000	67 600			405 600
	辅助材料	62 400	2 990	1 430	3 250	70 070
	燃料		2 080	910		2 990
	外购半成品	56 160				56 160
	计划成本小计	456 560	72 670	2 340	3 250	534 820

续表

应贷科目	生产成本		制造费用	管理费用	合计
	A 产品	B 产品			
材料成本差异	− 4 565.6	− 726.7	− 23.4	− 32.5	− 5 348.2
差异率: − 1%					
实际成本	451 994.4	71 943.3	2 316.6	3 217.5	529 471.8

有关会计处理如下:

(1) 结转发出材料的计划成本。

借: 生产成本——A 产品 456 560

    ——B 产品 72 670

 制造费用 2 340

 管理费用 3 250

 贷: 原材料——原料及主要材料 405 600

     ——辅助材料 70 070

     ——燃料 2 990

     ——外购半成品 56 160

(2) 结转发出材料应负担的材料成本差异。

借: 材料成本差异 5 348.2

 贷: 生产成本——A 产品 4 565.6

     ——B 产品 726.7

  制造费用 23.4

  管理费用 32.5

任务三 其他存货

一、周转材料的核算

周转材料是指企业能够多次使用,逐渐转移其价值但仍保持原有的实物形态、不确认为固定资产的材料,包括包装物和低值易耗品等。

1. 包装物

包装物是指为了包装本企业商品而储备的各种包装容器,如桶、箱、瓶、坛、袋等。具体包括:

(1) 生产过程中用于包装产品作为产品组成部分的包装物;

(2) 随同商品出售而不单独计价的包装物;

(3) 随同商品出售而单独计价的包装物;

(4) 出租或出借给购买企业使用的包装物。

以下各项不作为包装物核算:

(1) 各种包装材料，如纸、绳、铁丝、铁皮等，应在"原材料"科目内核算；

(2) 用于储存和保管商品、材料而不对外出售的包装物，价值大的应当在"固定资产"科目中核算，金额小的应当在"周转材料——低值易耗品"科目中核算；

(3) 单独列作企业商品产品的自制包装物，应作为库存商品处理，不在本科目中核算。

1) 账户的设置

包装物实际成本的组成内容与原材料相同。企业应设置"周转材料——包装物"账户，用于核算企业库存的各种包装物的实际成本或计划成本。该账户属于资产类账户，借方登记验收入库包装物的成本，贷方登记发出包装物的成本，期末借方余额反映企业库存未用包装物的成本。

2) 包装物的核算

包装物的核算应按包装物的种类设置明细账，进行明细核算。取得包装物的核算方法与原材料相同，下面主要介绍包装物减少的核算。

(1) 生产领用包装物的会计处理。

生产领用包装物，按实际成本或计划成本，借记"生产成本"等账户，贷记"周转材料——包装物"账户。

【例 3-20】某企业对包装物采用计划成本法核算，本月生产领用一批包装物，计划成本为 10 000 元，材料成本差异率为 2%。编制的会计分录如下：

借：生产成本　　　　　　　　　　　　　　　　　　　　10 200
　　贷：周转材料——包装物　　　　　　　　　　　　　　10 000
　　　　材料成本差异　　　　　　　　　　　　　　　　　　200

(2) 随同商品出售包装物的会计处理。

① 随同商品出售但不单独计价的包装物的会计处理。应按包装物的实际成本或计划成本，借记"销售费用"账户，贷记"周转材料——包装物"账户。

【例 3-21】某企业在商品销售过程中领用包装物一批，计划成本为 2 300 元，材料成本差异率为 1%，该批包装物随同商品出售而不单独计价。编制的会计分录如下：

借：销售费用　　　　　　　　　　　　　　　　　　　　2 323
　　贷：周转材料——包装物　　　　　　　　　　　　　　2 300
　　　　材料成本差异　　　　　　　　　　　　　　　　　　23

② 随同商品出售并单独计价的包装物的会计处理。对于这类包装物，一方面应反映其销售收入，计入"其他业务收入"；另一方面应结转包装物的成本，按其实际成本借记"其他业务成本"账户，贷记"周转材料——包装物"账户。

【例 3-22】某企业在商品销售中领用一批包装物，实际成本为 4 000 元，该批包装物随同商品出售，单独计算售价为 4 800 元，应收取的增值税税额为 624 元，款项已收到。编制的会计分录如下：

(1) 取得出售包装物收入。

借：银行存款　　　　　　　　　　　　　　　　　　　　5 424
　　贷：其他业务收入——包装物销售　　　　　　　　　　4 800
　　　　应交税费——应交增值税(销项税额)　　　　　　　624

(2) 结转出售包装物成本。

借：其他业务成本——包装物销售   4 000

    贷：周转材料——包装物   4 000

2. 低值易耗品

低值易耗品是指不能作为固定资产的各种用具物品，如工具、管理用具、玻璃器皿以及在经营过程中周转使用的包装容器等。低值易耗品与固定资产一样，也属于劳动资料，但其价值较低，使用期限较短，容易损坏，在核算与管理上通常作为存货对待，可划分为一般工具、专用工具、替换设备、管理用具、劳动保护品、其他用具等。

1) 账户的设置

企业应设置"周转材料——低值易耗品"账户，用于核算企业库存低值易耗品的实际成本或计划成本。该账户属于资产类，借方登记购入、自制、委托外单位加工完成并验收入库的低值易耗品的成本；贷方登记发出低值易耗品的实际或计划成本，以及采用五五摊销法的摊销额；期末借方余额反映企业库存未用低值易耗品的实际成本或计划成本以及在用低值易耗品的摊余价值。该账户可按低值易耗品的种类设置明细账户进行明细核算。低值易耗品实际成本的组成内容与原材料相同，购入、自制的低值易耗品与原材料的核算基本相同。

低值易耗品按五五摊销法核算的企业，应在"周转材料——低值易耗品"账户下设置"在库""在用""摊销"三个明细账户进行明细核算。

2) 低值易耗品的核算

企业购入、自制、委托外单位加工等增加的低值易耗品可比照原材料收入的有关内容进行核算，这里不作赘述。下面重点介绍低值易耗品减少的会计处理。

低值易耗品随着使用会逐渐发生磨损，对这部分磨损的价值，企业应当根据具体情况，对低值易耗品采用一次摊销法或者五五摊销法进行计量。

一次摊销法是指在领用低值易耗品时，将其全部价值一次性摊入有关成本费用的方法。报废时，将报废低值易耗品的残料价值作为当月低值易耗品摊销额的减少，冲减有关成本费用，借记"原材料"等账户，贷记"制造费用""管理费用"等账户。该方法一般适用于价值较低的低值易耗品的减少。

【例 3-23】某企业低值易耗品采用一次摊销法，其管理部门领用一批低值易耗品，计划成本为 1 000 元，材料成本差异率为 2%。编制的会计分录如下：

借：管理费用   1 020

    贷：周转材料——低值易耗品   1 000

        材料成本差异   20

五五摊销法是指在领用低值易耗品时先摊销其价值的一半，在报废时再摊销其价值的另一半的方法。这种方法适用于对在用低值易耗品按使用车间、部门进行数量和金额明细核算的企业。

领用时，将在库低值易耗品的账面价值转为在用低值易耗品，借记"周转材料——低值易耗品——在用"账户，贷记"周转材料——低值易耗品——在库"账户；同时摊销低值易耗品价值的 50%，按低值易耗品的用途，分别借记"管理费用""生产成本""销售费用"等账户，贷记"周转材料——低值易耗品——摊销"账户。

报废时，再摊销报废低值易耗品价值的50%，借记"管理费用""生产成本""销售费用"等账户，贷记"周转材料——低值易耗品——摊销"账户；同时按报废低值易耗品的残料价值，借记"原材料"等账户，贷记"管理费用""生产成本""销售费用"等账户；转销全部已提摊销额，借记"周转材料——低值易耗品——摊销"账户，贷记"周转材料——低值易耗品——在用"账户。

【例3-24】南方机械厂对低值易耗品采用五五摊销法摊销。2019年3月，基本生产车间领用一批工具，实际成本为40 000元。2019年8月，该批工具不能继续使用予以报废，收回残料1 000元。该企业的会计分录如下：

(1) 领用低值易耗品时：

借：周转材料——低值易耗品——在用　　　　　　　　　　　　40 000
　　　贷：周转材料——低值易耗品——在库　　　　　　　　　　　　40 000
借：制造费用　　　　　　　　　　　　　　　　　　　　　　　20 000
　　　贷：周转材料——低值易耗品——摊销　　　　　　　　　　　　20 000

(2) 低值易耗品报废时：

借：制造费用　　　　　　　　　　　　　　　　　　　　　　　20 000
　　　贷：周转材料——低值易耗品——摊销　　　　　　　　　　　　20 000
借：原材料　　　　　　　　　　　　　　　　　　　　　　　　1 000
　　　贷：制造费用　　　　　　　　　　　　　　　　　　　　　　　1 000
借：周转材料——低值易耗品——摊销　　　　　　　　　　　　40 000
　　　贷：周转材料——低值易耗品——在用　　　　　　　　　　　　40 000

二、委托加工物资的核算

委托加工物资是指企业委托其他单位加工成新的材料或包装物、低值易耗品的物资。其实际成本包括发出加工材料或半成品的实际成本、支付的加工费用及加工物资的往返运杂费、应负担的相关税金等。

企业应设置"委托加工物资"账户，用于核算企业委托外单位加工的各种材料、商品等物资的实际成本。该账户属于资产类账户，借方登记发出加工物资的实际成本、支付的加工费、应负担的运杂费和应计入委托加工物资成本的消费税等；贷方登记加工完成验收入库的物资和剩余物资的实际成本，反映企业委托外单位加工但尚未完成物资的实际成本。该账户按加工合同、受委托单位以及加工物资的品种等设置明细账。委托加工物资在会计处理上主要包括发出加工物资，支付加工费、运杂费和增值税，缴纳消费税，收回加工物资和剩余物资等环节。

1. 发出加工物资

企业发出加工物资时，应按发出物资的成本借记"委托加工物资"账户，贷记"原材料""库存商品"等账户。

2. 支付加工费、运杂费和增值税

企业支付加工费、运杂费和增值税时，应按实际支付金额借记"委托加工物资""应交税费——应交增值税(进项税额)"账户，贷记"银行存款"等账户。

3. 缴纳消费税

需要缴纳消费税的委托加工物资，其由受托方代收代缴的消费税应分别按以下两种情况进行处理：

(1) 委托加工的物资收回后直接用于销售的，委托方应将受托方代收代缴的消费税计入委托加工物资的成本，借记"委托加工物资"账户，贷记"银行存款""应付账款"等账户。

(2) 委托加工的物资收回后用于连续生产应税消费品的，所缴纳的消费税准予抵扣以后销售环节应缴纳的消费税，委托方应按受托方代收代缴的消费税借记"应交税费——应交消费税"账户，贷记"银行存款""应付账款"等账户。

4. 收回加工物资和剩余物资

加工完成收回加工物资和剩余物资时，应按加工收回物资和剩余物资的成本借记"原材料""包装物""低值易耗品""库存商品"等账户，贷记"委托加工物资"账户。

【例3-25】新华公司属于增值税一般纳税人。2020年2月1日，新华公司委托大地公司加工一批材料，成本为100 000元。2月28日，新华公司以银行存款支付了加工费20 000元、应负担的增值税进项税额2 600元和运杂费3 000元。委托加工的材料属于应交消费税项目，适用的消费税税率为10%。2月28日，新华公司以银行存款向大地公司支付了消费税，大地公司销售同类产品的市场价格为120 000元。假定新华公司收回委托加工材料用于继续生产增值税应税消费品。编制的会计分录如下：

(1) 发出委托加工物资：

借：委托加工物资　　　　　　　　　　　　　　　　　100 000

　　贷：原材料　　　　　　　　　　　　　　　　　　　　　100 000

(2) 支付加工费、运杂费及增值税：

　　　　委托加工材料应交增值税税额 = 20 000 × 13% = 2 600(元)

借：委托加工物资　　　　　　　　　　　　　　　　　23 000

　　应交税费——应交增值税(进项税额)　　　　　　2 600

　　贷：银行存款　　　　　　　　　　　　　　　　　　　25 600

(3) 支付消费税：

　　　　委托加工材料应交消费税税额 = 120 000 × 10% = 12 000(元)

借：应交税费——应交消费税　　　　　　　　　　　12 000

　　贷：银行存款　　　　　　　　　　　　　　　　　　　12 000

(4) 收回委托加工材料：

借：原材料　　　　　　　　　　　　　　　　　　　　123 000

　　贷：委托加工物资　　　　　　　　　　　　　　　　　123 000

三、库存商品的核算

1. 企业库存商品的核算

库存商品是指企业已完成全部生产过程并已验收入库、合乎标准规格和技术条件，可以按照合同规定的条件送交订货单位，或作为商品对外销售的产品以及外购或委托加工完成验收入库用于销售的各种商品。库存商品包括库存产成品、外购商品、存放在门市部准备出售的商品、发出展览的商品、寄存在外的商品、接受来料加工制造的代制品和为外单位加工修理的代修品等。已完成销售手续、但购买单位在月末未提取的产品，不应作为企业的库存商品，而应作为代管商品处理，单独设置代管商品备查簿进行登记。库存商品一般采用实际成本核算，也可以采用计划成本核算，其方法与原材料相似。

为了反映和监督库存商品的增减变化及其结存情况，企业应当设置"库存商品"账户，借方登记验收入库的库存商品，贷方登记发出的库存商品成本，期末余额在借方，反映各种库存商品的实际成本或计划成本。

1) 库存商品入库的核算

对于库存商品采用实际成本核算的企业，当库存商品生产完成并验收入库时，应按实际成本，借记"库存商品"账户，贷记"生产成本——基本生产成本"账户。

【例 3-26】某工业企业"产成品入库汇总表"记载：4 月份验收入库 M 产品 100 件，实际单位成本 100 元，共计 10 000 元；N 产品 500 件，实际单位成本 200 元，共计 100 000 元。4 月 30 日编制的会计分录如下：

借：库存商品——M 产品　　　　　　　　　　　　　10 000
　　　　　　　——N 产品　　　　　　　　　　　　100 000
　　贷：生产成本——基本生产成本——M 产品　　　　10 000
　　　　　　　　　　　　　　　　　——N 产品　　　100 000

2) 库存商品发出的核算

企业销售库存商品、确认收入时，应结转其销售成本，借记"主营业务成本"等账户，贷记"库存商品"账户。

【例 3-27】甲企业月末汇总的发出商品中，当月已实现销售的 Y 产品有 500 台，Z 产品有 1 500 台。该月 Y 产品实际单位成本 5 000 元，Z 产品实际单位成本 1 000 元。在结转其销售成本时，编制的会计分录如下：

借：主营业务成本　　　　　　　　　　　　　　4 000 000
　　贷：库存商品——Y 产品　　　　　　　　　　2 500 000
　　　　　　　　——Z 产品　　　　　　　　　　1 500 000

2. 商品流通企业库存商品的核算

在我国的会计实务中，商品流通企业广泛采用售价金额核算法。这种方法是通过设置"商品进销差价"账户进行处理的，平时商品存货的进、销、存均按售价记账，售价与进价的差额计入"商品进销差价"账户，期末通过计算进销差价率的办法计算本期已销商品应分摊的进销差价，并据以调整本期销货成本。商品进销差价分摊的计算公式如下：

$$商品进销差价率 = \frac{期初库存商品进销差价 + 本期购入商品进销差价}{期初库存商品售价 + 本期购入商品售价} \times 100\%$$

本期已销商品应分摊的进销差价 = 本期商品销售收入 × 商品进销差价率

本期销售商品实际成本 = 本期商品销售收入 − 本期已销商品应分摊的进销差价

期末结存商品实际成本 = 期初库存商品进价成本 + 本期购进商品进价成本 −
　　　　　　　　　　　　本期销售商品实际成本

【例 3-28】日新商场为增值税一般纳税人，采用售价金额核算法进行库存商品的日常核算。2020 年 1 月,"库存商品"账户期初余额为 250 000 元,"商品进销差价"账户期初余额为 50 000 元;本月购进商品的成本为 900 000 元,增值税进项税额为 117 000 元,售价金额为 1 350 000 元;本月销售商品收入为 1 280 000 元(不含税),增值税销项税额为 166 400 元。该企业的会计分录如下:

(1) 支付货款时:

借:在途物资   900 000

    应交税费——应交增值税(进项税额)   117 000

      贷:银行存款   1 017 000

(2) 商品验收入库时:

借:库存商品   1 350 000

      贷:在途物资   900 000

          商品进销差价   450 000

(3) 销售商品时:

$$进销差价率=\frac{50\,000+450\,000}{250\,000+1\,350\,000}\times100\%=31.25\%$$

已销商品应分摊的进销差价 = 1 280 000 × 31.25% = 400 000(元)

借:银行存款   1 446 400

      贷:主营业务收入   1 280 000

          应交税费——应交增值税(销项税额)   166 400

借:主营业务成本   880 000

    商品进销差价   400 000

      贷:库存商品   1 280 000

任务四 存货清查

一、存货清查的方法

企业存货的数量需要通过盘存来确定,常用的存货数量盘存方法主要有实地盘存制和永续盘存制两种。

1. 实地盘存制

实地盘存制也称定期盘存制,指会计期末通过对全部存货进行实地盘点,以确定期末存货的结存数量,然后分别乘以各项存货的盘存单价,计算出期末存货的总金额,计入各有关存货科目,倒推出本期已耗用或已销售存货的成本,即

期末存货成本 = 期末存货数量 × 单价

本期发出存货成本 = 期初存货成本 + 本期收入存货成本 − 期末存货成本

采用实地盘存制,平时不记录存货减少数,其主要优点是可简化日常的核算工作,主要缺点如下:

（1）不能随时反映存货的发出、结存动态，不便于管理人掌握情况。

（2）容易掩盖存货管理中存在的自然和人为的损失。由于以存计耗、以存计销，凡属未被计入期末盘点数中的都假定为已经耗用或销售的，因此不利于对存货的控制和管理，也不利于正确计算和分析成本。

（3）采用这种方法只能到期末盘点时结转耗用或销售成本，而不能随时结转成本。所以，实地盘存制的实用性较差，仅适用于那些自然消耗大、数量不稳定的鲜活商品等。

2. 永续盘存制

永续盘存制也称账面盘存制，指对存货项目设置经常性的库存记录，即分品名、规格设置存货明细账，逐笔或逐日地登记收入、发出的存货，并随时计列结存数。每日结存的计算公式如下：

$$每日结存 = 前日结存 + 今日收入 - 今日支出$$

采用永续盘存制可以随时在存货明细账上反映各项存货的收入、发出和结存情况，能提供准确的成本计算资料，且通过实地盘点，核对账实，有利于存货管理。在各种存货明细账记录中，可以随时反映每一存货收入、发出和结存的状态。通过账簿记录中的账面结存数，结合不定期的实地盘点，将实际盘存数与账存数核对，可以查明溢余或短缺的原因；通过账簿记录还可以随时反映出存货是否过多或不足，以便及时、合理地组织货源，加速资金周转。永续盘存制的缺点是存货明细记录的工作量较大，存货品种规格繁多的企业更是如此。

二、存货清查的会计处理

为了核算企业在存货清查中查明的各种财产物资的盘盈、盘亏和毁损，企业应设置"待处理财产损溢"账户。该账户借方登记发生的各种财产物资盘亏金额和批准转销的盘盈金额，贷方登记发生的各种财产物资的盘盈金额和批准转销的盘亏金额。期末借方余额为尚未处理的各种财产物资的净损失，期末贷方余额为尚未处理的各种财产物资的净溢余。

1. 存货盘盈的核算

企业发生了存货的盘盈，主要是由存货的收发计量或核算上的误差所造成的。发生存货盘盈，应及时办理存货的调账手续，借记"原材料"和"库存商品"等账户，贷记"待处理财产损溢——待处理流动资产损溢"账户；报经有关部门批准转销时，借记"待处理财产损溢——待处理流动资产损溢"账户，贷记"管理费用"账户。

【例 3-29】甲公司盘点库存材料时，盘盈 A 材料，按当时市场价格计算其成本为 300元，经查明系收发计量不准造成的。编制的会计分录如下：

批准处理前：

借：原材料——A 材料　　　　　　　　　　　　　　　　　300

　　贷：待处理财产损溢——待处理流动资产损溢　　　　　　　　　300

批准处理后：

借：待处理财产损溢——待处理流动资产损溢　　　　　　　300

　　贷：管理费用　　　　　　　　　　　　　　　　　　　　　　300

2. 存货盘亏与毁损的核算

存货发生盘亏，报经批准以前，应按其成本，借记"待处理财产损溢——待处理流动资产损溢"账户，贷记"原材料""库存商品""应交税费——应交增值税(进项税额转出)"等账户；报经批准以后，根据造成盘亏的原因，分为以下情况进行处理：

(1) 属于自然损耗产生的定额内合理损失，经批准后计入管理费用，借记"管理费用"账户，贷记"待处理财产损溢——待处理流动资产损溢"账户。

(2) 属于计量、收发差错和管理不善等原因造成的存货短缺或毁损，能确定过失的，应由过失人赔偿，借记"其他应收款——×××"账户；收回的残料价值，借记"原材料"等账户；扣除过失人、保险公司的赔偿以及残料价值后的金额，即净损失，借记"管理费用"账户；贷记"待处理财产损溢——待处理流动资产损溢"账户。

(3) 属于自然灾害或意外事故造成的存货非常毁损，应先扣除残料价值和可以收回的保险赔偿，将净损失计入营业外支出，借记"其他应收款——×××""其他应收款——×××保险公司""原材料""营业外支出——非常损失"等账户，贷记"待处理财产损溢——待处理流动资产损溢"账户。

【例 3-30】甲公司在财产清查中发现盘亏 M 材料 500 kg，实际成本为 100 000 元，相关增值税专用发票上注明的增值税税额为 13 000 元。经查系管理不善造成的丢失，属于一般经营损失。甲公司编制的会计分录如下：

(1) 批准处理前：

借：待处理财产损溢——待处理流动资产损溢   113 000

    贷：原材料   100 000

        应交税费——应交增值税(进项税额转出)   13 000

(2) 批准处理后：

借：管理费用   113 000

    贷：待处理财产损溢——待处理流动资产损溢   113 000

【例 3-31】甲公司在财产清查中发现毁损 N 材料 300 kg，实际成本为 30 000 元，相关增值税专用发票上注明的增值税税额为 3 900 元。经查属于材料保管员的过失造成的，按规定由其个人赔偿 20 000 元。甲公司编制的会计分录如下：

(1) 批准处理前：

借：待处理财产损溢——待处理流动资产损溢   33 900

    贷：原材料   30 000

        应交税费——应交增值税(进项税额转出)   3 900

(2) 批准处理后：

① 由过失人赔款部分：

借：其他应收款   20 000

    贷：待处理财产损溢——待处理流动资产损溢   20 000

② 材料毁损净损失：

借：管理费用   13 900

    贷：待处理财产损溢——待处理流动资产损溢   13 900

【例 3-32】甲公司为增值税一般纳税人，因台风造成一批库存材料毁损，实际成本为

70 000 元，相关增值税专用发票上注明的增值税税额为 9 100 元。根据保险合同的约定，
应由保险公司赔偿 50 000 元。甲公司编制的会计分录如下：

(1) 批准处理前：

借：待处理财产损溢——待处理流动资产损溢　　　　　　　　　70 000

　　贷：原材料　　　　　　　　　　　　　　　　　　　　　　　　　　　70 000

(2) 批准处理后：

借：其他应收款　　　　　　　　　　　　　　　　　　　　　　50 000

　　营业外支出——非常损失　　　　　　　　　　　　　　　　　20 000

　　贷：待处理财产损溢——待处理流动资产损溢　　　　　　　　　　70 000

任务五　存货的期末计价

根据《企业会计准则第 1 号——存货》的规定，资产负债表日，存货应当按照成本与
可变现净值孰低计量。存货成本低于其可变现净值的，存货按成本计量；存货成本高于其
可变现净值的，则该存货发生了减值，应当计提"存货跌价准备"，计入当期损益。

一、存货减值迹象的判断

存货存在下列情况之一的，表明存货的可变现净值低于成本：

(1) 该存货的市场价格持续下跌，并且在可预见的未来无回升的希望。

(2) 企业使用该项原材料生产的产品的成本大于产品的销售价格。

(3) 企业因产品更新换代，原有库存原材料已不适应新产品的需要，而该原材料的市
场价格又低于其账面成本。

(4) 因企业所提供的商品或劳务过时或消费者偏好改变而使市场的需求发生变化，导
致市场价格逐渐下跌。

(5) 其他足以证明该项存货实质上已经发生减值的情形。

存货存在下列情况之一的，表明存货的可变现净值为零：

(1) 已霉烂变质的存货。

(2) 已过期且无转让价值的存货。

(3) 生产中已不再需要，并且已无使用价值和转让价值的存货。

(4) 其他足以证明已无使用价值和转让价值的存货。

二、可变现净值的确定

(1) 确定存货的可变现净值时应考虑的因素。

① 应以取得的可靠证据为基础。这里所讲的"可靠证据"，是指对确定存货的可变现
净值有直接影响的确凿的证据，如产品的市场销售价格、与企业产品相同或类似的商品的
市场销售价格、供货方提供的有关资料、销售方提供的有关资料、生产成本资料等。

② 在确定存货的可变现净值时，应考虑持有存货的目的。根据存货的定义，企业持

有存货有两个基本目的，即持有以备出售和持有以备耗用。持有存货的目的不同，可变现净值的确定方法也不尽相同。

持有以备出售存货(如产成品或商品等)的可变现净值 =
存货的估计售价 – 估计的销售费用及相关税金的金额
持有以备耗用存货(如在产品或原材料等)的可变现净值 =
完工产品的估计售价 – 至完工估计将要发生的成本 – 估计的销售费用及相关税金的金额

③ 应考虑资产负债表日后事项等的影响，即在确定资产负债表日存货的可变现净值时，不仅要考虑财务会计报告批准报出之前发生的相关价格与成本波动，还要考虑以后期间发生的相关事项。

(2) 不同情况下存货可变现净值的确定。

① 产成品、商品和用于出售的材料等持有以备出售的存货，如果没有销售合同约定的，其可变现净值为在正常生产经营过程中，该存货的一般销售价格(即市场销售价格)减去估计的销售费用及相关税费等后的金额。

【例3-33】2019年12月31日，某企业库存甲产品500件，账面价值为500 000元，单位成本为1 000元/件。甲产品在2019年12月31日的市场销售价格为980元/件，估计销售税费5 000元。该企业未签订与甲产品有关的销售合同，则

甲产品的可变现净值 = 980 × 500 – 5 000 = 485 000(元)

【例3-34】2019年，某公司根据市场需求的变化，决定停止B型号产品的生产，为减少损失，该公司决定将原材料中专门用于生产B型产品的原材料——钢材全部出售。2019年12月31日钢材的账面价值为500 000元，数量为20 t。根据市场调查，此种钢材的生产销售价格为26 000元/t，同时销售20 t钢材还需发生销售费用及税金5 000元。

该批钢材的可变现净值 = 26 000 × 20 – 5 000 = 515 000(元)

② 产成品、商品等持有以备出售的存货，如果这些存货已签订销售合同的，其可变现净值应以合同价格为计量基础。

【例3-35】2019年8月10日，甲公司与乙公司签订了一份不可撤销的销售合同。双方约定，2020年8月10日，甲公司应按300 000元/台的价格向乙公司提供A型号机器10台。2019年12月31日，甲公司A型号机器的账面价值为1 500 000元，数量为6台，单位成本250 000元/台，估计销售费用及税金为50 000元。

本例中，根据甲公司与乙公司签订的销售合同，甲公司该批A型号机器的销售价格已由销售合同约定，并且其库存数量小于销售合同订购的数量。

该批A型号机器的可变现净值 = 300 000 × 6 – 50 000 = 1 750 000(元)

如果企业持有的同一项存货的数量多于销售合同订购的数量，则应分别确定其可变现净值，即可变现净值中估计售价的确定方法如下：

合同数量内 ——————→ 合同价
超出合同数量内 ——————→ 一般销售价格

【例3-36】2017年9月10日，甲公司与乙公司签订了一份不可撤销的销售合同。双方约定，2018年3月15日，甲公司应按200 000元/台的价格向乙公司提供B型号机器10台。2017年12月31日，甲公司B型号机器的账面价值为1 920 000元，数量为12台，单位成本为160 000元/台。2017年12月31日，B型号机器的市场销售价格为250 000

元/台。

本例中，根据甲公司与乙公司签订的销售合同，甲公司该批机器的销售价格已由销售合同约定，但是其库存数量大于销售合同约定的数量。在这种情况下，对于销售合同约定数量内(10 台)的 B 型号机器的可变现净值应以销售合同约定的价格总额 2 000 000(200 000 × 10)为计量基础；而对于超出部分(2 台)的 B 型号机器的可变现净值应以一般价格总额 500 000(250 000 × 2)为计量基础。

③ 需要经过加工的材料存货，如原材料、在产品、委托加工材料等，由于持有该材料的目的是用于生产加工产成品，而不是出售，该材料存货的价值将体现在用其生产产品上。因此，在确定需要经过加工的材料存货的可变现净值时，应与该类存货所生产的产成品的期末价值减损情况联系起来。

【例 3-37】2018 年 12 月 31 日，某公司库存原材料——M 材料的账面价值为 250 000 元，市场销售价格为 230 000 元，假定不发生其他购买费用，用 M 材料生产的产成品的可变现价值高于其成本，则 2018 年 12 月 31 日 M 材料的价值的确定过程如下：

本例中，2018 年 12 月 31 日，虽然 M 材料的账面价值高于其市场价格，但是由于用其生产的产成品的可变现净值高于其成本，即用该原材料生产的最终产品此时并没有发生价值减损，因此，即使其市场价格低于其账面价值，仍应按其原账面价值 250 000 元确定其期末价值。

如果材料价格的下降表明以其生产的产品的可变现净值低于成本，则该材料应当按可变现净值计量。其可变现净值为在正常生产经营过程中，以该材料生产的产成品的估计售价减去至完工时估计将要发生的成本、销售费用以及相关税费后的金额来确定。

【例 3-38】2019 年 12 月 31 日，某公司库存原材料——N 材料的账面价值为 500 000 元，市场价格为 450 000 元，假设不发生其他购买费用。由于 N 材料的市场销售价格下降，用 N 材料生产的 F 型机器的市场售价由 1 500 000 元下降为 1 300 000 元，但其生产成本仍为 1 400 000 元，将其加工成 F 型机器尚需投入 800 000 元，估计销售费用及税金为 300 000 元，则 2019 年 12 月 31 日 N 材料的价值可按以下步骤进行确定。

第一步，计算用该原材料所生产的产成品的可变现净值。

F 型机器的可变现净值 = F 型机器的估计售价 – 估计的销售费用及税金

$$= 1\ 300\ 000 - 300\ 000$$

$$= 1\ 000\ 000(元)$$

第二步，将用该原材料生产的产成品的可变现净值与其成本进行比较。

F 型机器的可变现净值 1 000 000 元小于其生产成本 1 400 000 元，F 型机器发生了减值，故 N 材料也发生了减值，N 材料期末价值应以可变现净值计量。

第三步，计算该原材料的可变现净值，并确定其期末价值。

N 材料的可变现净值 = F 型机器的估计售价 – 将材料加工成 F 型机器尚需投入的成本 –
　　　　　　　　　估计的销售费用及税金

$$= 1\ 300\ 000 - 800\ 000 - 300\ 000$$

$$= 200\ 000(元)$$

N 材料的可变现净值 200 000 元小于成本 500 000 元，因此，N 材料的期末价值为其可变现净值 200 000 元。

三、存货减值的会计处理

1. 账户设置

企业应当设置"存货跌价准备"账户核算企业存货的跌价准备。"存货跌价准备"属于资产类账户，备抵有关存货账户，其贷方登记提取的存货跌价准备，借方登记发出存货结转的存货跌价准备以及存货价值回升时冲减的存货跌价准备，一般余额在贷方，反映企业已计提但尚未转销的存货跌价准备。本账户可按存货项目或类别进行明细核算。

2. 会计处理

在一般情况下，存货跌价准备应当按照单个存货项目计提，即应当将每一存货项目的成本与可变现净值逐一进行比较，取其低者计量存货，并按可变现净值低于成本的差额计提存货跌价准备。但在某些情况下，如与具有类似目的或最终用途并在同一地区生产和销售的产品系列相关，且难以将其与该产品系列的其他项目区别开来进行估计的存货，可以合并计提存货跌价准备。此外，对于数量繁多、单价较低的存货，也可以按存货类别计提存货跌价准备。

在具体进行存货跌价准备的会计处理时，首先应按本期存货可变现净值低于成本的金额，确定本期存货的减值金额，然后将本期存货的减值金额与"存货跌价准备"账户的余额进行比较，按下列公式计算以确定本期应计提的存货跌价准备金额：

某期应计提的存货跌价准备 = 当期可变现净值低于成本的金额 – "存货跌价准备"
账户原有余额

根据上述公式，如果本期存货减值的金额与"存货跌价准备"账户的贷方余额相等，则不需用计提存货跌价准备；如果本期存货减值的金额大于"存货跌价准备"账户的贷方余额，则应按两者之差补提存货跌价准备，借记"资产减值损失"账户，贷记"存货跌价准备"账户；如果本期存货减值的金额小于"存货跌价准备"账户的贷方余额，则表明以前引起存货减值的影响因素已经消失，存货的价值又得以恢复，应按两者之差冲减已计提的存货跌价准备，借记"存货跌价准备"账户，贷记"资产减值损失"账户；如果本期存货可变现净值高于成本，则应将已计提的存货跌价准备全部转回，借记"存货跌价准备"账户，贷记"资产减值损失"账户。

【例3-39】甲公司2019年初"存货跌价准备"账户余额为0元，该公司在半年末和年末对存货按成本与可变现净值孰低计价，下面编制会计分录。要求分别进行账务处理。

(1) 2019年6月30日，A商品的账面成本为80 000元，可变现净值跌至70 000元。

A商品的减值金额 = 80 000 – 70 000 = 10 000 (元)

应计提的存货跌价准备 = 10 000 – 0 = 10 000 (元)

借：资产减值损失　　　　　　　　　　　　　10 000

　　贷：存货跌价准备　　　　　　　　　　　　　　10 000

(2) 2019年12月31日，A商品尚未售出，可变现净值已经跌至58 000元。

A商品的减值金额 = 80 000 – 58 000 = 22 000 (元)

应计提的存货跌价准备 = 22 000 – 10 000 = 12 000 (元)

借：资产减值损失   12 000
  贷：存货跌价准备   12 000

(3) 2020 年 6 月 30 日，A 商品仍未售出，可变现净值回升至 65 000 元。

$$A 商品的减值金额 = 80\,000 - 65\,000 = 15\,000 (元)$$
$$应计提的存货跌价准备 = 15\,000 - 22\,000 = -7\,000 (元)$$

借：存货跌价准备   7 000
  贷：资产减值损失   7 000

假定 A 商品的可变现净值升至 85 000 元，高于 A 商品的成本，则

$$A 商品的减值金额 = 0 (元)$$
$$应计提的存货跌价准备 = 0 - 22\,000 = -22\,000 (元)$$

借：存货跌价准备   22 000
  贷：资产减值损失   22 000

计提了存货跌价准备的存货，如果已经销售，则企业应在结转销售成本时，同时结转已计提的存货跌价准备；如果已按存货类别计提了存货跌价准备，则应按比例结转相应的存货跌价准备。

【例 3-40】2019 年末，甲公司库存 C 机器 10 台，每台成本 5 000 元，已经计提的存货跌价准备为 10 000 元。2020 年，甲公司将库存的机器以每台 6 000 元的价格出售 5 台。假定不考虑可能发生的销售费用和税金的影响，甲公司将这 5 台机器已经计提的存货跌价准备在结转其销售成本时应予以结转。

借：主营业务成本   20 000
  存货跌价准备   5 000
  贷：库存商品——C 机器   25 000

练 习 题

一、单项选择题

1. 在物价变动的情况下，采用( )计价可使期末库存材料的价值最接近市场价格。

A. 先进先出法   B. 个别计价法

C. 一次加权平均法   D. 移动加权平均法

2. 某企业(一般纳税人)从外地购进原材料一批，取得的增值税专用发票上注明材料价格为 10 000 元，增值税税额为 1 300 元，另外支付运费 800 元，支付装卸费 200 元，该批材料的采购成本为( )元。

A. 12 700   B. 11 000

C. 10 944   D. 10 930

3. 随同商品出售，单独计价的包装物的收入应当记入( )账户。

A. 主营业务收入   B. 其他业务收入

C. 其他业务成本   D. 销售费用

4. 材料按成本与可变现净值孰低法计价，是( )信息质量要求的运用。

A. 客观性 　　　　　　　　　　　B. 权责发生制

C. 历史成本 　　　　　　　　　　D. 谨慎性

5. 某股份有限公司对期末存货采用成本与可变现净值孰低法计价。2019 年 12 月 31 日，库存自制半成品的实际成本为 40 万元，预计进一步加工所需费用为 16 万元，预计销售费用及税金为 8 万元。该半成品加工完成后的产品预计销售价格为 60 万元。假定该公司以前年度未计提存货跌价准备。2019 年 12 月 31 日该项存货应计提的跌价准备为(　　)万元。

A. 0 　　　　　　　　　　　　　B. 4

C. 16 　　　　　　　　　　　　　D. 20

二、多项选择题

1. 下列项目中，应计入材料采购成本的有(　　)。

A. 直接人工 　　　　　　　　　　B. 进口关税

C. 运输途中的合理损耗 　　　　　D. 增值税进项税额

2. 一般纳税企业委托其他单位加工材料收回后用于连续生产应税消费品的，其发生的下列支出中，应计入委托加工物资成本的有(　　)。

A. 委托方承担的往返运杂费 　　　B. 加工成本

C. 发出材料的实际成本 　　　　　D. 受托方代收代缴的消费税

3. 企业购进一批材料，已验收入库，但到月终时结算凭证仍未到，货款尚未支付。对该项业务，企业应(　　)。

A. 不作账务处理 　　　　　　　　B. 月末按暂估价入账

C. 下月初用红字冲回 　　　　　　D. 待下月收到结算凭证时再重新入账

三、业务题

1. 东方企业为增值税一般纳税企业，原材料采用计划成本核算，甲材料计划单位成本为 10 元/公斤。该企业 2019 年 5 月份的有关资料如下：

(1) "原材料"账户月初借方余额 20 000 元，"材料成本差异"账户月初贷方余额 700 元，"材料采购"账户月初借方余额 40 000 元(上述账户核算的均为甲材料)。

(2) 5 月 5 日，企业上月已付款购入的甲材料 4 040 公斤如数收到，已验收入库。

(3) 5 月 20 日，从外地南方公司购入甲材料 8 000 公斤，增值税专用发票注明的材料价款为 80 000 元，增值税额 10 400 元，运费 1 000 元，增值税额 90 元，企业已用银行存款支付各种款项，材料尚未到达。

(4) 5 月 25 日，从南方公司购入的甲材料到达，验收入库时发现短缺 40 kg，经查明为途中定额的自然损耗。按实收数量验收入库。

(5) 5 月 31 日，汇总本月发料凭证，共发出甲材料 8 000 kg，全部用于产品生产。

要求：根据上述业务编制相关的会计分录。

2. 2019 年 12 月 31 日甲公司库存的原材料——A 材料账面余额为 88 000 元，市价为 75 000 元，用于生产仪表 80 台。由于 A 材料市场价格下降，用该材料生产的仪表的每台市价由 2 600 元降至 1 800 元，但是将 A 材料加工成仪表，尚需发生加工费用 64 000 元。估计发生销售费用和税金为 4 000 元。

要求：

(1) 计算用 A 材料生产的仪表的生产成本；

(2) 计算 2019 年 12 月 31 日 A 材料的可变现净值；

(3) 计算 2019 年 12 月 31 日 A 材料应计提的存货跌价准备并编制计提存货跌价准备的会计分录。

项目四　往来业务

【学习目标】

知识目标：了解应收票据、应收账款、预付账款、其他应收款、应付及预收账款的概念及其内容，明确应收票据、应收账款及坏账损失、其他应收款及预付账款、应付及预收款项的核算内容。

技能目标：熟悉应收票据、应收账款、预付账款、其他应收款、应付及预收款项的账务处理。

任务一　应收票据

一、应收票据的概念及种类

1. 应收票据的概念

在我国，除商业汇票外，大部分票据，如支票、银行汇票及银行本票都是即期票据，可以即刻收款或存入银行成为货币资金，不需要作为应收票据核算。因此，我国的应收票据仅指商业汇票，是指企业因销售商品或产品、提供劳务等而收到的、尚未到期的商业票据。根据我国现行法律的规定，商业汇票的期限不得超过 6 个月，因而我国的商业汇票是一种流动资产。

2. 应收票据的种类

按承兑人的不同，将应收票据分为商业承兑汇票和银行承兑汇票两种。商业承兑汇票是指由付款人签发并承兑，或由收款人签发交由付款人承兑的汇票；银行承兑汇票是指由在承兑银行开立存款账户的存款人(这里也是出票人)签发，由承兑银行承兑的票据。

按是否计息，将应收票据分为不带息应收票据和带息应收票据两种。不带息应收票据是指商业汇票到期时，承兑人只按票面金额(即面值)向收款人或被背书(背书是指持票人在票据的背面签字，签字人称为背书人，背书人对票据的到期付款负连带责任)人支付款项的商业汇票；带息应收票据是指商业汇票到期时，承兑人必须按票面金额加上票据规定利息率计算的到期利息向收款人或被背书人支付票款的票据。带息票据的到期值等于其面值加上到期应计利息，我国目前主要使用的是不带息应收票据。

二、应收票据的取得和到期收回的核算

为了反映应收票据的取得和收回情况，企业应设置"应收票据"账户。该账户是资产

类账户，借方登记收到商业汇票的票面金额及应计利息；贷方登记到期收回、票据转让、贴现及到期收不回而转出等的票面金额和应计利息；期末借方余额反映企业持有的商业汇票的票面价值和应计利息。该账户应按不同的单位分别设置明细账，并进行明细核算。

1. 不带息应收票据的核算

企业收到商业汇票时，按票面金额，借记"应收票据"账户，按实际的营业收入，贷记"主营业务收入"等账户，按专用发票上注明的增值税税额，贷记"应交税费——应交增值税(销项税额)"账户。企业收到应收票据以抵偿应收账款时，借记"应收票据"账户，贷记"应收账款"账户。应收票据到期收回时，按票面金额借记"银行存款"账户，贷记"应收票据"账户。

【例 4-1】某企业向甲公司销售产品一批，价款为 70 000 元，增值税为 9 100 元，收到由甲公司开出、承兑的面值为 79 100 元、期限为 3 个月的商业承兑汇票一张。

收到票据时，编制的会计分录如下：

借：应收票据——甲公司　　　　　　　　　　　　　　　　79 100
　　贷：主营业务收入　　　　　　　　　　　　　　　　　70 000
　　　　应交税费——应交增值税(销项税额)　　　　　　　　9 100

3 个月后，应收票据到期，票面金额 79 100 元收存银行，编制的会计分录如下：

借：银行存款　　　　　　　　　　　　　　　　　　　　79 100
　　贷：应收票据——甲公司　　　　　　　　　　　　　　79 100

如果企业持有的商业承兑汇票到期，因付款人无力支付票款，企业收到银行退回的商业承兑汇票、委托收款凭证、未付票款通知书或拒绝付款证明等，应将到期票据的票面金额转入"应收账款"账户。也即如果 3 个月后甲公司无力偿还票款，则编制的会计分录如下：

借：应收账款——甲公司　　　　　　　　　　　　　　　79 100
　　贷：应收票据——甲公司　　　　　　　　　　　　　　79 100

2. 带息应收票据的核算

带息应收票据到期收回时，收取的票款等于应收票据票面价值加上票据利息：

票据到期价值 = 应收票据票面价值 + 应收票据利息

应收票据利息是按照票据上载明的利率和期限计算的：

应收票据利息 = 应收票据票面价值 × 利率 × 期限

公式中的期限是指从票据签发日至到期日的时间间隔。在实务中，票据的期限一般有按月计算和按日计算两种。按月计算的票据，以到期月份的承兑日为票据的到期日；按日计算的票据，应从出票日起按实际天数计算，习惯上出票日和到期日只能算其中一天，即"算头不算尾"或"算尾不算头"。例如，4 月 1 日出票的期限为 4 个月的票据，到期日为 8 月 1 日，此时计算利息使用的利率，要换算成月利率(即年利率/12)。如果期限为 90 天，则到期日为 6 月 30 日，此时计算利息使用的利率，要换算成日利率(即年利率/360)。在以天数计算时注意大小月之分。

带息应收票据到期，应当计算票据利息。对于尚未到期的带息应收票据，企业应在期末按应收票据的票面价值和确定的利率计提利息，计提的利息增加应收票据的账面余额，同时冲减当期财务费用。

【例4-2】某企业2017年10月1日向乙公司销售产品一批，价款为100 000元，增值税税额为13 000元，收到乙公司当日签发的面值为113 000元、期限为6个月(到期日为2018年4月1日)的商业承兑汇票一张，票面利率为8%。

收到票据时，编制的会计分录如下：

借：应收票据——乙公司　　　　　　　　　　　　　　　　113 000

　　贷：主营业务收入　　　　　　　　　　　　　　　　　　　100 000

　　　　应交税费——应交增值税(销项税额)　　　　　　　　　13 000

年度终了(2017年12月31日)，计提票据利息。

票据利息 = 113 000 × 8% ÷ 12 × 3 = 2 260 (元)

编制会计分录如下：

借：应收票据——乙公司　　　　　　　　　　　　　　　　　2 260

　　贷：财务费用　　　　　　　　　　　　　　　　　　　　　2 260

票据到期收回款项(2018年4月1日)。

收款金额 = 113 000 × (1 + 8% ÷ 12 × 6) = 117 520 (元)

2018年计提的票据利息 = 113 000 × 8% ÷ 12 × 3 = 2 260 (元)

编制会计分录如下：

借：银行存款　　　　　　　　　　　　　　　　　　　　117 520

　　贷：应收票据——乙公司　　　　　　　　　　　　　　　115 260

　　　　财务费用　　　　　　　　　　　　　　　　　　　　2 260

三、应收票据转让的核算

应收票据转让是指持票人因偿还前欠货款等原因，将未到期的商业汇票背书后转让给其他单位或个人的业务活动。企业将持有的应收票据背书转让，在取得所需物资时，按应计入取得物资成本的价值，借记"材料采购""在途物资""原材料""库存商品"等账户；按专用发票上注明的增值税税额，借记"应交税费——应交增值税(进项税额)"账户；按应收票据的账面余额，贷记"应收票据"账户，如有差额，借记或贷记"银行存款"等账户。如果企业背书转让的为带息应收票据，除按上述规定借记有关账户，贷记"应收票据"等账户外，还应按尚未计提的利息，贷记"财务费用"账户；按应收或应付的金额，借记或贷记"银行存款"账户。

【例4-3】乙企业于2月25日将一张票面金额为1 695 000元的无息商业汇票背书转让，以取得生产经营所需的材料，该材料金额为1 500 000元，适用的增值税税率为13%。编制的会计分录如下：

借：原材料　　　　　　　　　　　　　　　　　　　　1 500 000

　　应交税费——应交增值税(进项税额)　　　　　　　　　195 000

　　贷：应收票据　　　　　　　　　　　　　　　　　　1 695 000

四、应收票据贴现的核算

票据贴现是指持票人为了解决临时的资金需要，将尚未到期的票据在背书后送交银行，银行受理后从票据到期值扣除按银行贴现率计算确定的贴现利息，然后将余额付给持票人的一种融资行为。

票据贴现金额的计算按以下三个步骤进行：

第一步，计算贴现期。贴现期是指票据贴现日至票据到期前一日的期限。如果贴现日和到期日是对日，则贴现期可按月计算；如果贴现日和到期日不是对日，则贴现期应按实际贴现天数计算，算头不算尾，也可以按票据有效天数减去企业持有天数计算。

第二步，计算贴现息。公式为

$$贴现息 = 到期值 × 贴现率 × 贴现期$$

第三步，计算贴现净额。公式为

$$贴现净额 = 到期值 - 贴现息$$

企业将未到期的应收票据向银行贴现，应按实际收到的金额（即减去贴现息后的净额），借记"银行存款"账户，按贴现息部分，借记"财务费用"账户，按应收票据的票面余额，贷记"应收票据"账户。如为带息应收票据，则按实际收到的金额，借记"银行存款"账户，按应收票据的账面余额，贷记"应收票据"账户，按其差额，借记或贷记"财务费用"账户。

【例4-4】 某企业4月18日将出票日为2月10日、面值为50 000元、出票后6个月到期的带息的商业承兑汇票（票面利率为9%）向银行办理贴现，银行规定的贴现率为10%。编制的会计分录如下：

$$贴现期 = 12 + 31 + 30 + 31 + 10 = 114 (天)$$
$$票据的到期值 = 50\,000 × (1 + 9\% × 6 ÷ 12) = 52\,250 (元)$$
$$贴现息 = 52\,250 × 10\% ÷ 360 × 114 = 1\,654.58 (元)$$
$$贴现净额 = 52\,250 - 1\,654.58 = 50\,595.42 (元)$$

借：银行存款   50 595.42
 贷：应收票据   50 000
   财务费用   595.42

应收票据贴现的会计处理，根据贴现风险是否转移分为两种情况，即不带追索权和带追索权。

1. 不带追索权

在不带追索权方式下，贴现人将票据的权益转让给贴现银行的同时，也向对方转嫁了票据的全部风险。如果出票人在票据到期时不能偿付款项，贴现人并不负连带责任。因此，应收票据一经贴现，即可按票面金额冲减"应收票据"账户，按实际收到的贴现净额，借记"银行存款"账户，按贴现息部分，借记"财务费用"账户。

【例4-5】 某企业于2019年4月20日将持有的出票日为2019年3月1日、面值为50 000元、期限为90天的无息银行承兑汇票一张，向银行申请贴现，银行已受理，贴现率为6%。假定此项业务不带追索权，则

$$贴现期 = 90 - 50 = 40 (天)$$
$$贴现息 = 50\,000 × 6\% ÷ 360 × 40 = 333.33 (元)$$
$$贴现净额 = 50\,000 - 333.33 = 49\,666.67 (元)$$

编制的会计分录如下：

借：银行存款 49 666.67

财务费用 333.33

贷：应收票据 50 000

2. 带追索权

在票据贴现交易中，大部分都是带有追索权的。当出票人在票据到期不能偿付款项时，贴现人在法律上负有连带责任。也就是说，应收票据贴现后，对贴现人来说形成了一项负债。对有追索权的贴现业务，会计准则规定，在票据贴现时不冲销应收票据，而是按票据的票面到期金额确认短期借款。票据到期时，贴现银行如期收到票款，则贴现人应借记"短期借款"账户，贷记"应收票据"账户。

【例4-6】某企业于2019年4月20日将持有的出票日为2019年3月1日、面值为50 000元、期限为90天的无息商业承兑汇票一张，向银行申请贴现，银行已受理，贴现率为6%。假定此项业务带追索权，编制的会计分录如下：

借：银行存款 49 666.67

财务费用 333.33

贷：短期借款 50 000

任务二 应 收 账 款

应收账款是指企业因销售商品、产品、提供劳务等，应向购货单位或接受劳务单位收取的款项，不包括应收欠款、应收债务人的利息等其他应收款。

一、应收账款的初始计量

作为金融工具，应收账款初始确认应按照公允价值计量。在会计实务中，应收账款的入账价值包括因销售商品或提供劳务从购货方或接受劳务方应收的合同或协议价款、增值税销项税额，以及代购货单位垫付的包装费、运杂费等。对于分期收款销售商品过程中发生的长期应收款，实质上具有融资性质的，应考虑将其金额进行折现。

企业为了促销或及时收回货款，在销售时常常采用折扣政策，因此确定应收账款的入账价值时，还需要考虑商业折扣和现金折扣等因素。

1. 商业折扣

商业折扣是指在商品交易中，为鼓励客户大量购买而在商品价目单中所列售价的基础上扣减一定的数额，实际上是对商品报价进行的折扣，通常采用百分数表示，如5%、10%、15%等，扣减后的净额才是实际销售的价格，即发票价格。

2. 现金折扣

现金折扣是指债权人为鼓励债务人在规定的期限内付款，而向债务人提供的债务扣除。现金折扣通常发生在以赊销方式销售商品及提供劳务的交易中。企业为了鼓励客户提前偿付货款，通常与债务人达成协议，债务人在不同期限内付款可享受不同比例的折扣。

现金折扣一般用符号"折扣/付款期限"表示。如"2/10，1/20，n/40"表示付款信用期为40 天，客户在 10 天内付款可享受 2%的折扣，在 11～20 天内付款可享受 1%的折扣，在21 天以后付款则不享受折扣。销货方提供现金折扣，有利于早日收回货款，加速资金周转，而对于购货方来说，接受现金折扣无异于得到了一笔可观的理财收入。

存在现金折扣的情况下，应收账款入账金额的确认有两种方法：一是总价法；二是净价法。

1) 总价法

总价法是按扣除现金折扣之前的发票总金额确认销售收入和应收账款的。现金折扣应于客户在折扣期内支付货款时，再予以确认。在这种方法下，销售方把给予客户的现金折扣视为理财费用，会计上作为财务费用处理。会计实务中通常采用此方法。

2) 净价法

净价法是按扣除现金折扣之后的净额确认销售收入和应收账款的。这种方法把客户取得折扣视为正常现象，认为客户一般都会为取得现金折扣而提前付款，而把由于客户超过折扣期限而多收入的金额，视为提供信贷获得的收入。

二、应收账款的账务处理

为了反映应收账款的发生与收回情况，企业应设置"应收账款"账户。该账户是资产类账户，借方登记应收账款的发生；贷方登记收回、改用商业汇票结算及转销为坏账的应收账款；期末借方余额反映企业尚未收回的应收账款。该账户应按不同的购货单位或接受劳务的单位设置明细账，并进行明细核算。

1. 商业折扣的账务处理

【例 4-7】A 企业向 B 公司销售一批商品，按价目表标明的价格计算，金额为 40 000元，由于是批量销售，A 企业给 B 公司 10%的商业折扣，适用的增值税税率为 13%。

这批商品的实际成交价格 = 40 000 × (1 − 10%) = 36 000(元)

A 企业销售时编制的会计分录如下：

借：应收账款——B 公司　　　　　　　　　　　　　　　　40 680
　　贷：主营业务收入　　　　　　　　　　　　　　　　　　36 000
　　　　应交税费——应交增值税(销项税额)　　　　　　　　4 680

收到货款时，编制的会计分录如下：

借：银行存款　　　　　　　　　　　　　　　　　　　　　40 680
　　贷：应收账款——B 公司　　　　　　　　　　　　　　　40 680

2. 现金折扣的账务处理

【例 4-8】甲公司 5 月 4 日销售一批产品给乙公司，售价为 100 000 元，增值税税率为 13%，双方约定的付款条件为"2/10，1/20，n/30"。假定计算现金折扣时不考虑增值税。根据以上资料编制的会计分录如下：

销售实现时：

借：应收账款——乙公司　　　　　　　　　　　　　　　　113 000

贷：主营业务收入	100 000
应交税费——应交增值税(销项税额)	13 000

如果对方在 10 天内付款：

借：银行存款	111 000
财务费用	2 000
贷：应收账款——乙公司	113 000

如果对方在 11～20 天内付款：

借：银行存款	112 000
财务费用	1 000
贷：应收账款——乙公司	113 000

如果对方在 21 天以后付款：

借：银行存款	113 000
贷：应收账款——乙公司	113 000

任务三　预付账款与其他应收款

一、预付账款

预付账款是指企业按照购货合同规定预付给供货单位的款项。预付账款按实际上付出的金额入账。

企业应单独设置"预付账款"账户进行核算。当企业的预付账款情况不多，或与供货单位往来以赊销为主时，也可以不设置"预付账款"账户，而将预付账款直接记入"应付账款"账户的借方，但在编制会计报表时，仍然要将"预付账款"和"应付账款"的金额分开报告。

企业按购货合同的规定预付款时，按预付金额借记"预付账款"账户，贷记"银行存款"账户。企业收到预定的货物时，应根据发票账单等列明的应计入购入货物成本的金额，借记"原材料"等账户，按增值税专用发票上注明的增值税额，借记"应交税费——应交增值税(进项税额)"账户，贷记"预付账款""银行存款"等账户。退回多付的款项时，借记"银行存款"账户，贷记"预付账款"账户。

【例4-9】某企业与丙公司签订购货合同，购入 M 材料 1 000 千克，单价为 20 元，按合同规定预付货款的 20%，已开出转账支票支付。3 天后收到丙公司发来的 M 材料，取得的增值税专用发票注明售价 20 000 元，增值税税额为 2 600 元，材料已验收入库。剩余款项以存款支付。编制的会计分录如下：

预付货款时：

借：预付账款——丙公司	4 000
贷：银行存款	4 000

收到 M 材料，验收入库时：

借：原材料——M 材料	20 000

应交税费——应交增值税(进项税额)	2 600
贷：预付账款——丙公司	22 600

补付货款时：

借：预付账款——丙公司	18 600
贷：银行存款	18 600

二、其他应收款

其他应收款是指应收票据、应收账款和预付账款以外的各种应收、暂付的款项，包括各种应收赔款、存出保证金、备用金、应收包装物租金、应收的各种罚款以及应向职工收取的各种垫付的款项等。

为了反映其他应收款的增减变动及结存情况，企业应设置"其他应收款"账户进行核算。"其他应收款"账户应按各种应收、暂付项目设置明细账户。

企业发生其他应收款时，按应收金额借记"其他应收款"账户，贷记有关账户。收回各种款项时，借记有关账户，贷记"其他应收款"账户。

【例 4-10】企业库存的一批原材料物资因火灾被毁，经保险公司确认，企业应向保险公司索取赔款 80 000 元。根据有关索赔凭证，编制的会计分录如下：

借：其他应收款——保险公司	80 000
贷：原材料	80 000

在企业收到保险公司支付的上述赔款 80 000 元，并存入银行后，根据银行的收账通知，编制的会计分录如下：

借：银行存款	80 000
贷：其他应收款——保险公司	80 000

【例 4-11】采购员张文出差借支差旅费 1 500 元，以现金支付。编制的会计分录如下：

借：其他应收款——张文	1 500
贷：库存现金	1 500

假设采购员张文出差回来报销差旅费 1 350 元，交回现金 150 元。编制的会计分录如下：

借：管理费用	1 350
库存现金	150
贷：其他应收款——张文	1 500

任务四　应收款项的减值

一、应收款项减值的确认

1. 坏账损失的概念

企业应收款项的可收回金额(预计未来现金流量的现值)如果低于其账面价值，即为应收款项减值。其中，企业无法收回或收回的可能性极小的应收款项称为坏账。由于发生坏账而产生的损失，称为坏账损失。对不能收回的应收款项，根据企业管理权限，经股东大会、董事会、厂长(经理)办公会或类似权力机构的批准作为坏账损失予以确认。

2. 坏账确认条件

对以下情况，企业应当全额确认坏账损失：

(1) 有确凿的证据表明该应收款项不能收回。如：债务企业已撤销、破产或债务人死亡，以其破产财产或遗产清偿后仍无法收回的应收款项。

(2) 有证据表明该应收款项收回的可能性不大。如债务企业资不抵债、现金流量严重不足、发生严重的自然灾害等导致停产而在短时间内无法偿付债务的。

(3) 债务人逾期未履行偿债义务，且经法院裁定，确定无法清偿的应收账款，或超过三年以上仍无法收回的应收款项。

二、坏账损失的核算

坏账损失是企业在经营过程中发生的一项经营费用，根据确认坏账损失的时间不同，即把坏账损失列为哪一会计期间费用的不同，会计上有直接转销法和备抵法两种核算方法。

1. 直接转销法

直接转销法是指在实际发生坏账时，确认坏账损失，直接计入当期期间费用，并注销相应的应收款项的一种核算方法。

直接转销法的优点是账务处理简单，但是忽视了坏账损失与赊销业务的联系，在转销坏账损失的前期，对于坏账的情况不做任何处理，虚增了利润和资产；在发生坏账损失时，直接减少了当期利润，显然不符合权责发生制原则及配比原则，容易导致大量的陈账、呆账、常年挂账等，对于会计信息的真实性产生了影响。

2. 备抵法

备抵法是指按期估计坏账损失，形成坏账准备，当某一应收款项全部或部分被确认为坏账时，应根据其金额冲减坏账准备，同时转销相应的应收款项金额的一种核算方法。

我国企业会计制度规定，企业只能采用备抵法核算坏账损失，计提坏账准备的方法和提取比例可由企业自行确定。为核算企业提取的坏账准备，企业应设置"坏账准备"账户，该账户的贷方登记坏账准备的提取；借方登记坏账准备的转销；期末贷方余额反映企业已提取的坏账准备。在资产负债表上，应收款项的项目应按照减去已提取的坏账准备后的净额反映。

计提坏账准备的方法，主要有三种：应收账款余额百分比法、账龄分析法和销货百分比法。

1) 应收账款余额百分比法

应收账款余额百分比法是根据会计期末应收账款的余额和估计的坏账准备提取比例估计坏账损失、计提坏账准备的方法。坏账准备提取比例由企业根据具体情况及以往经验资料予以确定。

当按当期期末应收账款项乘以坏账准备提取比例计算的坏账准备大于"坏账准备"账户的贷方余额时，应按其差额提取，即借记"信用减值损失"账户，贷记"坏账准备"账户；当按当期期末应收账款项乘以坏账准备提取比例计算的坏账准备小于"坏账准备"账户的贷方余额时，应按其差额冲减已计提的坏账准备，即借记"坏账准备"账户，贷记"信用减值损失"账户；当按当期期末应收账款项乘以坏账准备提取比例计算的坏账准备为零时，应将"坏账准备"账户的余额全部冲回。

当发生或确认坏账时，应冲减"坏账准备"账户，即借记"坏账准备"账户，贷记"应收账款"等相关账户；当已冲销的坏账又收回时，首先按应收回的应收账款金额借记"应收账款"等账户，贷记"坏账准备"账户，然后再按收回的金额借记"银行存款"账户，贷记"应收账款"账户。

【例 4-12】C 公司 2017 年年初"坏账准备"账户余额为 0，2017 年年末应收账款余额为 500 000 元，估计的坏账准备率为 3%，2018 年年末应收账款余额为 600 000 元，2019年 4 月应收乙企业的货款确认为坏账损失，计 20 000 元，2019 年年末应收账款余额为550 000 元，2020 年 5 月，上年已确认为坏账的应收账款又收回 15 000 元，2020 年年末应收账款余额为 700 000 元。编制的会计分录如下：

2017 年年末，应提坏账准备 = 500 000 × 3% = 15 000(元)，期初坏账准备余额为 0，因此，本期计提额 = 15 000 − 0 = 15 000(元)。

借：信用减值损失   15 000
    贷：坏账准备   15 000

2018 年年末，计提坏账：

应计提坏账准备 = 600 000 × 3% = 18 000(元)

计提前坏账准备余额为 15 000(元)

本期计提额 = 18 000 − 15 000 = 3 000(元)

借：信用减值损失   3 000
    贷：坏账准备   3 000

2019 年 4 月发生坏账时：

借：坏账准备   20 000
    贷：应收账款——乙企业   20 000

2019 年年末，计提坏账：

应计提坏账准备 = 550 000 × 3% = 16 500(元)

计提前坏账准备余额 = 18 000 − 20 000 = − 2 000(元)

本期计提额 = 16 500 − (− 2 000) = 18 500(元)

借：信用减值损失   18 500
    贷：坏账准备   18 500

2020 年 5 月，坏账收回时：

借：应收账款——乙企业   15 000
    贷：坏账准备   15 000

借：银行存款   15 000
    贷：应收账款——乙企业   15 000

2020 年年末，计提坏账：

应计提坏账准备 = 700 000 × 3% = 21 000(元)

计提前坏账准备余额 = 16 500 + 15 000 = 31 500(元)

本期计提额 = 21 000 - 31 500 = - 10 500(元)

借：坏账准备 10 500

贷：信用减值损失 10 500

2) 账龄分析法

账龄分析法是根据应收账款入账时间的长短来估计坏账损失的方法。一般来说，账款拖欠的时间越长，发生坏账的可能性就越大。采用账龄分析法，企业将应收账款按账龄长短分挡，并为各挡设计估计损失率，用以计算坏账准备应有的余额。

【例4-13】某企业 2019 年 12 月 31 日应收账款分析和坏账损失估计见表 4-1。该企业 2019 年年初"坏账准备"账户为贷方余额 29 000 元(按应收账款计提的部分，下同)，2019 年没有发生已确认并转销的坏账又收回的业务。

表 4-1 应收账款分析和坏账损失估算

应收账款账龄	应收账款金额/元	估计损失率/%	估计损失金额/元
未到期	896 000	1	8 960
逾期 1 年以上	134 000	5	6 700
逾期 1~2 年	69 700	20	13 940
逾期 2~3 年	14 000	50	7 000
逾期 3 年以上	2 000	100	2 000
合计	1 115 700	—	38 600

表 4-1 中所计算出的坏账损失额 38 600 元是指本年末"坏账准备"账户的余额，由于"坏账准备"账户已有贷方余额 29 000 元，所以，本年应计提的坏账准备数额为 9 600 元 (38 600 - 29 000)。编制的会计分录如下：

借：信用减值损失 9 600

贷：坏账准备 9 600

3) 销货百分比法

销货百分比法根据期末的赊销额和估计的计提坏账损失的百分比计算应计提的坏账准备和应确认的坏账损失。

【例4-14】丙企业 2019 年度赊销金额为 900 000 元，根据以往经验，估计坏账损失率为 5%，则 2019 年应计提的坏账准备 = 900 000 × 5% = 45 000(元)。编制的会计分录如下：

借：信用减值损失 45 000

贷：坏账准备 45 000

任务五 应付及预收款项的核算

一、应付账款的核算

企业在生产经营活动中，往往会与其他单位或个人发生一定的经济往来。在这些经济往来中，由于购买商品、接受劳务供应等商品交易和业务活动等形成企业承担的必须用资产或劳务在短期内偿付的债务，一般称为应付及预收款项。应付及预收款项通常包括应付账款、预收账款、应付票据、其他应付款等。

应付账款，是指企业在生产经营过程中因购买材料、商品、物资或接受劳务供应等业务应支付给供应者的款项。应付账款是买卖双方在购销活动中因取得物资与支付货款时间上不一致而产生的负债。

1. 应付账款的入账时间

应付账款的入账时间应以所购货物所有权的转移或接受劳务已发生为标志。在实际工作中，应区别处理：

(1) 在货物和发票账单同时到达的情况下，应付账款一般待货物验收入库后，才按发票账单所列金额登记入账。

(2) 在货物验收入库、发票账单未到的情况下，应付账款可暂不入账，在月份内等待，待收到发票账单后再根据情况处理。

(3) 至月份终了仍未收到发票账单的，应按估计价或计划价暂估入账，下月初用红字冲销，待以后收到发票账单时，再按具体情况处理。

2. 应付账款的入账价值

应付账款通常是在购销活动中由于取得物资与支付货款的时间不一致而造成的，往往在短期内就需付款，因而，应付账款应按发票记载的应付金额入账。存在购货折扣的情况时，应区别处理：

(1) 系商业折扣的，购货方应根据发票价格，也就是按扣除了商业折扣以后的金额入账。

(2) 系现金折扣的，应先按发票上记载的应付金额记账，即按不扣除折扣金额入账，待实际发生折扣时，再将折扣金额计入当期财务费用。

3. 应付账款的账务处理

为了核算和监督应付账款的发生及偿还情况，企业应设置"应付账款"账户。该账户贷方登记企业因购货、接受劳务供应而产生的应付款项以及因无法支付到期商业汇票转入的应付票据款；借方登记企业偿还、抵付的应付账款以及转销无法支付的应付账款。余额一般在贷方，表示企业尚未支付的应付账款。该账户应按供应单位设置明细账，并进行明细分类核算。

【例4-15】某企业从A公司购入甲材料一批，货款为100 000元，增值税进项税额为13 000元，材料已验收入库，款项尚未支付。若在10天内付款可享受2%的现金折扣，若在20天内付款则可享受1%的现金折扣。假定计算现金折扣时考虑增值税。编制的会计分录如下：

材料验收入库：

借：原材料——甲材料　　　　　　　　　　　　　100 000

　　应交税费——应交增值税(进项税额)　　　　　13 000

　　贷：应付账款——A公司　　　　　　　　　　　　　113 000

如果企业在10天内向A公司付款，则

借：应付账款——A 公司		113 000
贷：财务费用		2 260
银行存款		110 740

如果企业在 20 天内向 A 公司付款，则

借：应付账款——A 公司		113 000
贷：财务费用		1 130
银行存款		111 870

如果企业超过 20 天付款，则

借：应付账款——A 公司		113 000
贷：银行存款		113 000

【例 4-16】某公司 5 月 30 日根据有关资料结算本月应付电费 32 000 元，其中基本生产车间产品生产用电 24 000 元，车间照明用电 4 000 元，厂部照明用电 4 000 元。6 月 2 日以存款支付上个月应付电费 32 000 元，并按应付电费的 13%支付增值税 4 160 元。编制的会计分录如下：

5 月 30 日结算应付电费：

借：生产成本——基本生产成本	24 000
制造费用	4 000
管理费用	4 000
贷：应付账款——供电局	32 000

6 月 2 日以存款支付应付电费及增值税：

借：应付账款——供电局	32 000
应交税费——应交增值税(进项税额)	4 160
贷：银行存款	36 160

企业由于债权单位撤销或其他原因而无法支付的应付账款，应借记"应付账款"账户，贷记"营业外收入——其他"账户。

二、预收账款的核算

预收账款是企业按照合同规定向购货单位预收的款项。它是买卖双方协议商定，由供货方或提供劳务方预先向购货方或接受劳务方收取一部分货款或定金而形成的一项负债。这项负债需要用以后的商品、劳务等偿付。

企业应设置"预收账款"账户，该账户贷方登记发生的预收账款的金额和购货单位补付账款的金额；借方登记企业向购货方发货后冲销的预收账款金额和退回购货方多付账款的金额。余额一般在贷方，表示已预收货款但尚未向购货方发货的金额。预收账款业务不多的企业，也可以不设置"预收账款"账户，而直接将预收账款并入"应收账款"账户的贷方进行核算。

【例 4-17】某企业按合同规定预收新华公司货款 60 000 元存入银行。实际销售给新华公司的商品价款为 80 000 元，增值税为 10 400 元，数天后补收差额 30 400 元。编制的会计分录如下：

预收新华公司货款时：

借：银行存款 60 000
　　贷：预收账款——新华公司 60 000

企业向新华公司销售产品，收到补付款时：

借：预收账款——新华公司 60 000
　　银行存款 30 400
　　贷：主营业务收入 80 000
　　　　应交税费——应交增值税(销项税额) 10 400

三、应付票据的核算

应付票据是指企业采用商业汇票支付方式购买材料、商品和接受劳务供应等而开出、承兑的商业汇票，包括商业承兑汇票和银行承兑汇票。商业汇票尚未到期前构成企业的负债。按照《支付结算办法》的规定，只有在银行开立存款账户的法人和其他组织，在具有真实的交易关系或债权债务关系时，才可以使用商业汇票。商业汇票的最长期限不得超过6个月。

因为商业汇票的付款期限不超过6个月，因此在会计上应作为流动负债管理和核算。由于应付票据的偿付时间较短，在会计实务中，一般均按照开出、承兑的应付票据的面值入账。商业汇票按照是否带息，分为带息票据和不带息票据。不带息票据的面值就是到期时企业应支付的金额。带息票据的票面金额仅表示本金，票据到期时除按面值支付外，还应另行支付利息。

1. 应付票据的入账价值

应付票据入账价值的确定，应分两种情况处理：

(1) 不带息应付票据，应按票据面值计价入账。

(2) 带息应付票据，企业开出承兑票据时应按面值计价入账，期末计算的应付利息也应列为应付票据款计价入账。

2. 账户设置

为了总括核算和监督企业商业汇票的签发、承兑和支付情况，应设置"应付票据"账户。该账户属负债类账户，贷方登记企业签发、承兑的商业汇票的面值和带息票据已计算的应付利息；借方登记企业到期支付(或结转)的票款金额。余额在贷方，表示企业尚未到期的应付票据的本息合计。

为加强对应付票据的管理，企业应设置"应付票据备查簿"，详细登记应付票据的种类、号数、签发日期、到期日、票面金额、合同交易号、收款人姓名或单位名称，以及付款日、金额等详细资料。应付票据到期结清时，应在备查簿内逐笔注销。

3. 应付票据的账务处理

(1) 企业开出并承兑的商业汇票购货或抵付应付账款时，借记"材料采购""应交税费""应付账款"等账户，贷记"应付票据"账户。若企业开出的是银行承兑汇票，则须按票面金额支付一定的手续费，借记"财务费用"账户，贷记"银行存款"账户。

(2) 应付票据到期，企业如期付款时，借记"应付票据"账户，贷记"银行存款"账户；若为带息票据，应于期末计算应付利息，按应计利息借记"财务费用"账户，贷记"应付票据"账户；票据到期支付本息时，按票据账面余额，借记"应付票据"账户，按应计未计的利息，借记"财务费用"账户，按实际支付的金额，贷记"银行存款"账户。

(3) 应付票据到期，企业无力支付票款时，属商业承兑汇票的，按应付票据账面余额，借记"应付票据"账户，贷记"应付账款"账户；属银行承兑汇票的，按应付票据账面余额，借记"应付票据"账户，贷记"短期借款"账户。到期不能支付的带息应付票据，转入"应付账款"等账户后，期末不再计提利息。

【例4-18】 某企业从 A 公司购入甲材料一批，货款为 20 000 元，增值税为 2 600 元，当日签发并承兑一张为期 3 个月面额为 22 600 元的不带息商业承兑汇票结算，材料已验收入库。该企业编制的会计分录如下：

购入材料入库，签发并承兑汇票时：

借：原材料——甲材料　　　　　　　　　　　　　　　　20 000
　　应交税费——应交增值税(进项税额)　　　　　　　　2 600
　　　贷：应付票据——A 公司　　　　　　　　　　　　　　　22 600

到期支付票款时：

借：应付票据——A 公司　　　　　　　　　　　　　　　22 600
　　　贷：银行存款　　　　　　　　　　　　　　　　　　　　22 600

上述票据到期，企业暂时无力付款时：

借：应付票据——A 公司　　　　　　　　　　　　　　　22 600
　　　贷：应付账款——A 公司　　　　　　　　　　　　　　　22 600

【例4-19】 某公司从 B 公司购入乙材料一批，货款为 30 000 元，增值税为 3 900 元，价税款用当日签发并承兑的一张为期 3 个月、面额为 33 900 元、年利息率为 5% 的带息银行承兑汇票结算。支付承兑手续费为 150 元，材料已验收入库。编制的会计分录如下：

向银行申请承兑，支付承兑手续费时：

借：财务费用——手续费　　　　　　　　　　　　　　　150
　　　贷：银行存款　　　　　　　　　　　　　　　　　　　　150

持票购料时：

借：原材料——乙材料　　　　　　　　　　　　　　　　30 000
　　应交税费——应交增值税(进项税额)　　　　　　　　3 900
　　　贷：应付票据——B 公司　　　　　　　　　　　　　　　33 900

向 B 公司开出汇票后的第 1、2 个月末，企业计算应付利息时：

$$每月应付利息 = 33\,900 \times 5\% \div 12 = 141.25\,(元)$$

借：财务费用——利息　　　　　　　　　　　　　　　　141.25
　　　贷：应付票据——B 公司　　　　　　　　　　　　　　　141.25

票据到期，支付票据本息时：

借：应付票据——B 公司　　　　　　　　　　　　　　　34 182.50
　　财务费用——利息　　　　　　　　　　　　　　　　141.25
　　　贷：银行存款　　　　　　　　　　　　　　　　　　　　34 323.75

四、其他应付款的核算

其他应付款是指与企业购销业务没有直接关系的一切暂收、应付款项，包括应付租入固定资产或周转材料的租金、存入保证金、职工未按期领取的工资等。为了总括地反映和监督企业其他应付款项的应付、暂收及支付情况，应设置"其他应付款"账户。该账户贷方登记企业发生的各种应付、暂收款项；借方登记企业实际支付或转销的应付款项。余额在贷方，表示企业尚未支付的其他应付款项。该账户应按应付和暂收款项的类别和单位或个人设置明细账，并进行明细分类核算。

【例 4-20】某企业结转本月车间应付的租入固定资产的租金 6 000 元。该企业根据有关原始凭证，编制的会计分录如下：

借：制造费用　　　　　　　　　　　　　　　　　　　　　　6 000
　　贷：其他应付款——应付租入固定资产租金　　　　　　　　　　6 000

【例 4-21】某企业开出转账支票，退还其出租包装物时收取的押金 5 000 元。该企业根据有关原始凭证，编制的会计分录如下：

借：其他应付款——存入保证金　　　　　　　　　　　　　　5 000
　　贷：银行存款　　　　　　　　　　　　　　　　　　　　　　5 000

练 习 题

一、单项选择题

1. 预付账款不多的企业，可以不设"预付账款"账户，可以将预付的款项记入(　　)。

A. "应付账款"账户的借方　　　　　　B. "应收账款"账户的借方
C. "应付账款"账户的贷方　　　　　　D. "应收账款"账户的贷方

2. 企业在采用总价法核算的情况下，发生的现金折扣应当作(　　)处理。

A. 主营业务收入　　　　　　　　　　B. 财务费用
C. 销售费用　　　　　　　　　　　　D. 管理费用

3. 某企业坏账损失采用备抵法，月末"应收账款"余额 1 000 000 元，"坏账准备"账户余额(贷)3 000 元，规定提取比例为 0.4%，则月末坏账准备金额应(　　)。

A. 补提 1 000 元　　　　　　　　　　B. 补提 2 000 元
C. 转出 1 000 元　　　　　　　　　　D. 转出 2 000 元

4. 企业某项应收账款 50 000 元(不含增值税)，现金折扣条件为"2/10，1/20，n/30"，客户在第 20 天付款，应给予客户的现金折扣为(　　)元。

A. 1 000　　　　　B. 750　　　　　C. 500　　　　　D. 0

5. 企业 7 月 10 日将一张面值为 20 000 元、出票日为 6 月 20 日、期限为 30 天的不带息商业汇票向银行贴现，贴现率为 9%(假设该企业与票据付款人在同一票据交换区)，该票据的贴现净额为(　　)元。

A. 20 000　　　　　　　　　　　　　B. 19 950
C. 19 850　　　　　　　　　　　　　D. 18 200

二、多项选择题

1. 企业采用备抵法核算坏账，收回过去已确认并转销的坏账时，应编制会计分录（　　）。

A. 借记"应收账款"账户，贷记"管理费用"账户

B. 借记"应收账款"账户，贷记"坏账准备"账户

C. 借记"管理费用"账户，贷记"坏账准备"账户

D. 借记"银行存款"账户，贷记"应收账款"账户

三、业务题

1. 南方公司某月份发生如下经济业务：

(1) 向甲公司销售产品一批，价款为 50 000 元，增值税税额为 6 500 元，采用托收承付结算方式结算，在产品发运时，以支票支付代垫运杂费 400 元，已向银行办妥托收手续。

(2) 上月应收乙单位货款 65 000 元，经协商改用商业汇票结算。公司已收到乙单位交来的一张期限为 3 个月的商业承兑汇票，票面价值为 65 000 元。

(3) 向丙单位销售产品一批，价款为 100 000 元，增值税税额为 13 000 元，付款条件为 "2/10，1/20，n/30"，假定现金折扣不考虑增值税(采用总价法核算)。

(4) 接到银行通知，应收甲公司的货款 56 900 元已收妥入账。

(5) 上述丙单位在第 10 天交来转账支票一张，支付货款 111 000 元。

要求：根据以上经济业务编制会计分录。

2. 海华工厂采用"应收账款余额百分比法"核算坏账损失，坏账准备的提取比例为 5%，有关资料如下：

(1) 2016 年年初，"坏账准备"账户为贷方余额 8 450 元(按应收账款计提的部分，下同)。

(2) 2016 年和 2017 年年末应收账款余额分别为 221 300 元和 122 500 元，这两年均没有发生坏账损失。

(3) 2018 年 7 月，经有关部门批准确认一笔坏账损失，金额为 36 000 元。

(4) 2018 年 11 月，上述已核销的坏账又收回 18 000 元。

(5) 2018 年年末，应收账款余额为 86 700 元。

要求：根据上述资料，计算各年应提的坏账准备，并编制有关的会计分录。

项目五　固定资产及无形资产业务

【学习目标】
　　知识目标：了解固定资产和无形资产的定义和特征，明确两类资产确认的条件，掌握
　　　　　　　固定资产初始计量、折旧、后续支出、资产清查、期末计价、处置，无形
　　　　　　　资产的核算、摊销与处置等业务的会计处理方法。
　　技能目标：熟悉两类资产从取得、折旧(摊销)、后续支出到期末计量和处置的账务
　　　　　　　处理。

任务一　固定资产概述

一、固定资产的概念与特征

　　固定资产是指企业用于生产商品或提供劳务，或用于行政管理而持有的、预计使用年限超过 1 年的具有实物形态的资产，如房屋建筑物、机器设备等。就其性质而言，固定资产属于企业生产和经营过程中用来改变和影响劳动对象的劳动资料。

　　从固定资产的定义可以看出，它具有以下特征：

　　(1) 固定资产属于有形资产。一般情况下，除无形资产、应收账款、应收票据、其他应收款等资产外，资产都具有实物形态，但对于固定资产来说，这一特征更为明显。固定资产一般表现为房屋、建筑物、机器、机械、运输工具以及其他与生产、经营有关的设备、器具、工具等。也就是说，固定资产具有实物形态，可以摸得着、看得见。固定资产是有形资产，这一特征将其与无形资产、应收账款、应收票据、其他应收款等资产区别开来。

　　(2) 企业持有固定资产的目的是生产商品、提供劳务、出租或经营管理，而不是直接用于出售。企业使用固定资产所带来的经济利益具体可表现为：通过固定资产作用于商品生产、劳务提供过程，以产成品的形式，经过销售实现经济利益的流入；通过把固定资产出租给他人，企业以收取租金的形式实现经济利益的流入；通过在企业的生产经营管理中使用固定资产，并最终改进生产经营过程、降低生产经营成本等来为企业带来经济利益。固定资产的这一基本特征将其与企业所持有的存货区别开来。

　　(3) 固定资产的使用年限超过一个会计年度，即固定资产的耐用年限至少超过一年或一个大于一年的生产经营周期，且最终要废弃或重置。这一特征说明了固定资产计提折旧的必要性，并表明企业为了获得固定资产，将其投入生产经营活动而发生的支出属于资本性支出，而不是收益性支出。固定资产的这一特征将其与流动资产区别开来。

二、固定资产的确认

某一项目如果要作为固定资产加以确认，首先要符合固定资产的定义，其次应同时满足下列条件：

(1) 与该固定资产有关的经济利益很可能流入企业。企业持有固定资产的目的是利用固定资产直接或间接地获取经济利益，如果一项固定资产预期不能给企业带来经济利益，则即使为取得它而花费了企业的资金，也不能确认为固定资产。判断固定资产包含的经济利益能否流入企业，主要看与该项固定资产所有权有关的风险与报酬是否已经转移到该企业。

(2) 该固定资产的成本能够可靠地计量。固定资产的成本能够可靠地计量，必须以取得确凿的、可靠的证据为依据，并且具有可验证性。

三、固定资产的分类

企业的固定资产种类繁多，规格不一，为加强管理，便于组织会计核算，有必要对其进行科学、合理的分类。根据不同的管理需要和核算要求以及不同的分类标准，可以对固定资产从不同的角度进行分类。

1. 按经济用途分类

(1) 生产经营用固定资产，是指直接服务于企业生产经营过程的各种固定资产，如生产经营用的房屋、建筑物、机器、设备、器具、工具等。

(2) 非生产经营用固定资产，是指不直接服务于企业生产经营过程的各种固定资产，如职工宿舍、食堂、浴室、理发室等使用的房屋、设备和其他固定资产等。

2. 按使用情况分类

(1) 使用中固定资产，是指正在使用中的经营性和非经营性固定资产。由于季节性经营或大修理等暂时停止使用的固定资产仍属于企业使用中的固定资产，企业出租给其他单位使用的固定资产和内部替换使用的固定资产也属于使用中的固定资产。

(2) 未使用固定资产，是指已完工或已购建的、尚未交付使用的新增固定资产以及进行改建、扩建等原因暂停使用的固定资产，如企业购建的尚待安装的固定资产、因经营任务变更而停止使用的固定资产以及主要的备用设备等。

(3) 不需用固定资产，是指企业多余不用或不再适用而准备调配处理的各种固定资产。

3. 按所有权分类

(1) 自有固定资产，是指企业拥有的可供企业自由支配使用的固定资产。

(2) 租入固定资产，是指企业采用租赁的方式从其他单位租入的固定资产。企业对租入的固定资产只拥有使用权，同时要履行支付租金的义务。租入固定资产可分为经营性租入固定资产和融资租入固定资产。

4. 按经济用途和使用情况等综合分类

(1) 生产经营用固定资产。

(2) 非生产经营用固定资产。

(3) 租出固定资产，是指在经营性租赁方式下出租给外单位使用的固定资产。

(4) 不需用固定资产。

(5) 未使用固定资产。

(6) 土地，是指过去已经估价并单独入账的土地。因征地而支付的补偿费，应计入与土地有关的房屋、建筑物的价值内，不能单独作为土地价值入账。企业取得的土地使用权不能作为固定资产管理。

(7) 融资租入固定资产，是指企业以融资方式租入的固定资产，在租赁期内，应视同自有固定资产进行管理。

这种分类能反映固定资产的用途、结构及使用情况，有利于加强固定资产的核算与管理。现行制度就是按此标准对固定资产进行分类的。

任务二　固定资产取得的核算

一、账户设置

为了核算固定资产业务，企业应设置如下账户：

(1) "固定资产"账户，用于核算固定资产的原价。该账户借方登记新增固定资产的原价；贷方登记减少的固定资产的原价。期末余额在借方，反映企业期末固定资产的账面原价。为了反映固定资产的明细资料，企业应设置"固定资产登记簿"和"固定资产卡片"，按固定资产的类别、使用部门和每项固定资产进行明细核算。临时租入的固定资产，应当另设备查簿登记，不在该账户核算。

(2) "累计折旧"账户，用于核算企业固定资产的累计折旧。该账户贷方登记已计提的固定资产折旧；借方登记因处置固定资产而结转相应的已计提折旧。期末贷方余额反映企业提取的固定资产折旧累计数。该账户只进行总分类核算，不进行明细分类核算。"累计折旧"账户是"固定资产"账户的备抵账户，将"固定资产"账户的借方余额减去"累计折旧"账户的贷方余额，可反映企业固定资产的净值。

(3) "在建工程"账户，用于核算企业进行基建工程、安装工程、技术改造工程、大修理工程等发生的实际支出，包括需要安装设备的价值。该账户的借方登记工程发生的实际支出；贷方结转完工工程的实际成本。期末借方余额反映企业在建工程发生的各项实际支出。该账户应设置"建筑工程""安装工程""在安装工程""技术改造工程""大修理工程""其他支出"等明细账户，并进行明细核算。

二、固定资产取得的总分类核算

1. 外购的固定资产

1) 不需要安装的固定资产

不需要安装的固定资产指固定资产购入后不需要安装便可以直接交付使用。不需用安装的固定资产应以固定资产购置时实际支付的买价、包装费、运杂费、保险费、专业人员的服务费和相关税费(不含可抵扣的增值税进项税额)等作为固定资产的入账价值，其账务处理为：按应计入固定资产成本的金额，借记"固定资产"账户，按可以抵扣的增值税进项税额，借记"应交税费——应交增值税(进项税额)"账户；贷记"银行存款""其他应付款""应付票据"等账户。

【例5-1】 2019年1月1日，甲公司购入一台不需要安装的生产用设备，取得的增值税专用发票上注明的设备价款为1 000 000元，增值税进项税额为130 000元，发生运输费，运输费发票上注明运输费5 000元，税额450元，款项全部付清。假定不考虑其他相关税费。会计分录如下：

甲公司购置的设备成本 = 1 000 000 + 5 000 = 1 005 000 (元)

借：固定资产——××设备　　　　　　　　　　　　1 005 000

应交税费——应交增值税(进项税额)　　　　　　130 450

贷：银行存款　　　　　　　　　　　　　　　　　　1 135 450

2) 需要安装的固定资产

需要安装的固定资产指固定资产购入后需要经过安装才能交付使用。企业购入需要安装的固定资产支付的买价、包装费、运输费以及发生的安装费等均应通过"在建工程"账户核算，待安装完毕达到预定可使用状态时，再由"在建工程"账户转入"固定资产"账户。

【例5-2】 2019年2月1日，甲公司购入一台需要安装的生产用机器设备，取得的增值税专用发票上注明的设备价款为500 000元，增值税进项税额为65 000元，发生运输费，运输费发票上注明运输费2 500元、税额225元，款项已通过银行支付；安装设备时，领用本公司原材料一批，价值30 000元，购进该批原材料时支付的增值税进项税额为3 900元；应支付安装工人的工资为4 900元。假定不考虑其他相关税费。甲公司的会计分录如下：

购入该生产用机器设备到库时：

借：在建工程——××设备　　　　　　　　　　　　502 500

应交税费——应交增值税(进项税额)　　　　　　65 225

贷：银行存款　　　　　　　　　　　　　　　　　　567 725

领用本公司原材料、应支付安装工人工资等费用合计为34 900元。

借：在建工程——××设备　　　　　　　　　　　　34 900

贷：原材料　　　　　　　　　　　　　　　　　　　30 000

应付职工薪酬　　　　　　　　　　　　　　　　4 900

设备安装完毕达到预定可使用状态：

借：固定资产——××设备　　　　　　　　　　　　537 400

贷：在建工程——××设备　　　　　　　　　　　　537 400

2. 自行建造的固定资产

自行建造固定资产的成本，由建造该项固定资产达到预定可使用状态前所发生的必要支出构成。建造该项固定资产达到预定可使用状态前所发生的必要支出，包括工程用物资成本、人工成本、应予以资本化的借款费用、缴纳的相关税金以及应分摊的其他间接费用等。

自行建造固定资产按其工程实施的方式不同分为自营工程建造的固定资产和出包工程建造的固定资产两种。

1) 自营工程建造的固定资产

自营工程指企业自行经营、正在施工中和虽已完工但尚未交付使用的固定资产建筑工程和安装工程。自营工程建造的固定资产的成本，原则上应包括建造时发生的一切必要的、合理的支出。具体包括工程用直接材料、直接人工、直接机械施工费、有关税金及固定资产达到预定可使用状态前发生的工程借款费用、工程用水电费、设备安装费、工程管理费、征地费、可行性研究费、临时设施费、监理费及其他应计入工程成本的费用。

企业自营工程建造的固定资产的核算包括购入及领用材料物资、人工及工程费用、借款费用和工程完工交付费用等。

【例 5-3】2019 年 3 月，长江公司准备自行建造仓库一幢，为此购入工程物资一批，增值税专用发票上注明价款为 200 000 元、增值税税额为 26 000 元，款项以银行存款支付，物资全部投入工程建设。工程领用生产用原材料一批，成本为 20 000 元，增值税进项税额为 2 600 元。另外，在建造过程中，应支付工程人员的工资为 50 000 元，辅助生产车间为工程提供劳务 20 000 元。6 月末，工程达到预定可使用状态。该公司编制的会计分录如下：

购入工程物资时：

借：工程物资	200 000
应交税费——应交增值税(进项税额)	26 000
贷：银行存款	226 000

领用工程物资时：

借：在建工程	200 000
贷：工程物资	200 000

工程领用原材料时：

借：在建工程	20 000
贷：原材料	20 000

计提应付工程人员工资时：

借：在建工程	50 000
贷：应付职工薪酬	50 000

辅助生产车间为工程提供劳务时：

借：在建工程	20 000
贷：生产成本——辅助生产成本	20 000

工程达到预定可使用状态时：

借：固定资产	290 000
贷：在建工程	290 000

2) 出包工程建造的固定资产

出包工程指企业向外发包，由其他单位组织经营、正在施工的和虽已完工但尚未交付使用的建筑工程和安装工程。出包工程建造的固定资产应以实际支付给承包单位的工程价款作为该项固定资产的成本。一般情况下，出包单位应预先支付给承包单位一定的预付工程款，然后每月根据工程进度进行结算，工程完工后进行清算，多退少补。

企业采用出包方式建造的固定资产，其工程的具体支出在出包单位核算。因此，"在建工程"账户实际上为企业与承包单位的结算账户，企业将与承包单位结算的工程价款作为工程成本，通过"在建工程"账户核算。

企业出包的在建工程，应按合理估计的出包工程进度和合同规定结算的进度款，借记"在建工程"账户，贷记"银行存款""预付账款"等账户。工程达到预定可使用状态交付使用时，借记"固定资产"账户，贷记"在建工程"账户。

【例 5-4】企业外包仓库建造工程，双方签订的合同约定工程造价 500 000 元，企业预付工程价款的 50%，另外 50%待工程竣工验收后再支付。编制的会计分录如下：

向承包单位预付 50%的工程价款：

借：在建工程——仓库工程 　　　　　　　　　　　　　　250 000
　　贷：银行存款 　　　　　　　　　　　　　　　　　　　　250 000

工程竣工验收后支付另外 50%的工程价款：

借：在建工程——仓库工程 　　　　　　　　　　　　　　250 000
　　贷：银行存款 　　　　　　　　　　　　　　　　　　　　250 000

工程完工并交付使用：

借：固定资产——生产用固定资产 　　　　　　　　　　　500 000
　　贷：在建工程——仓库工程 　　　　　　　　　　　　　　500 000

3. 投资者投入的固定资产

投资者投入的固定资产的成本，应当按照合同或协议约定的价值确定，但合同或协议约定的价值不公允的除外。

对于接受的投资者投入企业的固定资产，在办理移交手续后，按照投资合同或协议约定的价值作为固定资产的入账价值；按投资合同或协议约定的价值在其注册资本中所占的份额，确认为实收资本或股本；投资合同或协议约定的价值与实收资本或股本的差额，确认为资本公积。

【例 5-5】某公司于 2010 年 5 月 20 日接受 M 公司以一台设备进行投资，该台设备原价为 60 000 元，已计提折旧 10 000 元，经双方协商确认的价值为 50 000 元，占该公司注册资本的 20%，股份额为 30 000 元，假定不考虑其他相关税费。该公司编制的会计分录如下：

借：固定资产——生产用固定资产 　　　　　　　　　　　50 000
　　贷：股本 　　　　　　　　　　　　　　　　　　　　　　30 000
　　　　资本公积 　　　　　　　　　　　　　　　　　　　　20 000

4. 接受捐赠的固定资产

企业接受捐赠的固定资产，如果捐赠方提供了有关凭据，则按凭据上标明的金额加上应支付的相关税费，作为入账价值。如果捐赠方没有提供有关凭据，则应按以下顺序确定其入账价值：

(1) 同类或类似固定资产存在活跃市场的，按同类或类似固定资产的市场价格估计的金额，加上应支付的相关税费，作为入账价值。

(2) 同类或类似固定资产不存在活跃市场的，按该固定资产的预计未来现金流量的现值，作为入账价值。

接受捐赠的固定资产，按确定的入账价值，借记"固定资产"账户，按应支付的相关税费，贷记"银行存款"等账户，根据有关单据确定的价值，贷记"营业外收入"账户。

【例 5-6】 某公司接受一外商捐赠的设备一台，根据捐赠设备的发票、报关单等有关单据确定其价值为 38 000 元，估计折旧额为 5 000 元，发生的运输费、包装费合计 1 000 元。企业收到捐赠的设备时，编制的会计分录如下：

借：固定资产 39 000
　　贷：银行存款 1 000
　　　营业外收入——捐赠利得 38 000

三、固定资产取得的明细分类核算

为了加强固定资产的管理，反映和监督各类固定资产和每项不同性能和用途的固定资产的增减变化情况，企业除进行固定资产的总分类核算外，还应设置"固定资产卡片"和"固定资产登记簿"，进行明细核算。

凡是新增固定资产都应设置固定资产卡片。每张固定资产卡片必须与一项独立固定资产相对应。在卡片中应记载该项固定资产的编号、名称、规格、技术特征、使用单位、开始使用日期、原价、预计使用年限、折旧率、停用及大修理等详细资料。凡是有关固定资产折旧、改良、大修理、内部转移、停止使用以及清理售出等经济业务，都应根据有关凭证在卡片内进行登记。固定资产登记簿应按固定资产的类别开设账页，账内按保管、使用单位设置专栏。该登记簿只登记金额，不登记数量，并按月结出余额，以反映各类固定资产的使用、保管和增减变动及结存情况。

固定资产登记簿、固定资产卡片和固定资产总分类账户的记录，应定期进行核对，固定资产登记簿上各类固定资产余额的合计数，必须同固定资产分类账上的余额核对相符；固定资产卡片的分类合计数，必须同固定资产登记簿上各类固定资产余额核对相符。

任务三　固定资产折旧

固定资产折旧是指在固定资产使用寿命内，按照确定的方法对应计折旧额进行的系统分摊。其中应计折旧额是指应当计提折旧的固定资产的原价扣除其预计净残值后的余额，已计提减值准备的固定资产，还应当扣除已计提的固定资产减值准备累计金额。

一、固定资产折旧范围

除下列情况外，企业应当对所有固定资产计提折旧：

(1) 已提足折旧仍继续使用的固定资产。

(2) 按规定单独估价作为固定资产入账的土地。

当月增加的固定资产当月不提折旧，从下月开始计提折旧；当月减少的固定资产，当月照提折旧,从下月开始停止计提折旧。

已达到预定可使用状态但尚未办理竣工决算的固定资产,应当按照估计价值确定其成本,并计提折旧;待办理竣工决算后,再按实际成本调整原来的暂估价值,但不需要调整原已计提的折旧额。

以融资租赁方式租入的固定资产和经营租赁方式租出的固定资产,应当计提折旧。以融资租赁方式租出的固定资产和经营租赁方式租入的固定资产,不应当计提折旧。

二、影响固定资产折旧的因素

影响固定资产折旧的主要因素有三个:固定资产原价、固定资产使用寿命和预计净残值。如果固定资产已经计提了减值准备,则还要考虑已计提减值准备这一因素。

(1) 固定资产原价。固定资产原价是指取得某项固定资产并使其处于可使用状态前所发生的一切必要支出。固定资产原价的高低,直接影响着各期折旧额的大小。

(2) 固定资产使用寿命。固定资产使用寿命是指在考虑固定资产有形损耗和无形损耗情况下的经济使用年限,而不是指自然使用年限。具体确定固定资产使用年限时,应考虑预计生产能力或实物产量、预计有形损耗和无形损耗以及法律或类似规定对资产使用的限制。

(3) 预计净残值。预计净残值是指假定固定资产预计使用寿命已满并处于使用寿命终了的预期状态时,从该项资产处置中获得的扣除预计处置费用后的余额。

企业应当根据固定资产的性质和使用情况,合理确定固定资产的使用寿命和预计净残值。一经确定,不得随意变更。但是,企业应当至少于每年年度终了,对固定资产的使用寿命、预计净残值和折旧方法进行复核。使用寿命预计数与原先估计数有差异的,应当调整固定资产折旧年限。预计净残值预计数与原先估计数有差异的,应当调整预计净残值。固定资产包含的经济利益预期实现方式有重大改变的,应当改变固定资产折旧方法。固定资产使用寿命、预计净残值和折旧方法的改变应当作为会计估计变更处理。

三、固定资产折旧方法

固定资产折旧的方法主要有年限平均法、工作量法、双倍余额递减法和年数总和法。前两种方法属于常规折旧法,后两种方法属于加速折旧法。折旧方法一经确定,不得随意变更。

1. 年限平均法

年限平均法也称直线法,是将一项固定资产的应计成本在其预计年限内平均分摊的方法,它是折旧方法中最简单和最常用的一种。在年限平均法下,每年和每月摊提的固定资产的折旧金额是相等的,计算公式为

$$年折旧额=\frac{固定资产原价-预计净残值}{预计使用年限}$$

$$月折旧额=\frac{年折旧额}{12}$$

在实际工作中,每月计提的折旧额是根据固定资产的原始价值乘以折旧率来计算

的。固定资产折旧率是指固定资产在一定时期内的折旧额占其原始价值的比重，计算公式为

$$年折旧率=\frac{1-残值率}{预计使用年限}\times100\%$$

$$月折旧率=\frac{年折旧率}{12}$$

$$月折旧额=固定资产原价\times月折旧率$$

【例 5-7】某公司购入设备 1 台，价值 40 000 元，预计折旧年限 12 年，预计净残值收入 800 元，预计清理费用 400 元。该设备的年折旧额和月折旧额分别为

$$年折旧额=\frac{40\,000-(800-400)}{12}=3\,300(元)$$

$$月折旧额=\frac{3\,300}{12}=275(元)$$

2. 工作量法

工作量法是根据固定资产实际完成的工作量计提折旧的一种方法。计算公式如下：

单位工作量折旧额 = 固定资产原始价值 × (1 − 净残值率) ÷ 预计总工作量

某项固定资产月折旧额 = 该项固定资产当月工作量×单位工作量折旧额

【例 5-8】某公司一辆运货汽车的原始价值为 100 000 元，预计可行驶 500 000 千米，预计净残值率为 5%，本月行驶 4 500 千米。该汽车本月折旧额如下：

$$每千米折旧额=\frac{100\,000\times(1-5\%)}{500\,000}=0.19(元)$$

$$本月折旧额=4\,500\times0.19=855(元)$$

工作量法克服了年限平均法的不足，计算也较简单，但这种方法只注重固定资产的使用强度，而忽视了固定资产的无形损耗和自然损耗。

3. 双倍余额递减法

双倍余额递减法是加速折旧法的一种。加速折旧法是指固定资产每期计提的折旧额，在使用初期计提多，在后期计提少，从而相对加快折旧速度的一种方法。加速折旧法体现了会计核算的谨慎性原则。

双倍余额递减法是在不考虑固定资产预计净残值的情况下，根据每期期初固定资产账面余额和双倍的直线法折旧率来计算固定资产折旧的一种方法。计算公式如下：

$$年折旧率=\frac{2}{预计使用年限}\times100\%$$

年折旧额 = 固定资产年初账面净值 × 年折旧率

由于双倍余额递减法不考虑固定资产的预计净残值，因此，在运用该方法时必须注意不能使固定资产的账面净值降低到它的预计净残值以下。我国会计制度规定，采用双倍余额递减法计提折旧时，应当在固定资产预计使用年限到期前两年内，将固定资产账面净值扣除预计净残值后的余额平均摊销。

【例5-9】某公司有一台机器设备原价为100 000元，预计使用寿命为5年，预计净残值率为2%。假设该公司没有为该机器设备计提减值准备。

按双倍余额递减法计算折旧，每年折旧额计算如下：

$$年折旧率 = \frac{2}{5} \times 100\% = 40\%$$

$$第1年应计提的折旧额 = 100\,000 \times 40\% = 40\,000(元)$$

$$第2年应计提的折旧额 = (100\,000 - 40\,000) \times 40\% = 24\,000(元)$$

$$第3年应计提的折旧额 = (100\,000 - 40\,000 - 24\,000) \times 40\% = 14\,400(元)$$

从第4年起改按年限平均法(直线法)计提折旧：

$$第4、5年应计提的折旧额 = \frac{100\,000 - 40\,000 - 24\,000 - 14\,400 - 100\,000 \times 2\%}{2} = 9\,800(元)$$

4. 年数总和法

年数总和法又称年限合计法，该法以固定资产的原值减去预计净残值后的净额为基数，乘以一个逐年递减的分数计算每年的折旧额，这个分数的分子代表固定资产尚可使用的年数，分母代表使用年数的逐年数字合计。这种方法的特点是：计算折旧的基数是固定不变的，折旧率依固定资产尚可使用年限确定，各年折旧率呈递减趋势，依此计算的折旧额也呈递减趋势。计算公式如下：

$$第t年折旧额 = (原值 - 净残值) \times \frac{折旧年限 - 计提年份 + 1}{1 + 2 + 3 + \cdots + 折旧年限} \times 100\%$$

【例5-10】沿用例5-9的资料，采用年数总和法计算各年折旧额。

$$第1年折旧额 = (100\,000 - 100\,000 \times 2\%) \times \frac{5}{1 + 2 + 3 + 4 + 5} \times 100\% = 32\,666.67(元)$$

$$第2年折旧额 = (100\,000 - 100\,000 \times 2\%) \times \frac{4}{1 + 2 + 3 + 4 + 5} \times 100\% = 26\,133.33(元)$$

$$第3年折旧额 = (100\,000 - 100\,000 \times 2\%) \times \frac{3}{1 + 2 + 3 + 4 + 5} \times 100\% = 19\,600(元)$$

$$第4年折旧额 = (100\,000 - 100\,000 \times 2\%) \times \frac{2}{1 + 2 + 3 + 4 + 5} \times 100\% = 13\,066.67(元)$$

$$第5年折旧额 = (100\,000 - 100\,000 \times 2\%) \times \frac{1}{1 + 2 + 3 + 4 + 5} \times 100\% = 6\,533.33(元)$$

四、固定资产折旧的核算

企业应当按月计提固定资产折旧，对固定资产计提折旧时，是以月初应提折旧的固定资产账面价值原价为依据的。因此，企业各月计算提取折旧时，可以在上月计提折旧的基础上，对上月固定资产的增减情况进行调整后计算当月应计提的折旧额。计算公式如下：

本月应提折旧额 = 上月计提折旧额 + 上月增加的固定资产应提折旧额 -
　　　　　　　　上月减少的固定资产应提折旧额

在我国的会计实务中，各月计提折旧的工作一般是通过编制"固定资产折旧计算表"

来完成的。

企业按月计提固定资产折旧时，应根据固定资产的用途借记"制造费用""销售费用""管理费用""其他业务成本"等账户，贷记"累计折旧"账户。

【例5-11】某企业在2019年10月计提固定资产折旧，有关资料见表5-1。

表5-1 固定资产折旧计算表

2019年10月   单位：元

使用部门	固定资产项目	上月折旧额	上月增加固定资产		上月减少固定资产		本月折旧额	分配费用
			原价	折旧额	原价	折旧额		
A车间	厂房	3 000					3 000	制造费用
	机器设备	15 000					15 000	
	其他设备	1 000					1 000	
	小计	19 000					19 000	
B车间	厂房	3 000					3 000	
	机器设备	12 000	100 000	500			12 500	
	小计	15 000	100 000	500			15 500	
C车间	厂房	2 000					2 000	
	机器设备	14 000			40 000	1 000	13 000	
	小计	16 000			40 000	1 000	15 000	
厂部管理部门	房屋建筑	1 200					1 200	管理费用
	运输工具	1 800					1 800	
	小计	3 000					3 000	
出租	运输工具	1 000					1 000	其他业务成本
	小计	1 000					1 000	
合计		54 000	100 000	500	40 000	1 000	53 500	

编制会计分录如下：

借：制造费用——A车间   19 000
　　　　　　　——B车间   15 500
　　　　　　　——C车间   15 000
　　管理费用   3 000
　　其他业务成本   1 000
　　贷：累计折旧   53 500

任务四　固定资产后续支出的核算

固定资产的后续支出，是指固定资产使用过程中发生的更新改造支出、修理费用等。固定资产的后续支出，符合固定资产确认条件的计入固定资产成本，即资本化；不符合固定资产确认条件的，应当在发生时计入当期损益，即费用化。

一、资本化的后续支出

企业固定资产发生更新改造等资本化的后续支出时，应将该固定资产的原价、已计提的折旧和减值准备转销，并将该固定资产的账面价值转入在建工程，同时停止计提折旧。固定资产发生的资本化的后续支出，通过"在建工程"账户核算，在更新改造等工程完工并达到预定可使用状态时，再转入"固定资产"账户核算，并按照重新确定的使用寿命、预计净残值和折旧方法计提折旧。

【例5-12】中景公司对一台生产用设备进行更新改造，该设备原价为50 000元，已提折旧10 000元，扣除部分部件变价收入5 000元，款项存入银行，支付的清理费用为1 800元，领用工程物资9 000元，应支付安装人员工资为23 000元。更新改造完工交付生产使用，假定后续资本化后的固定资产账面价值没有超过其可收回金额。编制的会计分录如下：

　　将设备移交改造工程：

　　借：在建工程——更新改造工程　　　　　　　　40 000
　　　　累计折旧　　　　　　　　　　　　　　　　10 000
　　　　贷：固定资产——生产用固定资产　　　　　　　　　　50 000

　　收到替换部件的变价收入：

　　借：银行存款　　　　　　　　　　　　　　　　5 000
　　　　贷：营业外收入　　　　　　　　　　　　　　　　　　5 000

　　领用工程物资，支付清理费用和计提应支付工资：

　　借：在建工程——更新改造工程　　　　　　　　33 800
　　　　贷：工程物资　　　　　　　　　　　　　　　　　　9 000
　　　　　　银行存款　　　　　　　　　　　　　　　　　　1 800
　　　　　　应付职工薪酬　　　　　　　　　　　　　　　　23 000

　　更新改造工程完工后，经验收合格交付使用：

　　借：固定资产——生产用固定资产　　　　　　　73 800
　　　　贷：在建工程——更新改造工程　　　　　　　　　　73 800

二、费用化的后续支出

1. 维护修理支出

固定资产投入使用之后，由于固定资产磨损及各组成部分耐用程度不同，可能导致固定资产的局部损坏。为了维护固定资产的正常运转和使用，充分发挥其使用效能，企业必须对固定资产进行有计划的、及时的维护，从而发生一些必要的后续支出。若该后续支出只是为了确保固定资产的正常运转和使用，则该支出达不到固定资产的确认条件，应在发生时一次性直接计入当期损益。

【例5-13】2019年5月25日，某公司对现有的一台管理用设备进行修理，修理过程中应支付维修人员的工资为15 000元，应计提的福利费为2 100元，不考虑其他相关税费。

本例中，由于对设备的维修，仅仅是为了维护固定资产的正常使用而发生的，没有满足固定资产的确认条件，因此应将该项固定资产后续支出在其发生时确认为费用。该公司编制的会计分录如下：

借：管理费用　　　　　　　　　　　　　　　　　　　　　17 100

　　贷：应付职工薪酬　　　　　　　　　　　　　　　　　　　　17 100

2. 经营租入固定资产的改良支出

经营租入固定资产的改良支出是指能增加租入固定资产的效用或延长其使用寿命的改装、翻修、改建等支出。会计上，这种性质的支出，应先通过"长期待摊费用"账户核算，并在剩余租赁期与租赁资产尚可使用年限两者中较短的期间内，采用合理的方法进行摊销。

【例5-14】2019年11月10日，H公司对其经营租入的写字楼进行装修，发生一些支出：领用材料400 000元，购买时支付的进项税额为52 000元，应支付工程人员的薪酬为200 000元。2020年6月25日装修全部完工，达到预定的状态并交付使用，按10年租赁期进行摊销。编制的会计分录如下：

装修领用材料：

借：长期待摊费用　　　　　　　　　　　　　　　　　　　400 000

　　贷：原材料　　　　　　　　　　　　　　　　　　　　　　400 000

确认工程人员薪酬：

借：长期待摊费用　　　　　　　　　　　　　　　　　　　200 000

　　贷：应付职工薪酬　　　　　　　　　　　　　　　　　　　200 000

从2020年7月1日开始每月应摊销额为

$$(400\ 000 + 200\ 000) \div 10 \div 12 = 5\ 000(元)$$

借：管理费用　　　　　　　　　　　　　　　　　　　　　5 000

　　贷：长期待摊费用　　　　　　　　　　　　　　　　　　　5 000

任务五　固定资产清查和期末计价

企业应定期或至少于每年年末对固定资产进行清查盘点，以保证固定资产核算的真实性，充分挖掘企业现有固定资产的潜力。在固定资产清查过程中，如果发现盘盈、盘亏的固定资产，应填制固定资产盘盈、盘亏报告表。清查固定资产的损益，应及时查明原因，并按照规定报批处理。

一、固定资产盘盈

企业盘盈的固定资产，属于前期差错造成的，应通过"以前年度损益调整"账户核算，该账户属于损益类账户。固定资产盘盈时，应按确定的入账价值，借记"固定资产"账户，贷记"以前年度损益调整"账户。

【例5-15】某公司在财产清查过程中，发现一台未入账的设备，按同类或类似商品市场价格，减去按该项资产的新旧程度估计的价值损耗后的余额为 50 000 元。该盘盈固定资产作为前期差错进行处理，假定该公司的所得税税率为 25%，按净利润的 10% 计提法定盈余公积。该公司编制的会计分录如下：

盘盈固定资产时：

借：固定资产	50 000	
贷：以前年度损益调整		50 000

确定应交纳的所得税(50 000 × 25%)时：

借：以前年度损益调整	12 500	
贷：应交税费——应交所得税		12 500

结转为留存收益时：

借：以前年度损益调整	37 500	
贷：盈余公积——法定盈余公积		3 750
利润分配——未分配利润		33 750

二、固定资产盘亏

企业盘亏的固定资产，在批准处理之前，应先将其价值计入"待处理财产损溢"账户，并调整固定资产的账面价值：按盘亏固定资产的账面价值，借记"待处理财产损溢"账户，按已计提的累计折旧，借记"累计折旧"账户，按已计提的减值准备，借记"固定资产减值准备"账户，按固定资产的原价，贷记"固定资产"账户。在报经批准处理时，应将盘亏固定资产的净值扣除过失人及保险公司应赔偿金额后的差额转入"营业外支出——固定资产盘亏损失"账户。

【例 5-16】某公司在定期财产清查中发现盘亏设备一台，账面原价为 25 000 元，已提折旧 5 000 元。报经批准后同意将盘亏固定资产的净损失转作营业外支出口编制的会计分录如下：

报经批准处理前：

借：待处理财产损溢——待处理固定资产损溢	20 000	
累计折旧	5 000	
贷：固定资产——生产用固定资产		25 000

报经批准处理后：

借：营业外支出——固定资产盘亏损失	20 000	
贷：待处理财产损溢——待处理固定资产损溢		20 000

三、固定资产减值

固定资产减值是指固定资产的可收回金额低于其账面价值。固定资产可收回金额应当根据固定资产的公允价值减去处置费用后的净额与该固定资产预计未来现金流量的现值两者中的较高者确定。处置费用包括与固定资产处置有关的法律费用、相关税费、搬运费以及使固定资产达到可销售状态所发生的直接费用等。固定资产预计未来现金流量的现值应当按照固定资产在持续使用过程中和最终处置时所产生的预计未来现金流量，选择恰当的折现率对其进行折现后的金额加以确定。

存在下列迹象的，表明固定资产可能发生了减值：

(1) 固定资产的市价当期大幅度下跌，其跌幅明显高于因时间的推移或者正常使用而预计的下跌。

(2) 企业所处的经济、技术或者法律等环境以及资产所处的市场在当期或者将在近期发生重大变化，从而对企业产生不利影响。

(3) 市场利率或者其他市场投资报酬率在当期已经提高，从而影响企业计算固定资产预计未来现金流量现值的折现率，导致资产可收回金额大幅度降低。

(4) 有证据表明资产已经陈旧过时或者实体已经损坏。

(5) 固定资产已经或者将被闲置、终止使用或者计划提前处置。

(6) 企业内部报告的证据表明资产的经济绩效已经低于或者即将低于预期。

根据减值测试结果，如果固定资产的可收回金额高于其账面价值，表明该固定资产没有发生减值；如果固定资产的可收回金额低于其账面价值，表明该固定资产发生了减值。这时，企业应当将该固定资产的账面价值减记至可收回金额，减记的金额确认为减值损失，计入当期损益，同时计提相应的资产减值准备，借记"资产减值损失"账户，贷记"固定资产减值准备"账户。固定资产减值损失一经确认，在以后会计期间不得转回。已计提减值准备的固定资产应当按照该项资产的账面价值以及尚可使用寿命重新计算确定折旧率和折旧额。

【例 5-17】2019 年 12 月 31 日，某公司的甲设备存在发生减值的迹象。经计算，该设备的可收回金额合计为 15 000 000 元，账面价值为 15 500 000 元，以前年度未对该设备计提过减值准备。

由于该设备的可收回金额低于账面价值，因此应按两者之间的差额 500 000 元计提固定资产减值准备。该公司应编制的会计分录如下：

借：资产减值损失　　　　　　　　　　　　　　　　　　　500 000
　　贷：固定资产减值准备　　　　　　　　　　　　　　　　500 000

任务六　固定资产处置

固定资产处置包括固定资产的出售、转让、报废、对外投资、非货币性资产交换以及债务重组等。

固定资产处置一般通过"固定资产清理"账户进行核算。一般来说，企业出售、报废或毁损的固定资产，其会计核算应经过以下几个步骤：

(1) 固定资产转入清理。企业出售、报废、毁损的固定资产转入清理时，应按清理固定资产的账面价值，借记"固定资产清理"账户，按已提的折旧，借记"累计折旧"账户，按已计提的减值准备，借记"固定资产减值准备"账户，按固定资产的原价，贷记"固定资产"账户。

(2) 处理发生的清理费用。固定资产清理过程中按发生的费用及应交税金的总额，借记"固定资产清理"账户，按各自金额，分别贷记"银行存款""应交税费"等账户。

(3) 处理出售收入和残料等。企业收回出售固定资产的价款、残料价值和变价收入等，应冲减清理支出。按实际收到的出售价款以及残料变价收入等，借记"银行存款""原材料"等账户，贷记"固定资产清理"账户。

(4) 处置保险赔偿。企业计算收到的应由保险公司或过失人赔偿的损失时，应冲减清理支出，借记"其他应收款""银行存款"等账户，贷记"固定资产清理"账户。

(5) 处置清理净损益。固定资产清理完成后产生的清理净损益，依据固定资产处置方式的不同，分别适用不同的处理方法：

① 因已丧失使用功能或因自然灾害发生毁损等原因而报废清理产生的利得或损失应计入营业外收支。属于生产经营期间正常报废清理产生的处理净损失，借记"营业外支出——处置非流动资产损失"账户，贷记"固定资产清理"账户；属于生产经营期间由于自然灾害等非正常原因造成的，借记"营业外支出——非常损失"账户，贷记"固定资产清理"账户；如为净收益，借记"固定资产清理"账户，贷记"营业外收入"账户。

② 因出售、转让等原因产生的固定资产处置利得或损失应计入资产处置收益。产生处置净损失的，借记"资产处置损益"账户，贷记"固定资产清理"账户；如为净收益，借记"固定资产清理"账户，贷记"资产处置损益"账户。

【例 5-18】甲公司出售一幢房屋，原价为 4 000 000 元，已计提折旧 2 000 000 元，未计提减值准备，实际出售价格为 2 400 000 元，增值税税额为 120 000 元，已通过银行收回价款。甲公司的会计分录如下：

将出售固定资产转入清理：

借：固定资产清理	2 000 000	
累计折旧	2 000 000	
贷：固定资产		4 000 000

收到出售固定资产的价款：

借：银行存款	2 520 000	
贷：固定资产清理		2 400 000
应交税费——应交增值税(销项税额)		120 000

结转出售固定资产实现的利得：

借：固定资产清理	400 000	
贷：资产处置损益		400 000

【例 5-19】某企业有运输卡车一辆，原价 180 000 元，已提折旧 60 000 元，在一次交通事故中报废，收到过失人赔偿款 75 000 元，卡车残值变价收入 10 000 元。有关会计分录如下：

将固定资产转入清理：

借：固定资产清理	120 000	
累计折旧	60 000	
贷：固定资产——卡车		180 000

收到过失人赔款及残值变价收入：

借：银行存款	85 000	
贷：固定资产清理		85 000

结转固定资产清理后的净损益：

借：营业外支出——处置非流动资产损失　　　　　　　35 000

　　贷：固定资产清理　　　　　　　　　　　　　　　　35 000

【例 5-20】甲公司因遭受水灾而毁损一座仓库，该仓库原价 2 000 000 元，已计提折旧 500 000 元，未计提减值准备。其残料估计价值为 25 000 元，残料已办理入库。发生的清理费用为 10 000 元，以银行存款支付。经保险公司核定应赔偿损失 750 000 元，尚未收到赔款。假定不考虑相关税费。甲公司的会计分录如下：

将毁损的仓库转入清理：

借：固定资产清理　　　　　　　　　　　　　　　1 500 000

　　累计折旧　　　　　　　　　　　　　　　　　　500 000

　　贷：固定资产　　　　　　　　　　　　　　　　2 000 000

残料入库：

借：原材料　　　　　　　　　　　　　　　　　　25 000

　　贷：固定资产清理　　　　　　　　　　　　　　　25 000

支付清理费用：

借：固定资产清理　　　　　　　　　　　　　　　10 000

　　贷：银行存款　　　　　　　　　　　　　　　　10 000

确定应由保险公司理赔的损失：

借：其他应收款　　　　　　　　　　　　　　　　750 000

　　贷：固定资产清理　　　　　　　　　　　　　　750 000

结转毁损固定资产发生的损失：

借：营业外支出——非常损失　　　　　　　　　　735 000

　　贷：固定资产清理　　　　　　　　　　　　　　735 000

任务七　无形资产概述

一、无形资产的定义及特征

无形资产是指企业拥有或者控制的没有实物形态的可辨认非货币性资产。无形资产一般具有下列特征：

(1) 没有实物形态。

(2) 能够在较长时期内为企业带来经济利益。

(3) 可辨认性，可单独出售或转让。

(4) 所带来的未来经济利益具有较大的不确定性。

二、无形资产核算的内容

无形资产包括专利权、非专利技术、商标权、著作权、土地使用权以及特许权等。

1. 专利权

专利权是指国家专利主管机关依法授予发明创造专利申请人对其发明创造在法定期限内所享有的专有权利，包括发明专利权、实用新型专利权和外观设计专利权。

2. 非专利技术

非专利技术也称专有技术，它是指不为外界所知，在生产经营活动中已采用了的、不享有法律保护的各种技术和经验。非专利技术一般包括工业专有技术、商业贸易专有技术、管理专有技术等，具有经济性、机密性和动态性等特点。

3. 商标权

商标是用来辨认特定的商品或劳务的标记，商标权是指专门在某类指定的商品或产品上使用特殊的名称或图案的权利。商标权包括独占使用权和禁止权两个方面。

4. 著作权

著作权又称版权，指作者对其创作的文学、科学作品依法享有的某些特殊权利。著作权包括精神权利(人身权利)和经济权利(财产权利)。前者指作品署名、发表作品、确认作者身份、保护作品的完整、修改已经发表的作品等权利，包括发表权、署名权、修改权及保护作品完整权。后者指以出版、表演、广播、展览、录制唱片、摄制影片的方式使用作品以及因授权他人使用作品而获得经济利益的权利。

5. 土地使用权

土地使用权指国家准许某企业在一定期间内对国有土地享有开发、利用、经营的权利。根据我国土地管理的规定，我国土地实行公有制，任何企业和个人不得侵占、买卖或者以其他形式非法转让。企业取得土地使用权的方式大致有：行政划拨、外购和投资者投入等。

6. 特许权

特许权又称经营特许权、专营权，指企业在某一地区经营或销售某种特定商品的权利或是一家企业接受另一家企业使用其商标、商号、技术秘密等的权利。前者一般是政府机构授权，准许企业使用或在一定地区享有经营某种业务的特许，如水、电、邮电通信等专营权、烟草专卖权等；后者指企业依照签订的合同，有限期或无限期使用另一家企业的某些权利，如连锁店分店使用总店的名称等。

任务八　无形资产取得的核算

企业应设置"无形资产"账户，核算企业持有的无形资产成本。该账户借方登记取得无形资产的成本，贷方登记出售无形资产时转出的无形资产的账面余额，期末借方余额反映企业现有无形资产的成本。该账户应按各无形资产项目设置明细账，并进行明细核算。

一、外购的无形资产

无形资产通常按实际成本计量，其成本包括购买价款、相关税费以及直接归属于使该资产达到预定用途所发生的其他支出。企业外购的无形资产，按应计入无形资产成本的金额，借记"无形资产"账户，贷记"银行存款"账户等。

【例 5-21】某企业 2019 年 3 月 1 日向 B 公司购入一项专利权，买价为 400 000 元，支付的注册登记费等费用为 10 000 元。该企业编制的会计分录如下：

借：无形资产——专利权　　　　　　　　　　　　　　　410 000

　　贷：银行存款　　　　　　　　　　　　　　　　　　　　410 000

二、自行研究开发的无形资产

企业内部研究开发项目，应区分为研究阶段和开发阶段。研究是指为获取并理解新的科学或技术进行的独创性的、有计划的调查。研究阶段是探索性的，为进一步开发做准备，将来是否会转入开发，开发后是否会形成无形资产具有较大的不确定性。开发是指进行商业化生产或使用前将研究成果或其他知识应用于某项计划或设计，以生产出新的或具有实质性改进的材料、装置和产品等的过程。

根据企业会计准则规定，企业内部研究开发项目发生的支出，应按下列规定处理：

(1) 企业研究阶段的支出全部费用化，计入当期损益(管理费用)。

(2) 开发阶段的支出符合资本化条件的，才能确认为无形资产；不符合资本化条件的，计入当期损益(管理费用)。

(3) 无法区分研究阶段支出和开发阶段支出时，应当将其所发生的研发支出全部费用化，计入当期损益(管理费用)。

企业应设置"研发支出"账户，该账户核算企业进行研究与开发无形资产过程中发生的各项支出。该账户可按研究开发项目，分别以"费用化支出""资本化支出"进行明细核算。该账户借方登记实际发生的研发支出，贷方登记转为无形资产和管理费用的金额，借方金额反映企业正在进行中的研究开发项目中满足资本化条件的支出，即"费用化支出"明细账户月末结平无余额。

【例 5-22】某企业自行研究开发一项新产品专利技术，在研究开发过程中发生材料费 400 万元，工人工资 100 万元，其他费用 300 万元，总计 800 万元，其中，符合资本化条件的支出为 500 万元。研发结束，该专利技术已经达到预定用途。编制的会计分录如下：

研发过程中：

借：研发支出——费用化支出　　　　　　　　　　　3 000 000

　　　　　　　　——资本化支出　　　　　　　　　　　5 000 000

　　贷：原材料　　　　　　　　　　　　　　　　　　4 000 000

　　　　应付职工薪酬　　　　　　　　　　　　　　　1 000 000

　　　　银行存款　　　　　　　　　　　　　　　　　3 000 000

研发结束后：

借：管理费用　　　　　　　　　　　　　　　　　　3 000 000

　　无形资产　　　　　　　　　　　　　　　　　　5 000 000

　　贷：研发支出——费用化支出　　　　　　　　　　3 000 000

　　　　　　　　　——资本化支出　　　　　　　　　　5 000 000

三、投资者投入的无形资产

投资者投入的无形资产的成本，应当按照投资合同或协议约定的价值确定，但合同或协议约定价值不公允的除外。具体来说，投资者投入的无形资产，应按投资各方确认的价值，借记"无形资产"账户，贷记"实收资本"或"股本"等账户。

【例5-23】某股份有限公司的注册资本为1 000万元，该股份有限公司接受甲公司以专利权进行投资，该专利权的账面价值为400万元，经双方协商确认的价值为440万元，占该股份有限公司注册资本的30%。假定不考虑其他相关税费。该股份有限公司的会计分录如下：

借：无形资产 4 400 000
　　贷：股本——甲公司 3 000 000
　　　　资本公积——股本溢价 1 400 000

任务九 无形资产的摊销与处置

一、无形资产的摊销

1. 无形资产摊销额的计算

企业会计准则规定，企业应当在取得无形资产时分析判断其使用寿命。无形资产的使用寿命为有限的，应当估计该使用寿命的年限或者构成使用寿命的产量等类似计量单位数量，自无形资产可供使用时起，至不再作为无形资产确认时止将无形资产的取得成本进行系统合理的摊销。对于使用寿命不确定的无形资产，不应摊销其取得成本，但应在每年末确认其预计可收回金额，以决定是否应提减值准备。

无形资产使用寿命的确定，通常来源于合同性权利或是其他法定权利，而且合同规定或法律规定有明确的使用年限。来源于合同性权利或其他法定权利的无形资产，其使用寿命不应超过合同性权利或其他法定权利的期限；如果合同权利或其他法定权利能够在到期时因续约等延续，且有证据表明企业续约不需要付出大额成本，则续约期应当计入使用寿命。合同或法律没有规定使用寿命的，企业应当综合各方面情况，聘请相关专家进行论证，或与同行业的情况进行比较以及参考历史经验等，确定无形资产为企业带来未来经济利益的期限。经过上述努力仍无法合理确定无形资产为企业带来经济利益期限的，才能将其作为使用寿命不确定的无形资产。

无形资产摊销方法：企业应根据该项无形资产有关的经济利益的预期实现方式选择递减余额法、生产总量法等进行摊销，无法可靠确定预期实现方式的，应当采用直线法摊销。

无形资产的应摊销金额为其成本扣除预计残值后的金额。已计提减值准备的无形资产，还应扣除已计提的无形资产减值准备累计金额。使用寿命有限的无形资产，其残值应当视为零，但下列情况除外：

(1) 有第三方承诺在无形资产使用寿命结束时购买该无形资产的。

(2) 可以根据活跃市场得到预计残值信息，并且该市场在无形资产使用寿命结束时很可能存在的。

2. 无形资产摊销的会计处理

无形资产的摊销金额一般应当计入当期损益。企业自用的无形资产，其摊销的无形资产价值应当计入当期管理费用，并同时冲减无形资产的成本；出租的无形资产，相关的无形资产摊销价值应当计入其他业务成本，并同时冲减无形资产的成本。无形资产摊销时，应按计算的摊销额，借记"管理费用""其他业务成本"等账户，贷记"累计摊销"账户。

【例5-24】某企业2016年8月购入一项专利权，其入账价值为360 000元，有效使用年限为5年，采用直线摊销法。会计分录如下：

$$每月摊销额 = 360\ 000 \div 5 \div 12 = 6\ 000(元)$$

借：管理费用——摊销　　　　　　　　　　　　　　　　6 000
　　贷：累计摊销　　　　　　　　　　　　　　　　　　　　　6 000

二、无形资产的处置和报废

1. 无形资产出售

无形资产出售时，企业应按实际取得的转让收入，借记"银行存款"等账户；按该项无形资产已计提的减值准备，借记"无形资产减值准备"账户；按已摊销的无形资产账面价值，借记"累计摊销"账户。按无形资产的初始入账价值，贷记"无形资产"账户；按支付的相关税费，贷记"银行存款""应交税费"等账户。按其差额借记或贷记"资产处置损益"账户。

【例5-25】甲企业为增值税一般纳税人，出售一项商标权，所得的不含税价款为1 200 000元，应缴纳的增值税为72 000元(适用增值税税率为6%，不考虑其他税费)。该商标权成本为3 000 000元，出售时已摊销金额为1 800 000元，已计提的减值准备为300 000元。甲企业编制的会计分录如下：

借：银行存款　　　　　　　　　　　　　　　　　　　1 272 000
　　累计摊销　　　　　　　　　　　　　　　　　　　　1 800 000
　　无形资产减值准备——商标权　　　　　　　　　　　　300 000
　　贷：无形资产——商标权　　　　　　　　　　　　　　　3 000 000
　　　　应交税费——应交增值税(销项税额)　　　　　　　　72 000
　　　　资产处置损益　　　　　　　　　　　　　　　　　　300 000

2. 无形资产出租

企业将拥有的无形资产的使用权让渡给他人，并收取租金，在满足收入准则规定的确认标准的情况下，应确认相关收入及成本。出租无形资产时，取得的租金收入计入"其他业务收入"账户，摊销出租无形资产成本并发生有关费用时，计入"其他业务成本"账户。

【例5-26】2018年1月1日，某企业将某商标权出租给东方公司使用，租期为4年，每年收取不含税租金150 000元。该公司为一般纳税人，应缴纳的增值税为9 000元(适用增值税税率为6%)。在出租期间该公司不再使用该商标权。该商标权系该公司2017年1

月 1 日购入的，初始入账价值为 1 800 000 元，预计使用年限为 15 年，采用直接法摊销。假定按年摊销商标权，且不考虑增值税以外的其他相关税费。该公司编制的会计分录如下：

每年取得租金：

借：银行存款   159 000

  贷：其他业务收入   150 000

    应交税费——应交增值税(销项税额)   9 000

按年对该商标权进行摊销：

$$每年摊销金额=\frac{1\ 800\ 000}{15}=120\ 000(元)$$

借：其他业务成本——商标权摊销   120 000

  贷：累计摊销   120 000

3. 无形资产减值

无形资产由于技术进步或其他经济原因导致其可收回金额低于其账面净值，则该无形资产发生减值。企业在判断无形资产是否发生减值时，应根据以下迹象判断：

(1) 该项无形资产已被其他新技术等所替代，使其为企业创造经济利益的能力受到重大不利影响。

(2) 该项无形资产的市价在当期大幅度下跌，预计在剩余年限内不会恢复。

(3) 该项无形资产已超过法律保护期限，但仍然具有部分使用价值。

(4) 其他足以表明该无形资产的账面价值已超过可收回金额的情形。

企业应对无形资产的账面价值进行定期检查，至少应于每年年末对无形资产的账面价值进行检查。如果无形资产可收回金额低于其账面净值，说明企业的无形资产发生了减值，应计提无形资产的减值准备。编制的会计分录如下：

借：资产减值损失

  贷：无形资产减值准备

无形资产减值损失一经确认，在以后会计期间不得转回。

【例 5-27】2019 年 1 月 1 日，华联集团外购一无形资产，实际支付价款 600 000 元，集团估计该无形资产预计使用年限为 5 年，2020 年 12 月 31 日，由于与该无形资产相关的经济因素发生不利变化，致使该无形资产发生价值减值，集团估计其可收回金额为 210 000 元。编制的会计分录如下：

2019 年 1 月 1 日：

借：无形资产   600 000

  贷：银行存款   600 000

2019 年 12 月 31 日：

$$应摊销金额=\frac{600\ 000}{5}=120\ 000(元)$$

借：管理费用   120 000

  贷：累计摊销   120 000

2020 年 12 月 31 日：

$$应摊销金额 = \frac{600\,000}{5} = 120\,000\,(元)$$

借：管理费用　　　　　　　　　　　　　　　　　　120 000
　　贷：累计摊销　　　　　　　　　　　　　　　　　　　120 000

2020 年 12 月 31 日计提减值：

$$账面净值 = 600\,000 - 120\,000 \times 2 = 360\,000\,(元)$$

$$可收回金额 = 210\,000\,(元)$$

$$应计提减值准备 = 360\,000 - 210\,000 = 150\,000\,(元)$$

借：资产减值损失　　　　　　　　　　　　　　　　150 000
　　贷：无形资产减值准备　　　　　　　　　　　　　　　150 000

练 习 题

一、单项选择题

1. 某企业购入一台需要安装的设备，取得的增值税专用发票上注明的设备买价为 60 000 元，增值税税款为 7 800 元，支付的运输费为 1 200 元，税额为 108 元。设备安装时领用工程用材料物资价值 1 500 元，购进该批材料物资时支付的增值税税额为 195 元，设备安装时支付有关人员薪酬 2 500 元，该项固定资产的成本为(　　)元。

A. 65 395　　　　B. 65 200　　　　C. 63 003　　　　D. 73 303

2. 生产经营期间固定资产报废清理的净损失应计入(　　)。

A. 营业外支出　　B. 管理费用　　C. 资本公积　　D. 长期待摊费用

3. 某项固定资产的原价为 60 000 元，预计净残值为 2 000 元，预计使用 5 年，采用双倍余额递减法计提折旧，则第 2 年的折旧额为(　　)元。

A. 12 000　　　　B. 14 400　　　　C. 14 720　　　　D. 19 000

4. 企业有设备一台，原价 100 000 元，预计净残值为 4 000 元，预计可使用年限为 5 年，按年数总和法计提折旧，则第 2 年应计提的折旧额为(　　)元。

A. 18 133　　　　B. 19 200　　　　C. 25 600　　　　D. 26 667

5. 盘盈的固定资产，计入的账户为(　　)。

A. 待处理财产损溢　　B. 以前年度损益调整　　C. 固定资产清理　　D. 营业外收入

6. 企业确认的无形资产减值，应计入(　　)。

A. 管理费用　　　　B. 坏账准备　　　　C. 资产减值损失　　D. 其他业务成本

7. 某企业一项 3 年前取得的专利权，该专利权取得时的成本为 40 万元，按 10 年摊销，出售时取得收入为 80 万元，不考虑相关税费，则出售该项专利权时影响当期的损益为(　　)万元。

A. 48　　　　　　B. 52　　　　　　C. 34　　　　　　D. 36

二、多项选择题

1. 下列固定资产应计提折旧的有(　　)。

A. 不需用的房屋及建筑物　　　　　　　　B. 在用的机器设备

C. 以经营租赁方式租入的固定资产　　　　　　　D. 闲置的机器设备

2. 在计算固定资产折旧时要考虑的因素有(　　　)。

A. 固定资产原价　B. 预计使用年限　C. 预计净残值　　D. 固定资产减值准备

3. 企业每月计提的固定资产折旧额，按使用部门和用途分别计入的账户为(　　　)。

A. 管理费用　　　B. 制造费用　　　C. 销售费用　　　D. 其他业务成本

4. 关于内部研究开发费用的确认和计量，下列说法中错误的有(　　　)。

A. 企业研究阶段的支出应全部费用化，计入当期损益

B. 企业研究阶段的支出应全部资本化，计入无形资产成本

C. 企业开发阶段的支出应全部费用化，计入当期损益

D. 企业开发阶段的支出应全部资本化，计入无形资产成本

5. 下列各项中，会引起无形资产账面价值发生增减变动的有(　　　)。

A. 对无形资产计提减值准备

B. 企业内部研究开发项目研究阶段发生的支出

C. 摊销无形资产成本

D. 企业内部研究开发项目开发阶段的支出不满足"无形资产确认条件"的

三、业务题

1. 某企业基本生产车间有设备一台，原价为 189 000 元，预计净残值为 7 350 元，预计使用年限为 5 年，采用年数总和法计提折旧。要求：

(1) 计算各年应提取的折旧额。

(2) 编制第 5 年提取折旧的会计分录。

2. 乙企业为增值税一般纳税人。2019 年发生如下与固定资产有关的业务：

(1) 购入不需要安装的 M 机器一台，价款 50 000 元，增值税税额为 6 500 元，运输费为 5 000 元，运输费涉及增值税费 450 元。以上款项均以银行存款支付。

(2) 从外单位购入需要安装的 N 机器一台，价款为 100 000 元，增值税税额为 13 000 元，支付安装费 800 元，运杂费 500 元。在安装过程中，领用的原材料价值为 1 000 元，其在采购过程中的增值税进项税额为 130 元，发生工资费用 850 元。以上款项均以银行存款支付，该设备已投入使用。

(3) 出售一台已使用 5 年的 K 机器，原值为 88 000 元，账面已计提折旧 62 000 元，取得变价收入 16 000 元。

要求：根据上述业务编制有关的会计分录。

3. 甲公司 2017 年至 2020 年无形资产有关的资料如下：

(1) 2017 年 12 月 1 日，以银行存款 300 万元购入一项无形资产(不考虑相关税费)。该无形资产的预计使用年限为 10 年，采用直线法摊销其价值。

(2) 2019 年 12 月 31 日对该无形资产进行减值测试时，发现该无形资产的可收回金额为 190 万元，减值测试后该无形资产的使用年限不变。

(3) 2020 年 3 月 31 日，将该无形资产对外出售，取得价款 260 万元并收存银行(不考虑相关税费)。

要求：编制有关的会计分录。

项目六　投资业务

【学习目标】

知识目标：了解各类投资业务的概念，掌握以公允价值计量且其变动计入当期损益的金融资产、以摊余成本计量的金融资产、以公允价值计量且其变动计入其他综合收益的金融资产。出售金融资产、长期股权投资的账务处理。

技能目标：熟悉以公允价值计量且其变动计入当期损益的金融资产、以摊余成本计量的金融资产、以公允价值计量且其变动计入其他综合收益的金融资产、长期股权投资的各种账务处理。

任务一　金融资产的定义及分类

金融资产属于企业资产的重要组成部分，主要包括库存现金、银行存款、应收账款、应收票据、其他应收款、股权投资、债券投资和衍生金融工具形成的资产等。

本章不涉及以下金融资产的会计处理：

(1) 货币资金；

(2) 应收款项；

(3) 对子公司、联营企业、合营企业投资以及在活跃市场上没有报价的长期股权投资。

企业应当结合自身业务特点、投资策略和风险管理要求，将取得的金融资产在初始确认时划分为以下几类：

(1) 以公允价值计量且其变动计入当期损益的金融资产；

(2) 以摊余成本计量的金融资产；

(3) 以公允价值计量且其变动计入其他综合收益的金融资产。

金融资产分类与金融资产计量密切相关。不同类别的金融资产，其初始计量和后续计量的基础也不完全相同。因此，上述分类一经确定，不应随意变更。

任务二　以公允价值计量且其变动计入当期损益的金融资产

一、以公允价值计量且其变动计入当期损益的金融资产的概念及内容

以公允价值计量且其变动计入当期损益的金融资产是指企业将于近期出售或回购的金融资产，如企业为了赚取差价从二级市场购入的股票、债券、基金等。

满足以下条件之一的金融资产，应当划分为以公允价值计量且其变动计入当期损益的

金融资产：

(1) 取得该金融资产的目的主要是近期内出售。例如，企业以赚取差价为目的从二级市场购入的股票、债券和基金等。

(2) 属于集中管理的可辨认金融工具组合中的一部分，且有客观证据表明企业近期采用短期获利方式对该组合进行管理。在这种情况下，即使组合中有某个组成项目持有的期限稍长也不受影响。

(3) 属于衍生工具，被指定为有效套期工具的衍生工具，属于财务担保合同的衍生工具，与在活跃市场中没有报价且其公允价值不能可靠计量的权益工具投资挂钩，但需通过交付该权益工具结算的衍生工具除外。其中，财务担保合同是指保证人和债权人约定，当债务人不履行债务时，保证人按照约定履行债务或承担责任的合同。

二、以公允价值计量且其变动计入当期损益的金融资产的核算

1. 账户设置

为了核算以公允价值计量且其变动计入当期损益的金融资产的取得、收取现金股利或利息、处置该金融资产等业务，企业应当设置以下账户：

(1) "交易性金融资产"账户：用于核算企业为交易目的所持有的债券投资、股票投资、基金投资等交易性金融资产的公允价值。借方登记交易性金融资产的取得成本、资产负债表日其公允价值高于账面成本余额的差额等；贷方登记资产负债表日其公允价值低于账面成本余额的差额，以及企业出售交易性金融资产时结转的成本和公允价值变动损益；期末借方余额反映企业持有的交易性金融资产的公允价值。"交易性金融资产"账户应当按照交易性金融资产的类别和品种，分别对"成本""公允价值变动"进行明细核算。

(2) "公允价值变动损益"账户：用于核算企业交易性金融资产等因公允价值变动而形成的应计入当期损益的利得或损失。借方登记资产负债表日企业持有的交易性金融资产等的公允价值低于账面余额的差额；贷方登记资产负债表日企业持有的交易性金融资产等的公允价值高于账面余额的差额；期末应将本账户余额转入"本年利润"账户，结转后账户无余额。

(3) "投资收益"账户：用于核算企业持有交易性金融资产等期间取得的投资收益以及处置交易性金融资产等实现的投资收益或损失。贷方登记企业出售交易性金融资产等实现的投资收益；借方登记企业出售交易性金融资产等发生的损失；期末应将本账户余额转入"本年利润"账户，结转后本账户无余额。

2. 账务处理

(1) 企业取得以公允价值计量且其变动计入当期损益的金融资产，按其公允价值，借记"交易性金融资产——成本"账户；按发生的交易费用，借记"投资收益"账户，按已到付息期但尚未领取的利息或已宣告但尚未发放的现金股利，借记"应收利息"或"应收股利"账户，按实际支付的金额，贷记"银行存款"等科目。

【例6-1】2019年2月10日，为了近期内以公允价值出售，新华公司按每股6.5元的价格购入大兴通讯股份有限公司发行的每股面值1元的股票20 000股，另支付交易税费800元，股票购买价格中包含每股0.3元已宣告但尚未领取的现金股利，该现金股利于2019

年 3 月 20 日发放。会计分录如下：

2019 年 2 月 10 日购入股票：

借：交易性金融资产——成本　　　　　　　　　　　124 000

应收股利　　　　　　　　　　　　　　　　　　6 000

投资收益　　　　　　　　　　　　　　　　　　800

贷：银行存款　　　　　　　　　　　　　　　　　130 800

2019 年 3 月 20 日收到股利：

借：银行存款　　　　　　　　　　　　　　　　　　6 000

贷：应收股利　　　　　　　　　　　　　　　　　6 000

（2）以公允价值计量且其变动计入当期损益的金融资产持有期间收到被投资单位发放的现金股利，或在资产负债表日按分期付息、一次还本债券投资的票面利率计算的利息，或上述股利或利息已宣告但未发放，借记"应收利息"或"应收股利"账户，按实际支付的金额，贷记"银行存款"等账户。

【例 6-2】承例 6-1，假设 2020 年 2 月 5 日大兴通讯股份有限公司宣告发放现金股利，每股 0.4 元，新华公司于 4 月 1 日收到。会计分录如下：

2020 年 2 月 5 日对方宣告发放现金股利时：

借：应收股利　　　　　　　　　　　　　　　　　　8 000

贷：投资收益　　　　　　　　　　　　　　　　　8 000

4 月 1 日实际收到该股利时：

借：银行存款　　　　　　　　　　　　　　　　　　8 000

贷：应收股利　　　　　　　　　　　　　　　　　8 000

（3）资产负债表日，以公允价值计量且其变动计入当期损益的金融资产的公允价值高于其账面余额的差额，借记"交易性金融资产——公允价值变动"账户，贷记"公允价值变动损益"账户，公允价值低于其账面余额的差额，作相反的会计分录。

【例 6-3】承例 6-1，假定 2019 年 6 月 30 日大兴通讯股份有限公司股票市价为每股 8 元，则新华公司的会计分录如下：

借：交易性金融资产——公允价值变动　　　　　　　36 000

贷：公允价值变动损益　　　　　　　　　　　　　36 000

其中，当日公允价值与原账面余额的差额为 20 000 × 8 – 124 000 = 36 000(元)。

如果 2019 年 6 月 30 日大兴通讯股份有限公司股票市价为每股 5 元，则新华公司的会计分录如下：

借：公允价值变动损益　　　　　　　　　　　　　　24 000

贷：交易性金融资产——公允价值变动　　　　　　24 000

其中，当日公允价值与原账面余额的差额为 20 000 × 5 – 124 000 = – 24 000(元)。

（4）出售以公允价值计量且其变动计入当期损益的金融资产时，应按实际收到的金额，借记"银行存款"等账户，按该金融资产的账面余额，贷记"交易性金融资产——成本"账户，按其差额，贷记或借记"投资收益"账户。

【例 6-4】承例 6-1、例 6-3，假定 2019 年 7 月 20 日大兴通讯股份有限公司股票市价升至每股 10 元，新华公司于当日在二级市场上以该价格将 20 000 股该公司股票全部卖出，并支付交易费用 900 元，则新华公司的会计分录如下：

　　借：银行存款　　　　　　　　　　　　　　　　　　　　199 100
　　　　贷：交易性金融资产——成本　　　　　　　　　　　　　　124 000
　　　　　　　　　　　　　——公允价值变动　　　　　　　　　　　36 000
　　　　　　投资收益　　　　　　　　　　　　　　　　　　　　　39 100

　　假定 2019 年 7 月 20 日大兴通讯股份有限公司股票市价跌至每股 4.5 元，新华公司于当日在二级市场上以该价格将 20 000 股该公司股票全部卖出，并支付交易费用 900 元，则新华公司的会计分录如下：

　　借：银行存款　　　　　　　　　　　　　　　　　　　　89 100
　　　　投资收益　　　　　　　　　　　　　　　　　　　　70 900
　　　　贷：交易性金融资产——成本　　　　　　　　　　　　　　124 000
　　　　　　　　　　　　　——公允价值变动　　　　　　　　　　　36 000

　　【例 6-5】2016 年 1 月 1 日，甲公司从二级市场购入丙公司债券，支付价款合计 1 020 000 元(含已宣告但尚未领取的利息 20 000 元)，另发生交易费用 20 000 元。该债券面值为 1 000 000 元，剩余期限为 2 年，票面年利率为 4%，每半年末付息一次，其合同现金流量特征满足仅为对本金和以未偿付本金金额为基础的利息的支付。甲公司根据其管理该债券的业务模式和该债券的合同现金流量特征，将其归类为以公允价值计量且其变动计入当期损益的金融资产。其他资料如下：

　　· 2016 年 1 月 5 日，收到丙公司债券 2015 年下半年利息 20 000 元。
　　· 2016 年 6 月 30 日，丙公司债券的公允价值为 1 150 000 元(不含利息)。
　　· 2016 年 7 月 5 日，收到丙公司债券 2016 年上半年利息。
　　· 2016 年 12 月 31 日，丙公司债券的公允价值为 1 100 000 元(不含利息)。
　　· 2017 年 1 月 5 日，收到丙公司债券 2016 年下半年利息。
　　· 2017 年 6 月 20 日，通过二级市场出售丙公司债券，取得价款 1 180 000 元(含 1 季度利息 10 000 元)。

　　假定不考虑其他因素，甲公司的会计分录如下：

　　2016 年 1 月 1 日，从二级市场购入丙公司债券：

　　借：交易性金融资产——成本　　　　　　　　　　　　　1 000 000
　　　　应收利息　　　　　　　　　　　　　　　　　　　　20 000
　　　　投资收益　　　　　　　　　　　　　　　　　　　　20 000
　　　　贷：银行存款　　　　　　　　　　　　　　　　　　　　1 040 000

　　2016 年 1 月 5 日，收到该债券 2015 年下半年利息 20 000 元：

　　借：银行存款　　　　　　　　　　　　　　　　　　　　20 000
　　　　贷：应收利息　　　　　　　　　　　　　　　　　　　　20 000

　　2016 年 6 月 30 日，确认丙公司债券公允价值变动和投资收益：

　　借：交易性金融资产——公允价值变动　　　　　　　　　　150 000
　　　　贷：公允价值变动损益　　　　　　　　　　　　　　　　150 000
　　借：应收利息　　　　　　　　　　　　　　　　　　　　20 000
　　　　贷：投资收益　　　　　　　　　　　　　　　　　　　　20 000

2016 年 7 月 5 日,收到该债券 2016 年上半年利息 20 000 元:

借:银行存款 　　　　　　　　　　　　　　　　　　　20 000
　　贷:应收利息 　　　　　　　　　　　　　　　　　　　　　　20 000

2016 年 12 月 31 日,确认丙公司债券公允价值变动和投资收益:

借:公允价值变动损益 　　　　　　　　　　　　　　　　50 000
　　贷:交易性金融资产——公允价值变动 　　　　　　　　　　　50 000

借:应收利息 　　　　　　　　　　　　　　　　　　　　20 000
　　贷:投资收益 　　　　　　　　　　　　　　　　　　　　　　20 000

2017 年 1 月 5 日,收到丙公司债券 2016 年下半年利息 20 000 元:

借:银行存款 　　　　　　　　　　　　　　　　　　　　20 000
　　贷:应收利息 　　　　　　　　　　　　　　　　　　　　　　20 000

2017 年 6 月 20 日,通过二级市场出售丙公司债券:

借:银行存款 　　　　　　　　　　　　　　　　　　1 180 000
　　贷:交易性金融资产——成本 　　　　　　　　　　　　　1 000 000
　　　　　　　　　　　　——公允价值变动 　　　　　　　　　100 000
　　　　投资收益 　　　　　　　　　　　　　　　　　　　　80 000

(5) 转让金融商品应交增值税。金融商品转让按照卖出价扣除买入价(不需要扣除已宣告未发放现金股利和已到付息期未领取的利息)后的余额作为销售额计算增值税,即转让金融商品按盈亏相抵后的余额为销售额。若相抵后出现负差,则可结转下一纳税期与下期转让金融商品销售额互抵,但年末时仍出现负差的,不得转入下一会计年度。

转让金融资产当月月末,若产生转让收益,则按应纳税额,借记"投资收益"等账户,贷记"应交税费——转让金融商品应交增值税"账户;若产生转让损失,则按可结转下月抵扣税额,借记"应交税费——转让金融商品应交增值税"账户,贷记"投资收益"等账户。

年末,如果"应交税费——转让金融商品应交增值税"账户有借方余额,说明本年度的金融商品转让损失无法弥补,且本年度的金融资产转让损失不可转入下年度继续递减转让金融资产的收益,因此,应借记"投资收益"等账户,贷记"应交税费——转让金融商品应交增值税"账户,将"应交税费——转让金融商品应交增值税"账户的借方余额转出。

【例 6-6】承例 6-5,计算该项业务转让金融商品应交增值税。

转让金融商品应交增值税 = (1 180 000 − 1 020 000) ÷ (1 + 6%) × 6% = 9 056.60(元)

借:投资收益 　　　　　　　　　　　　　　　　　　9 056.60
　　贷:应交税费——转让金融商品应交增值税 　　　　　　　　9 056.60

任务三　以摊余成本计量的金融资产

一、以摊余成本计量的金融资产的概念及特征

同时符合下列条件的金融资产,应当划分为以摊余成本计量的金融资产:

(1) 企业管理该金融资产的业务模式以收取合同现金流量为目标。

(2) 该金融资产的合同条款规定，在特定日期产生的现金流量，仅为对本金和以未偿付本金金额为基础的利息的支付。

例如，银行向企业客户发放的固定利率贷款，在没有其他特殊安排的情况下，贷款通常可能符合本金加利息的合同现金流量特征。如果银行管理该贷款的业务模式以收取合同现金流量为目标，则该贷款属于以摊余成本计量的金融资产。再如，普通债券的合同现金流量是到期收回本金及按约定利率在合同期间按时收取固定或浮动利息。在没有其他特殊安排的情况下，普通债券通常可能符合本金加利息的合同现金流量特征。如果企业管理该债券的业务模式以收取合同现金流量为目标，则该债券属于以摊余成本计量的金融资产。

二、具体会计处理

以摊余成本计量的金融资产的会计处理，主要包括该金融资产实际利率的计算、摊余成本的确定、持有期间收益的确认及将其处置时损益的处理。以摊余成本计量的金融资产所产生的利得或损失，应当在终止确认、按照规定重分类、按照实际利率法摊销或确认减值时，计入当期损益。

下面介绍以摊余成本计量的与债权投资相关的账务处理。

1. 取得的核算

企业取得的以摊余成本计量的债权投资，应按该投资的面值，借记"债权投资——成本"账户，按支付的价款中包含的已宣告但尚未领取的利息，借记"应收利息"账户，按实际支付的金额，贷记"银行存款"等账户，按其差额，借记或贷记"债权投资——利息调整"账户。

【例6-7】2017年1月1日，甲公司以银行存款购买了一项5年期的债券，实际支付价款6 110万元。其中，支付的价款中包含10万元的交易费用以及已到付息期但尚未领取的债券利息100万。甲公司管理层决定将该债券投资作为债权投资进行核算和管理。该债券面值为6 000万元，票面固定利率为5%，每年年末支付，假定不考虑其他因素。甲公司购入债券时的会计分录如下：

借：债权投资——成本 　　　　　　　　　　60 000 000
　　　　　　——利息调整 　　　　　　　　　100 000
　　应收利息 　　　　　　　　　　　　　　1 000 000
　　贷：银行存款 　　　　　　　　　　　　　　　61 100 000

【例6-8】2017年1月1日，甲公司以银行存款购买了一项5年期的债券，实际支付价款6 510万元，其中支付的价款中包含10万元的交易费用。甲公司管理层决定将该项债券投资作为债权投资进行核算和管理。该债券面值为6 000万元，票面固定利率为5%，每年年末支付利息，假定不考虑其他因素。甲公司购入债券时的会计分录如下：

借：债权投资——成本 　　　　　　　　　　60 000 000
　　　　　　——利息调整 　　　　　　　　5 100 000
　　贷：银行存款 　　　　　　　　　　　　　　　65 100 000

【例6-9】2017年1月1日，甲公司以银行存款购买了一项5年期的债券，实际支付价款 5 410 万元，支付的价款中包含 10 万元的交易费用。甲公司管理层决定将该项债券投资作为债权投资进行核算和管理。该债券面值为 6 000 万元，票面固定利率为 5%，每年年末支付利息，假定不考虑其他因素。甲公司的会计分录如下：

借：债权投资——成本　　　　　　　　　　　　　　　60 000 000
　　贷：债权投资——利息调整　　　　　　　　　　　　　　5 900 000
　　　　银行存款　　　　　　　　　　　　　　　　　　　54 100 000

2. 持有期间的利息核算

以摊余成本计量的债权投资应采用实际利率法，按照摊余成本计量。实际利率法是指按照金融资产的实际利率计算其摊余成本及各期利息收入的方法。摊余成本是指该金融资产的初始确认金额经下列调整后的结果：① 扣除已偿还的本金；② 加上或减去采用实际利率法将该初始确认金额与到期金额之间的差额进行摊销形成的累计摊销额；③ 扣除已发生的减值损失。期末"债权投资"账户的摊余成本的计算公式如下：

期末"债权投资"账户的摊余成本 ="债权投资——成本"账户的期末余额 +"债权
投资——利息调整"账户的期末余额

在资产负债表日，债权投资为分期付息、一次还本债券投资的，应按票面利率计算确定的应收未收利息，借记"应收利息"账户，按债权投资摊余成本和实际利率计算确定的利息收入，贷记"利息收入"账户，按其差额，借记或贷记"债权投资——利息调整"账户。

在资产负债表日，债权投资为到期一次还本付息债券投资的，应按票面利率计算确定的应收未收利息，借记"债权投资——应计利息"账户，按债权投资摊余成本和实际利率计算确定的利息收入，贷记"利息收入"账户，按其差额，借记或贷记"债权投资——利息调整"账户。

实际利率应当在取得债权投资时确定，在该持债权投资预期存续期间或适用的更短期间保持不变。实际利率与票面利率差别较小的，也可按票面利率计算利息收入，计入利息收入。

【例 6-10】2017 年 1 月 1 日，甲公司购买了一项 3 年期的债券，利息每年年末支付，本金到期支付。实际支付价款 6 160 万元，其中支付的价款中包含 10 万元的交易费用，均以银行存款支付。甲公司决定将该项债券投资作为债权投资进行核算和管理。该债券面值为 6 000 万元，票面固定利率为 5%，假定实际利率为 4%，不考虑其他因素。甲公司的会计分录如下：

2017 年 1 月 1 日甲公司购入债券时：

借：债权投资——成本　　　　　　　　　　　　　　　60 000 000
　　　　　　　——利息调整　　　　　　　　　　　　　　1 600 000
　　贷：银行存款　　　　　　　　　　　　　　　　　　61 600 000

2017 年 12 月 31 日计提利息时：

应收利息 = 6 000 × 5% = 300 (万元)

利息收入 = (6 000 + 160) × 4% = 246.4 (万元)

借：应收利息　　　　　　　　　　　　　　　　　　　3 000 000

贷：利息收入 2 464 000

债权投资——利息调整 536 000

2018年1月1日收到利息时：

借：银行存款 3 000 000

贷：应收利息 3 000 000

2018年12月31日计提利息时：

应收利息 = 6 000 × 5% = 300 (万元)

利息收入 = (6 000 + 160 − 53.6) × 4% = 244.26 (万元)

借：应收利息 3 000 000

贷：利息收入 2 442 600

债权投资——利息调整 557 400

2019年1月1日收到利息时：

借：银行存款 3 000 000

贷：应收利息 3 000 000

2019年12月31日计提利息时：

应收利息 = 6 000 × 5% = 300 (万元)

本次需要摊销的债券溢价部分金额 = 160 − 53.6 − 55.74 = 50.66 (万元)

所以

本次利息收入 = 300 − 50.66 = 249.34 (万元)

借：应收利息 3 000 000

贷：利息收入 2 493 400

债权投资——利息调整 506 600

2020年1月1日收到本金款及最后一次利息时：

借：银行存款 63 000 000

贷：债权投资——成本 60 000 000

应收利息 3 000 000

【例6-11】2017年1月1日，甲公司购买了一项3年期的债券，该债券属于到期一次还本付息的债券。实际支付价款6 160万元，其中支付的价款中包含10万元的交易费用，均以银行存款支付。甲公司决定将该项债券投资作为债权投资进行核算和管理，该债券面值为6 000万元，票面固定利率为5%，假定实际利率为4%，不考虑其他因素。甲公司的会计分录如下：

2017年1月1日甲公司购入债券时：

借：债权投资——成本 60 000 000

——利息调整 1 600 000

贷：银行存款 61 600 000

2017年12月31日计提利息时：

"债权投资——应计利息" = 6 000 × 5% = 300 (万元)

利息收入 = (6 000 + 160) × 4% = 246.4 (万元)

借：债权投资——应计利息 3 000 000

$$\qquad\quad贷：利息收入 \qquad\qquad\qquad\qquad\qquad\qquad\qquad\qquad 2\ 464\ 000$$
$$\qquad\qquad\qquad债权投资——利息调整 \qquad\qquad\qquad\qquad\qquad 536\ 000$$

2018 年 12 月 31 日计提利息时：

$$"债权投资——应计利息" = 6\ 000 \times 5\% = 300\ (万元)$$
$$利息收入 = (6\ 000 + 160 - 53.6) \times 4\% = 244.26\ (万元)$$

借：债权投资——应计利息 　　　　　　　　　　　　　　　3 000 000

　　贷：利息收入 　　　　　　　　　　　　　　　　　　　　2 442 600

　　　　债权投资——利息调整 　　　　　　　　　　　　　　557 400

2019 年 12 月 31 日计提利息时：

$$"债权投资——应计利息" = 6\ 000 \times 5\% = 300\ (万元)$$
$$本次需要摊销的债券溢价部分金额 = 160 - 53.6 - 55.74 = 50.66\ (万元)$$

所以：

$$本次利息收入 = 300 - 50.66 = 249.34\ (万元)$$

借：债权投资——应计利息 　　　　　　　　　　　　　　　3 000 000

　　贷：利息收入 　　　　　　　　　　　　　　　　　　　　2 493 400

　　　　债权投资——利息调整 　　　　　　　　　　　　　　506 600

2020 年 1 月 1 日收回本金款及全部利息时：

借：银行存款 　　　　　　　　　　　　　　　　　　　　　69 000 000

　　贷：债权投资——成本 　　　　　　　　　　　　　　　60 000 000

　　　　　　　　——应计利息 　　　　　　　　　　　　　9 000 000

3. 债权投资减值的核算

金融工具确认与计量准则规定：企业应当在资产负债表日对交易性金融资产以外的金融资产账面价值进行检查，有客观证据表明该企业金融资产发生减值的，应当计提减值准备。通常引起金融资产发生减值的客观证据包括：

(1) 发行方或债务人发生了严重财务困难。

(2) 债务人违反了合同条款，如偿付利息或本金发生违约以及逾期等。

(3) 债权人出于经济或法律等方面因素的考虑，对发生财务困难的债务人作出让步。

(4) 债务人可能倒闭或进行其他债务重组。

(5) 因发行方发生重大财务困难，该金融资产无法在活跃市场上继续交易。

(6) 无法辨认一组金融资产中的某项资产的现金流量是否已经减少，但根据公开的数据对其进行总体评价后发现，该组金融资产自初始确认以来的预计未来现金流量确已减少且可计量，如改组金融资产的债务人支付能力逐步恶化，或债务人所在国家或地区失业率提高，担保物在其所在地区的价格明显下跌，所处行业不景气等。

(7) 债务人经营所处的技术、市场、经济或法律环境等发生重大不利变化，使金融工具投资人可能无法收回投资成本。

(8) 权益工具投资的公允价值发生严重或非暂时性下跌。

(9) 其他表明金融资产减值的客观证据。

具体来说，企业确定债权投资发生减值的，应当按照减值的金额，借记"信用减值损失"账户,贷记"债权投资减值准备"账户。如已计提减值准备的债权投资价值以后又得以恢复,则应在原已计提的减值准备金额内,按恢复增加的金额,借记"债权投资减值准备"账户,贷记"信用减值损失"账户。

【例 6-12】2017 年 12 月 31 日,甲上市公司测试某债权投资发生减值,减值金额为20 000 元。甲上市公司的会计分录如下:

借:信用减值损失　　　　　　　　　　　　　　20 000
　　贷:债权投资减值准备　　　　　　　　　　　　　　20 000

采用摊余成本进行后续计量的债权投资发生减值后,利息收入应当按照确定减值损失时对未来现金流量进行折现采用的折现率作为利率计算确认。

4. 债权投资的处置核算(出售或到期)

债权投资出售或到期收回投资时,按实际收到的金额,借记"银行存款"账户,按其账面余额,贷记"债权投资——成本、应计利息"等账户,贷记或借记"债权投资——利息调整"账户,按其差额,贷记或借记"投资收益"账户。已计提减值准备的,还应同时结转减值准备。

【例 6-13】2020 年 12 月 31 日,M 公司将其于 2018 年 1 月 1 日以面值购入的作为债权投资核算的三年期到期一次还本付息债券投资收回。该债券面值为 200 万元,票面利率为 5%,实际收到金额为 230 万元,已计提减值准备为 6 万元。M 公司的会计分录如下:

借:银行存款　　　　　　　　　　　　　　2 300 000
　　债权投资减值准备　　　　　　　　　　　　60 000
　　贷:债权投资——成本　　　　　　　　　　　　2 000 000
　　　　　　——应计利息　　　　　　　　　　　　300 000
　　　　投资收益　　　　　　　　　　　　　　60 000

任务四　以公允价值计量且其变动计入其他综合收益的金融资产

一、概述

同时符合下列条件的金融资产,应当划分为以公允价值计量且其变动计入其他综合收益的金融资产。

(1) 企业管理该金融资产的业务模式既以收取合同现金流量为目标,又以出售该金融资产为目标。

(2) 该金融资产的合同条款规定,在特定日期产生的现金流量,仅为对本金和以未偿付本金金额为基础的利息的支付。

具体来讲,在证券市场中,企业购买某一公司发行的股票,如果其主要目的不是近期内出售而获利,而是准备持有一段时间,或准备参与被投资公司的管理,则应将此种金融资产划分为以公允价值计量且其变动计入其他综合收益的非交易性权益工具投资;如果企业购买某一公司发行的债券,准备持有的时间超过一年,但不到该债券的发行期,则应将此种金融资产划分为以公允价值计量且其变动计入其他综合收益的债权投资。

二、以公允价值计量且其变动计入其他综合收益的非交易性权益工具投资的核算

1. 账户设置

为了核算以公允价值计量且其变动计入其他综合收益的非交易性权益工具投资，企业应设置"其他权益工具投资"账户。该账户属于资产类账户，按以公允价值计量且其变动计入其他综合收益的非交易性权益工具投资的类别和品种，分别对"成本""公允价值变动"等进行明细核算。

2. 账务处理

(1) 企业取得以公允价值计量且其变动计入其他综合收益的非交易性权益工具投资的，应按其公允价值与交易费用之和，借记"其他权益工具投资——成本"账户，按支付的价款中包含的已宣告但尚未发放的现金股利，借记"应收股利"账户，按实际支付的金额，贷记"银行存款"等账户。

【例 6-14】甲公司于 2019 年 1 月 10 日以 101 万元的价格取得乙公司限售流通股 10 万股，假设支付的价格中包含乙公司于 2018 年 1 月 1 日已宣告尚未发放的现金股利 1 万元。该股票限售期 3 年。甲公司取得股票时的会计分录如下：

借：其他权益工具投资——乙公司(成本)　　　　　　　　　　1 000 000
　　应收股利　　　　　　　　　　　　　　　　　　　　　　　　10 000
　　　贷：银行存款　　　　　　　　　　　　　　　　　　　　　　　　1 010 000

【例 6-15】承例 6-14，2019 年 1 月 15 日甲公司收到上述股利。甲公司收到现金股利时的会计分录如下：

借：银行存款　　　　　　　　　　　　　　　　　　　　　　　10 000
　　　贷：应收股利　　　　　　　　　　　　　　　　　　　　　　　　10 000

(2) 资产负债表日，以公允价值计量且其变动计入其他综合收益的非交易性权益工具投资的公允价值高于其账面余额的差额，借记"其他权益工具投资——公允价值变动"账户，贷记"其他综合收益——其他权益工具投资公允价值变动"账户；公允价值低于其账面余额的差额作相反的会计分录。

【例 6-16】承例 6-14，假设甲公司于年初购入的 10 万股乙公司股票，在年末的市价为 90 万元，则 2019 年 12 月 31 日，甲公司的账务分录如下：

借：其他综合收益——其他权益工具投资公允价值变动　　　100 000
　　　贷：其他权益工具投资——公允价值变动　　　　　　　　　　100 000

(3) 资产负债表日，对于指定为以公允价值计量且其变动计入其他综合收益的非交易性权益工具投资，无论股票价格发生怎样的剧烈下跌，均不得对该金融资产计提减值准备。除了获得的股利收入(作为投资成本部分收回的股利收入除外)计入当期损益外，其他相关的利得和损失(包括汇兑损益)均应当计入其他综合收益，且后续不得转入损益；当终止确认时，之前计入其他综合收益的累计利得或损失应当从其他综合收益中转出，计入留存收益。

(4) 出售以公允价值计量且其变动计入其他综合收益的非交易性权益工具投资时，应按实际收到的金额，借记"银行存款"等账户；按其账面余额，贷记"其他权益工具投资——成本"账户，借记或贷记"其他权益工具投资——公允价值变动"账户；按应从其他

综合收益中转出的公允价值累计变动额，借记或贷记"其他综合收益——其他权益工具投资公允价值变动"账户；按其差额，贷记或借记"盈余公积""利润分配——未分配利润"等账户。

【例6-17】承例6-16，2020年1月10日，甲公司将所持有的10万股乙公司股票全部对外出售，扣除税费后价款为70万元，则甲公司的会计分录如下：

借：银行存款　　　　　　　　　　　　　　　　　　　　　　700 000
　　其他权益工具投资——乙公司(公允价值变动)　　　　　　100 000
　　盈余公积　　　　　　　　　　　　　　　　　　　　　　 20 000
　　利润分配——未分配利润　　　　　　　　　　　　　　　180 000
　　　贷：其他权益工具投资——乙公司(成本)　　　　　　　　1 000 000
借：盈余公积　　　　　　　　　　　　　　　　　　　　　　 10 000
　　利润分配——未分配利润　　　　　　　　　　　　　　　 90 000
　　　贷：其他综合收益——其他权益工具投资公允价值变动　　 100 000

三、以公允价值计量且其变动计入其他综合收益的债权投资的核算

1. 账户设置

为了核算以公允价值计量且其变动计入其他综合收益的债权投资，企业应设置"其他债权投资"账户。该账户属于资产类账户，按以公允价值计量且其变动计入其他综合收益的债权投资的类别和品种，分别对"成本""利息调整""公允价值变动""应计利息"等进行明细核算。

2. 账务处理

(1) 企业取得以公允价值计量且其变动计入其他综合收益的债权投资的，应按债券的面值，借记"其他债权投资——成本"账户；按支付的价款中包含的已到付息期但尚未领取的利息，借记"应收利息"账户；按实际支付的金额，贷记"银行存款"等账户；按差额，借记或贷记"其他债权投资——利息调整"账户。

【例6-18】2018年1月1日，中兴公司按面值购入当日发行的国债100 000元，打算持有3年后出售。该债券期限为10年，票面利率为10%，到期一次还本付息。购入债券时支付手续费5 000元。中兴公司取得国债时的会计分录如下：

借：其他债权投资——成本　　　　　　　　　　　　　　　100 000
　　　　　　　　——利息调整　　　　　　　　　　　　　　 5 000
　　　贷：银行存款　　　　　　　　　　　　　　　　　　　105 000

(2) 资产负债表日，以公允价值计量且其变动计入其他综合收益的债权投资的公允价值高于其账面余额的差额，借记"其他债权投资——公允价值变动"账户，贷记"其他综合收益——其他债权投资公允价值变动"账户；公允价值低于其账面余额的差额作相反的会计分录。

【例6-19】承例6-18，假设年初购入的国债，在2018年12月31日的市价升值为110 000元，年终把以公允价值计量且其变动计入其他综合收益的债权投资的账面余额调整为公允价值，会计分录如下：

借：其他债权投资——公允价值变动　　　　　　　　　　　　　　　10 000

　　贷：其他综合收益——其他债权投资公允价值变动　　　　　　　　　　10 000

(3) 资产负债表日，以公允价值计量且其变动计入其他综合收益的债权投资发生减值的，按应减记的金额，借记"信用减值损失"账户；按从其他综合收益中转出的累计损失金额，贷记"其他综合收益——信用减值准备"账户。

已确认减值损失的以公允价值计量且其变动计入其他综合收益的债权投资，在随后的会计期间公允价值已上升且客观上与原减值损失确认后发生的事项有关的，原确认的减值损失应当予以转回，计入当期损益。具体核算为：按原确认的减值损失，借记"其他综合收益——信用减值准备"账户，贷记"信用减值损失"账户。

(4) 资产负债表日，以公允价值计量且其变动计入其他综合收益的债权投资为分期付息、一次还本债券投资的，应按票面利率计算确定的应收未收利息，借记"应收利息"账户；按以公允价值计量且其变动计入其他综合收益的债权投资的摊余成本和实际利率计算确定的利息收入，贷记"利息收入"账户，按其差额，借记或贷记"其他债权投资——利息调整"账户。期末"其他债权投资"账户的摊余成本的计算式如下：

期末"其他债权投资"账户的摊余成本＝"其他债权投资——成本"账户的期末余额＋

"其他债权投资——利息调整"账户的期末余额

资产负债表日，以公允价值计量且其变动计入其他综合收益的债权投资为一次还本付息债券投资的，应按票面利率计算确定的应收未收利息，借记"其他债权投资——应计利息"账户，按以公允价值计量且其变动计入其他综合收益的债权投资的摊余成本和实际利率计算确定的利息收入，贷记"利息收入"账户，按其差额，借记或贷记"其他债权投资——利息调整"账户。

(5) 出售以公允价值计量且其变动计入其他综合收益的债权投资，应按实际收到的金额，借记"银行存款"等账户；按其账面余额，贷记"其他债权投资——成本、应计利息"账户，贷记或借记"其他债权投资——公允价值变动、利息调整"账户，按应从其他综合收益中转出的公允价值累计变动额，借记或贷记"其他综合收益——其他债权投资公允价值变动"账户，按应从其他综合收益中转出的信用减值准备累计金额，贷记或借记"其他综合收益——信用减值准备"账户，按其差额，贷记或借记"投资收益"账户。

【例 6-20】A 公司于 2016 年 1 月 1 日从证券市场上购入 B 公司于 2015 年 1 月 1 日发行的债券作为以公允价值计量且其变动计入其他综合收益的债权投资，该债券为 5 年期，票面年利率为 5%，每年 1 月 5 日支付上年度的利息，到期日为 2020 年 1 月 1 日，到期日一次归还本金和最后一次利息。购入债券时的实际年利率为 4%。A 公司购入债券的面值为 1 000 万元，实际支付价款为 1 076.30 万元，另支付相关交易费用 10 万元。假定按年计提利息。2016 年 12 月 31 日，该债券的公允价值为 1 020 万元。2017 年 12 月 31 日，该债券的公允价值为 900 万元，预计其价格将会继续下降。2018 年 1 月 20 日，A 公司将该债券全部出售，收到款项 895 万元存入银行。A 公司的会计分录如下：

2016 年 1 月 1 日取得该项金融资产：

借：其他债权投资——成本　　　　　　　　　　　　　　　　10 000 000

　　　　　　　　——利息调整　　　　　　　　　　　　　　　　363 000

　　应收利息　　　　　　　　　　　　　　　　　　　　　　　500 000

贷：银行存款   10 863 000

2016 年 1 月 5 日收到上述利息：

借：银行存款   500 000

 贷：应收利息   500 000

2016 年 12 月 31 日计提利息：

$$应收利息 = 1\,000 \times 5\% = 50\,(万元)$$

$$利息收入 = (1\,000 + 36.30) \times 4\% = 41.45\,(万元)$$

借：应收利息   500 000

 贷：利息收入   414 500

  其他债权投资——利息调整   85 500

2016 年 12 月 31 日调整账面价值：

该金融资产的摊余成本 = 1 000 + 36.30 - 8.55 = 1 027.75 (万元)，公允价值为 1 020 万元，应确认的公允价值变动金额 = 1 020 - 1 027.75 = - 7.75 (万元)。

借：其他综合收益——其他债权投资公允价值变动   77 500

 贷：其他债权投资——公允价值变动   77 500

2017 年 1 月 5 日收到上述利息：

借：银行存款   500 000

 贷：应收利息   500 000

2017 年 12 月 31 日计提利息：

$$应收利息 = 1\,000 \times 5\% = 50\,(万元)$$

$$利息收入 = (1\,000 + 36.30 - 8.55) \times 4\% = 41.11\,(万元)$$

借：应收利息   500 000

 贷：利息收入   411 100

  其他债权投资——利息调整   88 900

2017 年 12 月 31 日确认减值损失：

该金融资产期末调整前的账面价值 = 1 020 - 8.89 = 1 011.11 (万元)，公允价值为 900 万元，应确认的"其他综合收益——信用减值准备" = 1 011.11 - 900 = 111.11 (万元)。

借：信用减值损失   1 111 100

 贷：其他综合收益——信用减值准备   1 111 100

2018 年 1 月 5 日收到上述利息：

借：银行存款   500 000

 贷：应收利息   500 000

2018 年 1 月 20 日出售全部债券：

"其他债权投资——利息调整"剩余未摊销部分 = 36.30 - 8.55 - 8.89 = 18.86 (万元)

借：银行存款   8 950 000

 其他债权投资——公允价值变动   77 500

 其他综合收益——信用减值准备   1 111 100

 投资收益   127 500

 贷：其他债权投资——成本   10 000 000

　　　　——利息调整　　　　　　　　　　　　　　　　　　188 600
　　其他综合收益——其他债权投资公允价值变动　　　　　　　77 500

四、金融资产之间重分类的会计处理

1. 以摊余成本计量的金融资产的重分类

（1）企业将一项以摊余成本计量的金融资产重分类为以公允价值计量且其变动计入当期损益的金融资产，应当按照该金融资产在重分类日的公允价值进行计量。原账面价值与公允价值之间的差额计入当期损益。

（2）企业将一项以摊余成本计量的金融资产重分类为以公允价值计量且其变动计入其他综合收益的金融资产，应当按照该金融资产在重分类日的公允价值进行计量。原账面价值与公允价值之间的差额计入其他综合收益。该金融资产的重分类不影响其实际利率和预期信用损失的计量。

【例 6-21】2016 年 10 月 15 日，甲银行以公允价值 500 000 元购入一项债券投资，并按规定将其分类为以摊余成本计量的金融资产，该债券的账面余额为 500 000 元。2017 年 10 月 15 日，甲银行变更了其管理债券投资组合的业务模式，其变更符合重分类的要求，因此，甲银行于 2018 年 1 月 1 日将该债券从以摊余成本计量重分类为以公允价值计量且其变动计入当期损益。2018 年 1 月 1 日，该债券的公允价值为 490 000 元，已确认的信用减值准备为 6 000 元。假设不考虑该债券的利息收入。

甲银行的会计分录如下：
借：交易性金融资产——成本　　　　　　　　　　　　　　490 000
　　债权投资减值准备　　　　　　　　　　　　　　　　　　6 000
　　公允价值变动损益　　　　　　　　　　　　　　　　　　4 000
　　贷：债权投资——成本　　　　　　　　　　　　　　　　　500 000

2. 以公允价值计量且其变动计入其他综合收益的金融资产的重分类

（1）企业将一项以公允价值计量且其变动计入其他综合收益的金融资产重分类为以摊余成本计量的金融资产，应当将之前计入其他综合收益的累计利得或损失转出，调整该金融资产在重分类日的公允价值，并以调整后的金额作为新的账面价值，即视同该金融资产一直以摊余成本计量。该金融资产的重分类不影响其实际利率和预期信用损失的计量。

（2）企业将一项以公允价值计量且其变动计入其他综合收益的金融资产重分类为以公允价值计量且其变动计入当期损益的金融资产，应当继续以公允价值计量该金融资产。同时，企业应当将之前计入其他综合收益的累计利得或损失从其他综合收益转入当期损益。

【例 6-22】2016 年 9 月 15 日，甲银行以公允价值 500 000 元购入一项债券投资，并按规定将其分类为以公允价值计量且其变动计入其他综合收益的金融资产，该债券的账面余额为 500 000 元。2017 年 10 月 15 日，甲银行变更了其管理债券投资组合的业务模式，其变更符合重分类的要求，因此，甲银行于 2018 年 1 月 1 日将该债券从以公允价值计量且其变动计入其他综合收益的金融资产重分类为以摊余成本计量的金融资产。2018 年 1 月 1 日，该债券的公允价值为 490 000 元，已确认的信用减值准备为 6 000 元。假设不考虑该债券的利息收入。

甲银行的会计分录如下：

借：债权投资——成本   500 000
   其他债权投资——公允价值变动   10 000
   其他综合收益——信用减值准备   6 000
  贷：其他债权投资——成本   500 000
     其他综合收益——其他债权投资公允价值变动   10 000
     债权投资减值准备   6 000

3. 以公允价值计量且其变动计入当期损益的金融资产的重分类

(1) 企业将一项以公允价值计量且其变动计入当期损益的金融资产重分类为以摊余成本计量的金融资产，应当将其在重分类日的公允价值作为新的账面余额。

(2) 企业将一项以公允价值计量且其变动计入当期损益的金融资产重分类为以公允价值计量且其变动计入其他综合收益的金融资产，应当继续以公允价值计量该金融资产。

对以公允价值计量且其变动计入当期损益的金融资产进行重分类，企业应当根据该金融资产在重分类日的公允价值确定其实际利率。同时，企业应当自重分类日起对该金融资产适用金融工具减值的相关规定，并将重分类日视为初始确认日。

任务五 长期股权投资的初始计量

长期股权投资是指长期持有(一年以上)被投资单位的股权，用以对被投资单位进行控制、共同控制或施加重大影响等，并按持股比例享受权益、承担责任的投资。长期股权投资在取得时，应按初始投资成本入账。长期股权投资的初始投资成本，应分别按照企业合并和非企业合并两种情况来确定。

长期股权投资包括以下内容：

(1) 投资企业能够对被投资单位实施控制的权益性投资，即对子公司投资；

(2) 投资企业与其他合营方一同对被投资单位实施共同控制的权益性投资，即对合营企业投资；

(3) 投资企业对被投资单位具有重大影响的权益性投资，即对联营企业投资；

(4) 投资企业持有的对被投资单位不具有共同控制或重大影响，并且在活跃市场没有报价、公允价值不能可靠计量的权益性投资。

一、企业合并形成的长期股权投资

企业合并形成的长期股权投资中，初始投资成本应按企业合并的类型，分为同一控制下企业合并与非同一控制下企业合并形成的长期股权投资的初始投资成本。

1. 同一控制下企业合并形成的长期股权投资

同一控制下企业合并，是指参与合并的企业在合并前后均受同一方或者相同的多方最终控制，该控制并非暂时性的，如同一企业集团内部各子公司之间、母子公司之间的合并。

(1) 同一控制下的企业合并，合并方以支付现金、转让非现金资产或承担债务方式作为合并对价的，应当在合并日以取得被合并方所有者权益账面价值的份额作为长期股权投资的初始投资成本。长期股权投资的初始投资成本与支付的现金、转让的非现金资产以及所承担债务的账面价值之间的差额，应当调整资本公积；资本公积不足冲减的，调整留存收益。

【例 6-23】甲公司和乙公司同为丙公司的子公司。2020 年 2 月 1 日，甲公司与乙公司达成合并协议，约定甲公司以无形资产和银行存款 1 500 万元向乙公司进行投资，占乙公司股份总额的 40%。2020 年 2 月 1 日，乙公司所有者权益总额为 6 000 万元。甲公司参与权益合并的无形资产原价为 500 万元，已累计摊销 100 万元，未计提无形资产减值准备。假定不考虑其他税费，甲公司的会计分录如下：

甲公司对乙公司长期股权投资的入账价值：

$$6\ 000 \times 40\% = 2\ 400\ (万元)$$

借：长期股权投资——乙公司	24 000 000
累计摊销	1 000 000
贷：无形资产	5 000 000
银行存款	15 000 000
资本公积——资本溢价	5 000 000

(2) 同一控制下的企业合并，合并方以发行权益性证券作为合并对价的，应当在合并日按照取得被合并方所有者权益账面价值的份额作为长期股权投资的初始投资成本，按发行股份的面值总额作为股本，长期股权投资的初始投资成本与所发行股份面值总额之间的差额，应当调整资本公积；资本公积不足冲减的，调整留存收益。与发行权益性证券直接相关的手续费、佣金等直接费用，应冲减权益性证券的溢价收入，借记"资本公积——资本溢价或股本溢价"账户，贷记"银行存款"等账户。

【例 6-24】2020 年 5 月 1 日，甲公司以发行股票的方式从乙公司股东手中取得乙公司 70% 的股份(甲公司和乙公司同为丙公司的子公司)。为此，甲公司发行股票 1 000 万股，每股面值为 1 元，市价为 3 元。当日，甲公司资本公积——股本溢价为 200 万元，留存收益为 400 万元，乙公司所有者权益为 4 000 万元。

甲公司对乙公司长期股权投资的入账价值：

$$4\ 000 \times 70\% = 2\ 800\ (万元)$$

借：长期股权投资——乙公司	28 000 000
贷：股本	10 000 000
资本公积——股本溢价	18 000 000

若其他条件不变，乙公司当日所有者权益为 1 000 万元，则甲公司的会计分录如下：

借：长期股权投资——乙公司	7 000 000
资本公积——股本溢价	2 000 000
盈余公积	1 000 000
贷：股本	10 000 000

在发行股票过程中，甲公司共发生与发行权益性证券直接相关的手续费、佣金 10 万元，以银行存款支付。

借：资本公积——股本溢价	100 000

　　　贷：银行存款　　　　　　　　　　　　　　　　　　　　　100 000

2. 非同一控制下企业合并形成的长期股权投资

非同一控制下的企业合并是指参与合并的各方在合并前后不受同一方或相同的多方最终控制的企业合并。购买方应当以确定的企业合并成本作为长期股权投资的初始投资成本。企业合并成本包括购买方付出的资产、发生或承担的负债、发行的权益性证券的公允价值以及为进行企业合并发生的各项直接相关费用。合并对价的公允价值与其账面价值的差额，计入当期损益。

通过多次交换交易，分步取得股权最终形成企业合并的，企业合并成本为每一单项交换交易的成本之和。

购买方应当在购买日按企业合并成本，借记"长期股权投资"账户，按享有被投资单位已宣告但尚未发放的现金股利或利润，借记"应收股利"账户，按支付的合并对价的账面价值，贷记有关资产或借记有关负债账户；按发生的直接相关费用，贷记"银行存款"等账户，按其差额贷记"营业外收入"或借记"营业外支出"账户。如果合并中涉及库存商品等作为合并对价的，应按库存商品公允价值，贷记"主营业务收入"账户，同时结转相关成本，如有增值税的还应作相关处理。

【例6-25】A公司于2019年3月31日取得了B公司70%的股权。合并中，A公司支付的有关资产，在购买日的账面价值与公允价值如表6-1所示。合并中，A公司为核实B公司的资产价值，聘请有关机构对该项合并进行咨询，支付咨询费用100万元。假定合并前后A公司与B公司不存在任何关联方关系。

表6-1　A公司有关资产价值表(2019年3月31日)　　　　　单位：万元

项目	账面价值	公允价值
土地使用权	2 000	3 200
专利技术	800	1 000
银行存款	800	800
合计	3 600	5 000

本例属于非同一控制下的企业合并，A公司对B公司长期股权投资的入账价值：

$$3\ 200 + 1\ 000 + 800 + 100 = 5\ 100\ (万元)$$

　借：长期股权投资——B公司　　　　　　　　　　　　　51 000 000
　　　贷：无形资产　　　　　　　　　　　　　　　　　　　28 000 000
　　　　　银行存款　　　　　　　　　　　　　　　　　　　 9 000 000
　　　　　营业外收入　　　　　　　　　　　　　　　　　　14 000 000

二、非企业合并形成的长期股权投资

除企业合并形成的长期股权投资以外，其他方式取得的长期股权投资，应当按照下列规定确定其初始投资成本。

1. 以支付现金取得的长期股权投资

以支付现金取得的长期股权投资，应当按照实际支付的购买价款作为初始投资成本。

初始投资成本包括与取得长期股权投资直接相关的费用、税金及其他必要支出。企业取得长期股权投资，实际支付的价款或对价中包含的已宣告但尚未发放的现金股利或利润，应作为应收项目处理。

【例6-26】甲公司于2018年3月25日购入乙公司股票，实际支付价款503万元，其中，3万元为已宣告但尚未支付的现金股利。2018年4月15日，乙公司分派现金股利，甲公司收到上述已宣告分配的现金股利3万元。甲公司的会计分录如下：

2018年3月25日取得对乙公司的长期股权投资：

```
借：长期股权投资——乙公司          5 000 000
    应收股利                        30 000
  贷：银行存款                              5 030 000
```

2018年4月25日收到上述股利：

```
借：银行存款                        30 000
  贷：应收股利                              30 000
```

2. 以发行权益性证券取得的长期股权投资

以发行权益性证券取得的长期股权投资，应当按照发行权益性证券的公允价值作为初始投资成本。

具体来说，企业以发行权益性证券取得的长期股权投资，应当以权益性证券的公允价值作为长期股权投资的初始投资成本，借记"长期股权投资"账户，按权益性证券的面值，贷记"股本"账户，按权益性证券的公允价值与其面值之间的差额，贷记"资本公积——股本溢价"账户。为发行权益性证券支付的手续费、佣金等应从权益性证券的溢价发行收入中扣除，溢价收入不足的，应依次冲减盈余公积和未分配利润。

【例6-27】2019年3月25日，中景公司与中意公司达成合并协议，约定中景公司以增发的权益性证券作为对价向中意公司投资。当日，中景公司权益性证券增发成功，共增发普通股股票100万股，每股面值为1元，实际发生价格为1.5元，支付相关税费为20 000元。中景公司的会计分录如下：

```
借：长期股权投资——中意公司        1 500 000
  贷：股本                                  1 000 000
      资本公积——股本溢价                    500 000
借：资本公积——股本溢价              20 000
  贷：银行存款                              20 000
```

3. 投资者投入的长期股权投资

企业接受投资者投入而取得的长期股权投资，应当以投资合同或协议约定的价值作为初始投资成本，合同或协议约定不公允的除外。具体来说，接受投资者投入的长期股权投资，企业应当以投资合同或协议约定的价值以及相关的税费等作为初始投资成本，借记"长期股权投资"账户，按照投资者出资构成实收资本(或股本)的部分，贷记"实收资本"或"股本"等账户，按照支付的相关税费，贷记"银行存款"等账户，按照借贷双方之间的差额，贷记"资本公积"账户。

【例6-28】2019年5月15日，甲公司接受乙公司以所持有的丙公司长期股权投资进行投资。乙公司对丙公司长期股权投资的账面余额为120万元，未计提长期股权投资减值准备。甲公司和乙公司约定的对丙公司长期股权投资的入账价值为3 700万元，占甲公司所有者权益总额的60%。假定在2019年5月15日，甲公司所有者权益总额为6 000万元，不考虑其他相关税费。甲公司的会计分录如下：

借：长期股权投资——丙公司　　　　　　　　　　　37 000 000
　　贷：实收资本　　　　　　　　　　　　　　　　　36 000 000
　　　　资本公积——资本溢价　　　　　　　　　　　 1 000 000

任务六　长期股权投资的后续计量

长期股权投资在持有期间根据投资企业对被投资单位的影响程度及是否存在活跃市场、公允价值能否可靠计量等进行划分，应当分别采用成本法及权益法进行核算。

一、长期股权投资的成本法

1. 成本法的概念及适用范围

成本法是指长期股权投资按投资成本计价的方法。除了投资单位追加或收回投资等情况需调整投资成本外，长期股权投资的账面价值一般保持不变。

长期股权投资成本法的核算适用于下列情形：

(1) 企业能够对被投资单位实施控制的长期股权投资，即企业对子公司实施长期股权投资，此种情况下，企业需要直接或间接拥有被投资单位50%以上(不包括50%)的股权。

(2) 企业对被投资单位不具有控制、共同控制或重大影响，且在活跃市场中没有报价、公允价值不能可靠计量的长期股权投资，此种情况下，企业只拥有被投资单位20%以下(不包括20%)的股权。

2. 成本法的核算

采用成本法核算的长期股权投资，其核算方法如下：

(1) 初始投资或追加投资时，按照初始投资或追加投资时的成本增加长期股权投资的账面价值。

(2) 除取得投资时实际支付的价款或对价中包含的已宣告但尚未发放的现金股利或利润外，投资企业应当按照享有被投资单位宣告发放的现金股利或利润确认投资收益，不管有关利润分配是属于取得投资前还是取得投资后，被投资单位实现净利润的分配。

【例6-29】2019年6月20日，甲公司以1 500万元购入乙公司8%的股权。甲公司取得该部分股权后，未派出人员参与乙公司的财务和生产经营决策，同时也未以任何其他方式对乙公司施加控制、共同控制或重大影响。同时，该股权不存在活跃市场，其公允价值不能可靠计量。

2019年9月30日，乙公司宣告分派现金股利，甲公司按照其持有比例确定可分回20万元。

甲公司对乙公司的长期股权投资应采用成本法进行核算，其会计分录如下：

借：长期股权投资——乙公司　　　　　　　　　　　15 000 000
　　贷：银行存款　　　　　　　　　　　　　　　　　　　15 000 000
借：应收股利　　　　　　　　　　　　　　　　　　200 000
　　贷：投资收益　　　　　　　　　　　　　　　　　　　　200 000

二、长期股权投资的权益法

1. 权益法的概念及适用范围

权益法是指长期股权投资按初始投资成本计量后，在后续投资持有期间，根据投资企业享有被投资单位所有者权益份额的变动对投资的账面价值进行调整的方法。

长期股权投资权益法的核算适用于企业对被投资单位具有共同控制或重大影响的长期股权投资，即对合营企业投资及联营企业投资，应当采用权益法进行核算。此种情况下，企业直接或间接地拥有被投资单位 20%～50%(包括 20% 和 50% 两个点)的股权。

2. 权益法的核算

在权益法下，企业需要在"长期股权投资"总账户下设置"成本""损益调整""其他综合收益"等明细账户，进行明细核算。

1) 取得长期股权投资

取得长期股权投资时，长期股权投资的初始投资成本大于其应享有的被投资单位可辨认净资产公允价值份额的，不需进行调整，直接构成长期股权投资的成本，借记"长期股权投资——成本"账户，贷记"银行存款"账户，长期股权投资的初始投资成本小于其应享有的被投资单位可辨认净资产公允价值份额的，应对长期股权投资的成本进行调整，差额作为"营业外收入"处理。即按应享有的份额，借记"长期股权投资——成本"账户，按实际支付款项，贷记"银行存款"账户，将差额贷记"营业外收入"账户。

【例 6-30】2020 年 1 月 1 日，甲公司以银行存款 800 万元向乙公司投资，占乙公司有表决权股份的 25%，采用权益法进行核算。当日，乙公司可辨认净资产公允价值为 3 400 万元。假定不考虑其他因素。

甲公司长期股权投资的成本 800 万元小于取得投资时应享有被投资单位净资产公允价值的份额 850 万元(3 400 × 25%)，要对其账面进行调整。甲公司的会计分录如下：

借：长期股权投资——乙公司(成本)　　　　　　　　8 500 000
　　贷：银行存款　　　　　　　　　　　　　　　　　　　8 000 000
　　　　营业外收入　　　　　　　　　　　　　　　　　　　500 000

本例中若乙公司可辨认净资产公允价值为 3 000 万元。假定不考虑其他因素，甲公司长期股权投资的成本 800 万元大于取得投资时应享有被投资单位净资产公允价值的份额 750 万元(3 000 × 25%)，不对其账面进行调整。甲公司的会计分录如下：

借：长期股权投资——乙公司(成本)　　　　　　　　8 000 000
　　贷：银行存款　　　　　　　　　　　　　　　　　　　8 000 000

2) 投资损益的确认

投资企业取得长期股权投资后，应当按照应享有或应分担被投资单位实现净利润或发生净亏损的份额，调整长期股权投资的账面价值，并确认为当期投资损益。即当被投资单位实现净利润时，投资企业按应享有份额，借记"长期股权投资——损益调整"账户，贷记"投资收益"账户；若发生净亏损，则作相反的会计分录。

在确认应享有或应分担被投资单位的净利润或净亏损时，在被投资单位账面净利润的基础上，应考虑以下因素的影响进行适当调整：

(1) 被投资单位采用的会计政策在会计期间与投资企业不一致的，应按投资企业的会计政策及会计期间对被投资单位的财务报表进行调整，并据以确认投资收益。

(2) 投资企业在确认应享有被投资单位净损益的份额时，应当以取得投资时被投资单位各项可辨认资产等的公允价值为基础，对被投资单位的净利润进行调整后确认。

投资企业的投资收益应当以取得投资时被投资单位各项可辨认资产的公允价值为基础，对被投资单位净损益进行调整后加以确定。比如，以取得投资时被投资单位固定资产、无形资产的公允价值为基础计提的折旧额或摊销额，相对于被投资单位已计提的折旧额、摊销额之间存在差额的，应按其差额对被投资单位净损益进行调整，并按调整后的净损益和持股比例计算确认投资收益。

【例6-31】甲企业于2019年1月1日取得乙企业30%的股权，取得投资时乙企业的固定资产公允价值为1 200万元，账面价值为600万元，固定资产的预计使用年限为10年，预计净残值为零，按照年限平均法计提折旧。除固定资产外，乙企业其他资产、负债的公允价值与账面价值相同。乙企业2009年度利润表中净利润为500万元。

甲企业在确定其应享有的投资收益时，应在乙企业实现净利润的基础上，根据取得投资时有关资产的账面价值与其公允价值差额的影响进行调整。当期乙企业利润表中，已按固定资产账面价值计算扣除的折旧费用为60万元，按照取得投资时固定资产的公允价值计算确定的折旧费为120万元。假定不考虑所得税影响，乙企业调整后的净利润为

$$500 - (120 - 60) = 440 (万元)$$

甲企业应享有的份额为

$$440 \times 30\% = 132 (万元)$$

借：长期股权投资——乙企业(损益调整)　　　　　　　1 320 000
　　贷：投资收益　　　　　　　　　　　　　　　　　　　1 320 000

3) 取得现金股利或利润的处理

按照权益法核算的长期股权投资，投资企业自被投资单位取得的现金股利或利润，应抵减长期股权投资的账面价值。在被投资单位宣告分派现金股利或利润时，借记"应收股利"账户，贷记"长期股权投资——损益调整"账户。

【例6-32】承例6-31，若乙企业2020年2月1日宣告发放2019年度现金股利100万元，则甲企业的会计分录如下：

借：应收股利　　　　　　　　　　　　　　　　　　　　300 000
　　贷：长期股权投资——乙企业(损益调整)　　　　　　　300 000

4) 超额亏损的确认

按照权益法核算的长期股权投资，投资企业确认应分担被投资单位发生的损失，原则

上应以长期股权投资及其他实质上构成对被投资单位净投资的长期权益减记至零为限，投资企业负有承担额外损失义务的除外。这里所讲的"其他实质上构成对被投资单位净投资的长期权益"通常是指长期应收项目。比如，企业对被投资单位的长期债权，该债权没有明确的清收计划且在可预见的未来期间不准备收回的，实质上构成对被投资单位的净投资，但不包括投资企业与被投资单位之间因销售商品、提供劳务等日常活动所产生的长期债权。

投资企业在确认应分担被投资单位发生的亏损时，具体应按照以下顺序处理：

首先，减记长期股权投资的账面价值。

其次，在长期股权投资的账面价值减记至零的情况下，对于未确认的投资损失，考虑除长期股权投资以外，账面上是否有其他实质上构成对被投资单位净投资的长期权益项目，如果有，则应以其他长期权益的账面价值为限，继续确认投资损失，冲减长期应收项目等的账面价值。

最后，经过上述处理，按照投资合同或协议约定，投资企业仍需要承担额外损失弥补等义务的，应按预计将承担的义务金额确认预计负债，计入当期投资损失，如果还存在未确认的亏损，则应在备查簿中登记。

企业在实务操作过程中，在发生投资损失时，应借记"投资收益"账户，贷记"长期股权投资——损益调整"账户。在长期股权投资的账面价值减记至零以后，考虑其他实质上构成对被投资单位净投资的长期权益，继续确认的投资损失，应借记"投资收益"账户，贷记"长期应收款"等账户；因投资合同或协议约定导致投资企业需要承担额外义务的，按照或有事项准则的规定，对于符合确认条件的义务，应确认为当期损失，同时确认预计负债，借记"投资收益"账户，贷记"预计负债"账户。除上述情况仍未确认的应分担被投资单位的损失，并且在账外备查登记。

在确认了有关的投资损失以后，被投资单位于以后期间实现盈利的，应按以上相反顺序分别减记账外备查登记的金额、已确认的预计负债、恢复其他长期权益及长期股权投资的账面价值，同时确认投资收益。即应当按顺序分别借记"预计负债""长期应收款""长期股权投资"等账户，贷记"投资收益"账户。

【例 6-33】甲企业持有乙企业 40%的股权，能够对乙企业施加重大影响。2019 年 12 月 31 日，该项长期股权投资的账面价值为 6 000 万元。乙企业 2020 年由于一项主营业务市场条件发生变化，当年度亏损 9 000 万元。假定甲企业在取得该投资时，乙企业各项可辨认资产、负债的公允价值与其账面价值相等，双方所采用的会计政策及会计期间也相同。则甲企业当年度应确认的投资损失为 3 600 万元。确认上述投资损失后，长期股权投资的账面价值变为 2 400 万元。

上述如果乙企业当年度的亏损额为 18 000 万元，则甲企业按其持股比例确认应分担的损失为 7 200 万元，但长期股权投资的账面价值仅为 6 000 万元，如果没有其他实质上构成对被投资单位净投资的长期权益项目，则甲企业应确认的投资损失仅为 6 000 万元，超额损失在账外进行备查登记；在确认了 6 000 万元的投资损失，长期股权投资的账面价值减记至零以后，如果甲企业账上仍有乙企业的长期应收款 2 400 万元，该款项从目前情况看，没有明确的清偿计划(并非产生于商品购销等日常活动)，则在长期应收款的账面价值大于 1 200 万元的情况下，应以长期应收款的账面价值为限进一步确认投资损失 1 200 万元。甲企业的会计分录如下：

　　借：投资收益　　　　　　　　　　　　　　　　　　60 000 000
　　　　贷：长期股权投资——乙企业(损益调整)　　　　　　　　60 000 000
　　借：投资收益　　　　　　　　　　　　　　　　　　12 000 000
　　　　贷：长期应收款　　　　　　　　　　　　　　　　　　12 000 000

　　5) 被投资单位除净损益以外的所有者权益的其他变动处理

　　采用权益法核算长期股权投资时，投资企业对于被投资单位除净损益以外所有者权益的其他变动，在持股比例不变的情况下，应按持股比例与被投资单位除净损益以外所有者权益的其他变动中归属于本企业的部分，相应调整长期股权投资的账面价值，同时增加或减少其他综合收益。

　　【例 6-34】甲股份有限公司对乙股份有限公司的投资占其有表决权资本的比例为40%。2017 年，乙股份有限公司持有一项以公允价值计量且其变动计入其他综合收益的金融资产，当年该金融资产因公允价值变动计入其他综合收益的金额为 200 万元。甲股份有限公司的会计分录如下：

　　借：长期股权投资——乙股份有限公司(其他综合收益)　　　800 000
　　　　贷：其他综合收益　　　　　　　　　　　　　　　　　　800 000

任务七　长期股权投资的减值和处置

一、长期股权投资的减值

　　企业持有的长期股权投资，应当定期对其账面价值逐项进行检查，至少于每年年末检查一次。如果由于市价持续下跌或被投资单位经营状况变化等原因导致其可收回金额低于投资的账面价值，那么应将可收回金额低于长期股权投资账面价值的差额，确认为当期投资损失。可收回金额，是指企业资产的出售净价与预期从该资产的持有和投资到期处置中形成的预计未来现金流量的现值两者之中的较高者。其中，出售净价是指资产的出售价格减去所发生的资产处置费用后的余额。

　　为了核算企业提取的长期股权投资减值准备，企业应设置"长期股权投资减值准备"账户。期末，如果预计可收回金额低于其账面价值的差额，则借记"资产减值损失"账户，贷记"长期股权投资减值准备"账户。资产减值损失一经确认，在以后会计期间不得转回。

　　【例 6-35】2019 年 12 月 31 日，甲股份有限公司持有乙股份有限公司的普通股，股票账面价值为 600 000 元，作为长期股权投资并采用权益法进行核算；由于乙股份有限公司当年经营不善，资金周转困难，使得其股票市价下跌至 570 000 元，短期内难以恢复；假设甲股份有限公司本年度首次对其计提长期股权投资减值准备。甲股份有限公司计提长期股权投资减值准备的会计分录如下：

　　借：资产减值损失　　　　　　　　　　　　　　　　　30 000
　　　　贷：长期股权投资减值准备——乙股份有限公司　　　　　30 000

二、长期股权投资的处置

企业处置长期股权投资时，按实际取得的价款，借记"银行存款"等账户，按已计提的减值准备，借记"长期股权投资减值准备"账户，按照长期股权投资的账面余额，贷记"长期股权投资"账户，按尚未领取的现金股利或利润，贷记"应收股利"账户，按其差额，借记或贷记"投资收益"账户。按照权益法核算的长期股权投资，因被投资单位所有者权益发生变化，按照持股比例计算享有的份额相应计入其他综合收益的，在处置长期股权投资时，应按相应比例进行结转，借记或贷记"其他综合收益"账户，贷记或借记"投资收益"账户。

【例 6-36】甲公司 2019 年对丙公司投资，占丙公司注册资本的 50%，甲公司采用权益法对丙公司的投资进行核算，至 2020 年 12 月 31 日，甲公司对丙公司投资的账面价值为 310 万元，其中，投资成本为 200 万元，损益调整为 100 万元，其他综合收益变动为 10 万元。2011 年 1 月 25 日，甲公司将对丙公司投资总额的 30%出售，售价为 105 万元，假设不考虑相关税费，甲公司的会计分录如下：

```
借：银行存款                                    1 050 000
    贷：长期股权投资——丙公司(投资成本)              600 000
                  ——丙公司(损益调整)              300 000
                  ——丙公司(其他综合收益)            30 000
        投资收益                                  120 000
同时：
借：其他综合收益                                  30 000
    贷：投资收益                                    30 000
```

练 习 题

一、单项选择题

1. 下列各项中，构成交易性金融资产成本的是(   )。

A. 购买股票的价款中包含的已宣告发放但尚未领取的现金股利

B. 购买股票支付的价款

C. 购买股票支付的手续费

D. 购买债券支付的手续费

2. 企业的以公允价值计量且其变动计入其他综合收益的金融资产按摊余成本和实际利率计算确定的利息收入应当(   )。

A. 冲减应收利息　　　　　　　　B. 冲减可供出售金融资产的账面价值

C. 确认为利息收入　　　　　　　D. 计入当期财务费用

3. "债权投资"账户核算企业以摊余成本计量的金融资产的(   )。

A. 摊余成本　　　　　　　　　　B. 原始价值

C. 历史成本　　　　　　　　　　D. 完全成本

4. A公司于2019年11月5日从证券市场上购入B公司发行在外的股票200万股作为交易性金融资产，每股支付价款5元，另支付相关费用20万元。2019年12月31日，这部分股票的公允价值为1 050万元，A公司2019年12月31日应确认的公允价值变动损益为(　　)万元。

　　A. 损失50　　　　　　B. 收益50　　　　　　C. 损失30　　　　　　D. 收益30

5. A公司于2020年1月2日从证券市场上购入B公司于2019年1月1日发行的债券，该债券为3年期，票面年利率为5%，每年1月5日支付上年度的利息，到期日为2022年1月1日，到期日一次归还本金和最后一次利息。A公司购入债券的面值为1 000万元，实际支付价款为1 011.67万元，另支付相关费用20万元。A公司购入后将其划分为以摊余成本计量的金融资产。购入债券的实际利率为6%。2020年12月31日，A公司应确认的利息收入为(　　)万元。

　　A. 58.90　　　　　　B. 50　　　　　　C. 49.08　　　　　　D. 60.70

6. 甲公司出资1 000万元，取得了乙公司80%的控股权，假如购买股权时乙公司的账面净资产价值为1 500万元，甲、乙公司合并前后均受同一方丙公司控制，则甲公司确认的长期股权投资成本为(　　)万元。

　　A. 1 000　　　　　　B. 1 500　　　　　　C. 800　　　　　　D. 1200

7. M公司2018年年初按投资份额出资340万元对N公司进行长期股权投资，占N公司股权比例的30%。当年N公司亏损400万元；2019年N公司亏损1 000万元；2020年N公司实现净利润300万元(假定这些利润、亏损金额与投资方认定的金额相同，不需要再进行调整)。不考虑其他因素，2020年M公司计入投资收益的金额为(　　)万元。

　　A. 24　　　　　　B. 16　　　　　　C. 10　　　　　　D. 0

二、多项选择题

1. 关于金融资产的初始计量，下列说法中正确的有(　　)。

A. 交易性金融资产应当按照取得时的公允价值作为初始确认金额，相关的交易费用在发生时计入当期损益

B. 以摊余成本计量的金融资产应当按取得时的公允价值和相关交易费用之和作为初始确认金额

C. 以公允价值计量且其变动计入其他综合收益的金融资产应当按取得时的公允价值和相关交易费用之和作为初始确认金额

D. 以公允价值计量且其变动计入其他综合收益的金融资产应当按照取得时的公允价值作为初始确认金额，相关的交易费用在发生时计入当期损益

2. 采用权益法核算时，下列各项中，不会引起长期股权投资账面价值发生变动的有(　　)。

A. 收到被投资单位分派的股票股利　　　　　B. 被投资单位实现净利润

C. 被投资单位以资本公积转增资本　　　　　D. 计提长期股权投资减值准备

3. 下列长期股权投资中，投资企业应采用权益法核算的有(　　)。

A. 对子公司投资

B. 对联营企业投资

C. 对合营企业投资

D. 对被投资单位不具有共同控制或重大影响，并且在活跃市场中没有报价、公允价值不能可靠计量的长期股权投资

4. 在非企业合并情况下，下列各项中，不应作为长期股权投资取得时初始成本入账的有(　　)。

A. 为发行权益性证券支付的手续费

B. 投资时支付的不含应收股利的价款

C. 投资时支付款项中所含的已宣告但尚未领取的现金股利

D. 投资时支付的税金、手续费

三、业务题

1. 某公司投资交易性金融资产，2019 年 1 月 1 日购入股票 2 250 股，当时市价为每股 4.80 元，交易费用共计 1 125 元。1 月 31 日，市价为每股 5 元。3 月 31 日，市价为每股 4.70 元。4 月 20 日，出售此股票，售价每股 4.90 元。

要求：编制有关会计分录。

2. 某企业投资其他权益工具投资，于 2018 年 1 月 1 日购入股票 1 000 股，每股面值 100 元，购入价格为每股 105 元，其中包含已经宣告发放但尚未收到的每股股利 5 元。另外支付佣金等费用 1 000 元。5 月 5 日，收到股利 5 000 元。6 月 30 日，当日股票价格为每股 105 元。7 月 20 日，该企业将其中的 500 股出售，售价为每股 110 元。

要求：编制有关会计分录。

3. A 公司于 2018 年 1 月 2 日从证券市场上购入 B 公司于 2018 年 1 月 1 日发行的债券，该债券为 3 年期，票面年利率为 4%，到期日为 2021 年 1 月 1 日，到期日一次归还本金和最后一次利息。A 公司购入债券的面值为 1 000 万元，实际支付价款为 947.50 万元，另支付相关费用 20 万元。A 公司购入后将其划分为以摊余成本计量的金融资产。购入债券的实际利率为 5%。假定按年计提利息，利息不是以复利计算的。

要求：编制 A 公司从 2018 年 1 月 2 日至 2021 年 1 月 1 日上述有关业务的会计分录。

4. 甲公司进行长期股权投资，于 2019 年年初购买乙公司普通股 6 000 股，每股面值 200 元，乙公司供发行普通股 10 000 股，按面值发行。2019 年乙公司实现净利润 40 万元，该年按每股面值的 10%发放现金股利，甲公司收到股利。2020 年乙公司发生亏损 10 万元。假定不考虑相关税费。

要求：

(1) 用成本法作出甲公司的会计分录；

(2) 假设 2019 年初，乙公司可辨认净资产总额为 180 万元，用权益法作出甲公司的会计分录；

(3) 计算权益法下"长期股权投资"账户的账面余额。

项目七　职工薪酬

【学习目标】

知识目标：掌握职工薪酬的定义以及国家关于职工福利、五险一金的计提标准等规定。

技能目标：掌握职工薪酬核算的内容，会职工薪酬的确认、计量和会计处理。

任务一　应付职工薪酬的概念及内容

应付职工薪酬是指企业为获得职工提供的服务而给予各种形式的报酬以及其他相关支出，包括职工在职期间和离职后提供给职工的全部货币性薪酬和非货币性福利。具体包括以下几项。

1. 职工工资、奖金、津贴、补贴

职工工资、奖金、津贴、补贴是指构成工资总额的计时工资、计件工资、支付给职工的超额劳动报酬和增收节支的劳动报酬，为了补偿职工特殊或额外的劳动消耗和因其他特殊原因支付给职工的津贴，以及为了保证职工工资水平不受物价影响而支付给职工的物价补贴等。企业按规定支付给职工的加班加点工资以及根据国家法律、法规和政策规定在职工因病假、工伤假、产假、计划生育假、婚丧假、事假、探亲假、定期休假、停工学习、执行国家或社会义务等特殊情况下，按照计时工资或计件工资标准的一定比例支付的工资，也属于职工工资范畴，在职工休假或缺勤时，不应当从工资总额中扣除。

2. 职工福利费

职工福利费主要是指尚未实行分离办社会职能或主辅分离、辅业改制的企业，内设医务室、职工浴室、理发室、托儿所等集体福利机构人员的工资、医务经费、职工因公负伤赴外地就医路费、职工生活困难补助、未实行医疗统筹企业职工医疗费，以及按规定发生的其他职工福利支出。

3. 社会保险费

社会保险费是指企业按照国务院、各地方政府或企业年金计划规定的基准和比例计算，向社会保险经办机构缴纳的医疗保险费、养老保险费、失业保险费、工伤保险费、生育保险费。企业以购买商业保险形式提供给职工的各种保险待遇属于职工薪酬，应当按职工薪酬准则进行确认、计量和披露。

4. 住房公积金

住房公积金是指企业按照国家《住房公积金管理条例》规定的基准和比例计算，向住房公积金管理机构缴存的住房公积金。

5. 工会经费和职工教育经费

工会经费和职工教育经费是指企业为了改善职工文化生活、为职工学习先进技术和提高文化水平及业务素质，用于开展工会活动和职工教育技能培训等的相关支出，它是企业根据国家的规定按一定基准和比例计算提取的。

6. 非货币性福利

非货币性福利是指企业以自己的产品或外购商品发放给职工作为福利，即提供给职工无偿使用自己拥有的资产或租赁资产给职工无偿使用，如提供给企业高级管理人员使用的住房，免费为职工提供的诸如医疗保健服务，或向职工提供企业支付了一定补贴的商品或服务，或以低于成本的价格向职工出售住房等。

7. 辞退福利

辞退福利是指因解除与职工的劳动关系给予的补偿，如由于分离办社会职能、实施主辅分离、辅业改制，出租、改组计划，职工不能胜任等原因，企业在职工劳动合同尚未到期之前解除与职工的劳动关系，或者为鼓励职工自愿接受裁减而提出补偿建议的计划中给予职工的经济补偿。

8. 其他

除上述七种薪酬以外，还包括其他为获得职工提供的服务给予的薪酬，如企业提供给职工以权益形式结算的认股权、以现金形式结算但以权益工具公允价值为基础确定的现金股票增值权等。

任务二　　应付职工薪酬的核算

一、账户设置

企业应当设置"应付职工薪酬"账户，用于核算应付职工薪酬的提取、结算、使用等情况。"应付职工薪酬"账户应当按照"工资""职工福利""社会保险费""住房公积金""工会经费""职工教育经费""非货币性福利""辞退福利"等应付职工薪酬项目设置明细账户，进行明细核算。

二、账务处理

1. 职工工资分配的账务处理

月份终了，企业应将本月应付职工工资进行分配。企业按本月"职工工资结算汇总表"中的"应付职工工资"和"代扣、代垫款项"进行分配。

企业各月应付职工工资按发生的部门和用途进行分配，借记有关账户：基本生产车间直接从事产品生产工人的工资记入"生产成本——基本生产成本"账户；辅助车间生产工人的工资记入"生产成本——辅助生产成本"账户；企业各车间、生产单位管理人员的工资记入"制造费用"账户；厂部行政管理人员及6个月以上病假人员的工资记入"管理费用"账户;应由采购、销售部门负担的职工工资记入"销售费用"账户;应由工程负担的人员工资记入"在建工程"等账户;清理固定资产人员的工资记入"固定资产清理"账户。同时,贷记"应付职工薪酬——工资"账户。

对于"职工工资结算汇总表"中的各种代扣、代垫款项,若为代扣款,则借记"应付职工薪酬——工资"账户,贷记"其他应付款"账户;若为代垫款,如职工借款、代垫职工房租、水电费等,则借记"应付职工薪酬——工资"账户,贷记"其他应收款"账户;若为代扣个人所得税,则借记"应付职工薪酬——工资"账户,贷记"应交税费"账户。

【例7-1】某企业本月份职工薪酬结算资料见表7-1。

表7-1 职工薪酬结算汇总表(2019年7月) 单位:元

| 单位和人员类别 | | 基本工资 | 奖金 | 津贴和补贴 | 加班加点工资 | 缺勤扣款 | | 应付工资 | 代扣款项 | | 实发工资 |
						事假矿工	病假		代垫费用	代扣费用	
一车间	生产工人	114 000	24 000	30 000	12 000	200	100	179 700	4 000	4 000	171 700
	管理人员	17 000	3 000	4 000				24 000	1 000	2 000	21 000
二车间	生产工人	255 000	75 000	115 000	13 000	100	100	457 800	10 000	8 000	439 800
	管理人员	31 000	5 000	9 000				45 000	1 000	2 000	42 000
机修车间	生产工人	65 000	10 000	18 000				93 000	2 000	1 000	90 000
	管理人员	10 000	2 000	3 000				15 000			15 000
企业管理部门		108 000	17 000	24 000				149 000	2 000	2 000	145 000
合计		600 000	136 000	203 000	25 000	300	200	363 500	20 000	19 000	924 500

要求:根据资料,编制职工薪酬分配的有关会计分录。

计提应付工资:

借:生产成本——基本生产成本——一车间　　　　　179 700

　　　　　　　　　　　　　　　　——二车间　　　　　457 800

　　　——辅助生产成本——机修车间　　　　　93 000

　　制造费用——一车间　　　　　24 000

　　　　　　——二车间　　　　　45 000

　　　　　　——机修车间　　　　　15 000

　　　　　管理费用——工资　　　　　　　　　　　　　　149 000
　　　　贷：应付职工薪酬——工资　　　　　　　　　　963 500
　结转代扣、代垫款：
　　借：应付职工薪酬——工资　　　　　　　　　　　　39 000
　　　　贷：其他应收款——代垫费用　　　　　　　　　20 000
　　　　　　其他应付款——代扣费用　　　　　　　　　19 000

【例 7-2】海华公司 7 月份职工薪酬结算资料见表 7-2。

表 7-2　职工薪酬结算汇总表(2019 年 7 月)　　　　　　　单位：元

车间、部门		基本工资	综合奖金	津贴	保险费	缺勤工资	应付工资	代扣款项			代发款	实发工资
								房租	托儿费	储蓄款	交通补助	
铸造分厂	生产工人	58 000	7 200	2 400	9 310	1 100	75 810	390	150	9 975	400	65 695
	管理人员	2 800	800	500	560	100	4 560	250	70	600	200	3 840
机加工分厂	生产工人	71 000	17 000	12 000	13 760	1 700	112 062	400	210	14 745	360	97 067
	管理人员	2 700	750	400	490	350	3 990	310	125	525	150	3 180
装配分厂	生产工人	62 000	15 800	9 500	11 788	3 100	95 988	215	100	12 630	160	83 203
	管理人员	1 400	940	560	392	100	3 192	510	230	420	185	2 217
辅助生产	机修分厂	5 100	3 200	800	1 148	900	9 348	350	200	1 230	107	7 675
	配电分厂	2 100	1 300	400	490	300	3 990	180	95	525	160	3 350
福利部门		4 200	1 020		700	220	5 700	400	110	750	140	4 580
厂部		58 700	12 600		9 800	1 300	79 800	1 500	750	10 500	70	67 120
合计		268 000	60 610	26 560	48 440	9 170	394 440	4 505	2 040	51 900	1 932	337 927

要求：根据资料，编制职工薪酬分配的有关会计分录。
计提应付工资：
　借：生产成本——基本生产成本——铸造分厂　　　　76 210
　　　　　　　　　　　　　　　——机加工分厂　　　112 422

——装配分厂		96 148
——辅助生产成本——机修车间		9 455
——配电车间		4 150
制造费用——铸造分厂		4 760
——机加工分厂		4 140
——装配分厂		3 377
管理费用——福利费		5 840
——工资		79 870
贷：应付职工薪酬——工资		394 440
——职工福利		1 932

结转代扣、代垫款：

借：应付职工薪酬——职工福利		1 260
——工资		57 185
贷：其他应付款——房租款		4 505
——托儿费		2 040
——储蓄款		51 900

2. 职工工资结算的账务处理

职工工资结算一般包括提取现金、发放工资等内容。企业发放工资应根据"职工工资结算汇总表"中的实发金额，按规定手续向银行提取现金，借记"库存现金"账户，贷记"银行存款"账户。实际支付时，借记"应付职工薪酬——工资"账户，贷记"库存现金"账户。职工在规定期限未领取的工资，由发放单位及时交回财会部门，借记"库存现金"账户，贷记"其他应付款"账户。

【例 7-3】承例 7-2，海华公司从银行提取现金 337 927 元，用于发放 7 月份工资，发放薪酬后装配分厂交回职工逾期未领薪酬 10 000 元。海华公司会计分录如下：

提取现金，备发工资：

借：库存现金		337 927
贷：银行存款		337 927

以现金发放工资：

借：应付职工薪酬——工资		337 927
贷：库存现金		337 927

支付代扣款项：

借：其他应付款——房租款		4 505
——托儿费		2 040
——储蓄款		51 900
贷：银行存款		58 445

装配分厂交回逾期未领取职工工资 10 000 元：

借：库存现金		10 000
贷：其他应付款——未领工资		10 000

3. 社会保险费和住房公积金的账务处理

在企业应付给职工的各种薪酬中，国家规定有计提基础和计提比例的，如企业为职工向社会保险机构等缴纳的医疗保险费、养老保险费、失业保险费、工伤保险费、生育保险费等，应按照国家规定的标准计提；国家没有规定计提基础和计提比例的，如职工福利费等，企业应当根据历史经验数据和情况，合理预计当期的应付职工薪酬。当期实际发生金额大于预计金额的，应当补提应付职工薪酬；实际发生金额小于预计金额的，应当收回多提的应付职工薪酬。

【例 7-4】承例 7-2，假定该企业根据所在地政府规定，分别按照职工工资总额的10%、12%、2% 和 10.5% 计提医疗保险费、养老保险费、失业保险费和住房公积金，缴纳给当地社会保险经办机构和住房公积金管理机构。则该企业有关会计处理如下：

由上述资料编制有关社会保险费和住房公积金分配表(见表 7-3)。

表 7-3　社会保险费和住房公积金分配表(2019 年 7 月)　　　　单位：元

单位和人员类别		应付工资	医疗保险费(10%)	养老保险费(12%)	失业保险费(2%)	社会保险费合计	住房公积金(10.5%)	合计
一车间	生产工人	177 000	17 700	21 240	3 540	42 480	18 585	61 065
	管理人员	24 000	2 400	2 880	480	5 760	2 520	8 280
二车间	生产工人	456 000	45 600	54 720	9 120	109 440	47 880	157 320
	管理人员	45 000	4 500	5 400	900	10 800	4 725	15 525
机修车间	生产工人	93 000	9 300	11 160	1 860	22 320	9 765	32 085
	管理人员	15 000	1 500	1 800	300	3 600	1 575	5 175
企业管理部门		149 000	14 900	17 880	2 980	35 760	15 645	51 405
合计		959 000	95 900	115 080	19 180	230 160	100 695	330 855

借：生产成本——基本生产成本——一车间　　　　　　　　　　61 065
　　　　　　　　　　　　　　　——二车间　　　　　　　　　157 320
　　　　　　——辅助生产成本——机修车间　　　　　　　　　 32 085
　　制造费用——一车间　　　　　　　　　　　　　　　　　　 8 280
　　　　　　——二车间　　　　　　　　　　　　　　　　　　 15 525
　　　　　　——机修车间　　　　　　　　　　　　　　　　　 5 175
　　管理费用——社会保险费　　　　　　　　　　　　　　　　 35 760
　　　　　　——住房公积金　　　　　　　　　　　　　　　　 15 645
　　贷：应付职工薪酬——社会保险费　　　　　　　　　　　　　　 230 160
　　　　　　　　　——住房公积金　　　　　　　　　　　　　　 100 695

本期缴纳社会保险费和住房公积金：

借：应付职工薪酬——社会保险费　　　　　　　　　　　　　　　　230 160
　　　　　　　　——住房公积金　　　　　　　　　　　　　　　　100 695
　　贷：银行存款　　　　　　　　　　　　　　　　　　　　　　　　　　330 855

4. 发放非货币性福利的账务处理

企业以自产产品作为职工薪酬发放给职工时，应确认主营业务收入，借记"应付职工薪酬——非货币性福利"账户，贷记"主营业务收入""应交税费——应交增值税(销项税额)"账户；同时还要结转相关的产品成本，借记"主营业务成本"账户，贷记"库存商品"账户。

企业无偿提供自有固定资产给职工使用的，如给领导提供的小轿车、企业自有的住房等，每月按折旧金额，借记"应付职工薪酬——非货币性福利"账户，贷记"累计折旧"账户。

无偿提供租赁资产给职工使用的，如租赁房屋等资产供职工无偿使用所发生的租金，按每月租金数，借记"应付职工薪酬——非货币性福利"账户，贷记"银行存款"等账户。

【例 7-5】M 公司共有职工 100 人，其中 80 人为生产人员，20 人为管理人员。2019 年 6 月，M 公司以其生产的高级电风扇作为福利发放给每名职工。该电风扇成本每个为 160 元，市场售价为 200 元，增值税率为 13%。M 公司的会计分录如下：

计提该薪酬负债：

借：生产成本　　　　　　　　　　　　　　　　　　　　　　　　　16 013
　　管理费用　　　　　　　　　　　　　　　　　　　　　　　　　　4 520
　　贷：应付职工薪酬——非货币性福利　　　　　　　　　　　　　　　20 533

实际发放该非货币性福利：

借：应付职工薪酬——非货币性福利　　　　　　　　　　　　　　　23 400
　　贷：主营业务收入　　　　　　　　　　　　　　　　　　　　　　　20 000
　　　　应交税费——应交增值税(销项税额)　　　　　　　　　　　　　3 400

同时：

借：主营业务成本　　　　　　　　　　　　　　　　　　　　　　　16 000
　　贷：库存商品　　　　　　　　　　　　　　　　　　　　　　　　　16 000

【例 7-6】立新公司为总部部门经理级别以上职工每人提供一辆桑塔纳汽车免费使用，该公司总部共有部门经理以上职工 20 名，假定每辆桑塔纳汽车每月计提折旧 1 000 元；该公司还为其 5 名副总裁以上高级管理人员每人租赁一套公寓免费使用，月租金为每套 8 000 元，假定本月租金暂未付。该公司会计分录如下：

计提该薪酬负债：

借：管理费用——折旧　　　　　　　　　　　　　　　　　　　　　20 000
　　　　　　　——房租　　　　　　　　　　　　　　　　　　　　　40 000
　　贷：应付职工薪酬——非货币性福利　　　　　　　　　　　　　　　60 000

实际发放该非货币性福利：

借：应付职工薪酬——非货币性福利　　　　　　　　　　　　　　　60 000

贷：累计折旧　　　　　　　　　　　　　　　　20 000
　　其他应付款——房租　　　　　　　　　　　 40 000

练 习 题

一、单项选择题

1. 下列项目中，不属于职工薪酬的是(　　)。

A. 职工工资　　　　　　　　　　　　B. 职工福利费
C. 职工教育经费　　　　　　　　　　D. 职工出差报销的火车票

2. 企业在无形资产研究阶段发生的职工薪酬，应当(　　)。

A. 计入当期损益　　　　　　　　　　B. 计入在建工程
C. 计入无形资产成本　　　　　　　　D. 计入固定资产成本

3. 下列职工薪酬中，不应当根据职工提供服务的受益对象计入成本费用的是(　　)。

A. 因解除职工的劳动关系给予的补偿
B. 构成工资总额的各组成部分
C. 工会经费和职工教育经费
D. 医疗保险费、养老保险费、失业保险费、工伤保险费和生育保险费等社会保险费

4. 应由生产产品负担的职工薪酬，应当(　　)。

A. 计入管理费用　　　　　　　　　　B. 计入存货成本或劳务成本
C. 计入在建工程　　　　　　　　　　D. 计入销售费用

5. 应由提供劳务负担的职工薪酬，计入(　　)。

A. 产品成本　　　　　　　　　　　　B. 劳务成本
C. 固定资产成本　　　　　　　　　　D. 无形资产成本

二、多项选择题

1. 企业分配职工薪酬费用时，可能借记的账户有(　　)。

A. 生产成本　　　　　　　　　　　　B. 制造费用
C. 管理费用　　　　　　　　　　　　D. 销售费用

2. 下列属于职工薪酬的是(　　)。

A. 企业为职工在职期间和离职后提供的全部货币性薪酬
B. 企业为职工在职期间和离职后提供的全部非货币性薪酬
C. 提供给职工配偶的福利
D. 提供给职工子女的福利

三、业务题

1. 以下为 A 企业 2020 年 4 月有关职工薪酬的资料：

(1) 2020 年 4 月，A 企业当月应发工资 1 000 万元，其中：生产部门直接生产工人工资 560 万元，生产部门管理人员工资 100 万元，公司管理人员工资 120 万元，公司专设销售机构人员工资 70 万元，建造厂房人员工资 150 万元；

(2) 结算职工工资总额 1 000 万元，其中：代扣职工房租 7 万元，企业代垫职工家属医药费 2 万元，代扣职工社会保险 25 万元，代扣个人所得税 6 万元，余款用银行存款支付；

(3) 企业按职工工资总额的 2%和 2.5%分别计提工会经费和职工教育经费。

要求：编制 A 企业分配职工薪酬的会计分录。

项目八　借款业务

【学习目标】

知识目标：了解各类借入资金的具体内容及借款费用的账务处理过程。

技能目标：掌握短期借款、长期借款、应付债券业务的核算。

任务一　短期借款业务

一、短期借款概述

1. 短期借款的主要内容

短期借款是指企业向银行或其他金融机构借入的期限在1年以内(含1年)的各种借款。短期借款主要包括以下几种：

(1) 临时借款：企业由于临时性、季节性等原因申请取得的借款。

(2) 生产经营周转借款：企业为了满足当年生产经营活动中资金的需要，向银行申请借入的款项。

(3) 票据贴现借款：持有银行承兑汇票或商业承兑汇票的企业，在资金周转发生困难时，向银行申请取得票据贴现的借款。

(4) 结算借款：企业在采用托收承付结算方式进行销售的情况下，在发出商品后委托银行收款时至收款银行通知购买单位承付货款之前，为满足结算资产占用的资金的需要，以托收承付结算凭证为保证向银行取得的借款。

2. 短期借款的利息计算

企业各种短期借款，均应按期结算或支付利息。由于短期借款期限在1年以内，且数额不大，所以，其利息一般采取单利计算。短期借款的利息计算公式如下：

$$借款利息 = 借款本金 \times 借款期限 \times 借款利率$$

企业短期借款的利息主要有以下三种结算支付办法：

(1) 按月计算，通过预提方式计入当期损益，按季度与银行办理结算；

(2) 按月计算并支付；

(3) 利息在借款到期时连同本金一起归还。

二、短期借款的核算

1. 账户设置

为了总括地核算和监督短期借款的取得和偿还情况，应设置"短期借款"账户。该账户属负债类账户,贷方登记企业取得的短期借款数额;借方登记企业偿还短期借款的本金。该账户应按债权人设置明细账,并按借款种类进行明细核算。

2. 短期借款的账务处理

短期借款利息的账务处理分以下两种情况:

(1) 借款是按月计付利息的,或者利息是在借款到期时连同本金一起归还且数额不大的,可在支付时直接计入当期损益,借记"财务费用"账户,贷记"银行存款"账户;

(2) 借款利息是按季支付的,或者利息是在借款到期时连同本金一起归还且数额较大的,应采取预提的办法,设置"应付利息"账户,按月预提计入财务费用。

【例 8-1】某企业因生产经营的临时性需要,从银行取得一笔为期 2 个月的临时借款 200 000 元,借款利息 2 000 元于借款到期时连同本金归还(数额不大)。会计分录如下:

取得借款时:

借:银行存款	200 000
贷:短期借款	200 000

借款到期,归还本金并支付利息:

借:短期借款	200 000
财务费用——利息	2 000
贷:银行存款	202 000

【例 8-2】某企业因生产经营需要,于 7 月 1 日从银行取得一项为期 6 个月的生产周转借款 300 000 元,借款利息按季计收,每月预提利息 1 200 元。会计分录如下:

7 月 1 日取得借款时:

借:银行存款	300 000
贷:短期借款	300 000

7 月末预提借款利息时:

借:财务费用——利息	1 200
贷:应付利息	1 200

8 月末预提借款利息的账务处理同上。

9 月末支付一个季度的利息 3 600 元:

借:应付利息	2 400
财务费用——利息	1 200
贷:银行存款	3 600

10 月末预提借款利息时:

借:财务费用——利息	1 200
贷:应付利息	1 200

11 月末预提借款利息的账务处理同上。

12 月末支付本金及一个季度的利息:

借:应付利息	2 400
财务费用——利息	1 200
短期借款	300 000

贷：银行存款	303 600

任务二　长期借款业务

一、长期借款的概念及分类

长期借款是指企业从银行或其他金融机构借入的期限在 1 年以上(不含 1 年)的借款。长期借款一般用于固定资产的购置和建造工程，以及流动资产的正常需要等方面。

长期借款按不同的标准有多种分类方法，如按照付息方式与本金的偿还方式，可分为分期付息到期还本长期借款、到期一次还本付息长期借款、分期偿还本息长期借款；按所借币种，可分为人民币长期借款和外币长期借款；按借款条件，可以分为抵押借款、担保借款和信用借款。

二、账务处理

企业对长期借款的借入、应计利息和偿还本息等情况，应通过"长期借款"账户来核算。该账户贷方登记借入长期借款的本金、应计利息，借方登记归还长期借款的本息，贷方余额反映尚未偿还的长期借款的本金和利息。该账户应按贷款单位和贷款币种设置明细账中，分为"本金""利息调整"等进行明细核算。

企业借入长期借款，借记"银行存款"账户，贷记"长期借款——本金"账户；按发生的交易费用，借记"长期借款"账户；按其差额，贷记或借记"长期借款——利息调整"账户。

长期借款的利息费用应在资产负债表日，按长期借款的摊余成本和实际利率计算确定，并按借款费用准则，将属于筹建期间的利息费用计入管理费用，属于生产经营期间的计入财务费用；用于构建固定资产的，在固定资产尚未达到预定可使用状态前所发生的资本化利息费用计入在建工程；固定资产达到预定可使用状态后所发生的利息费用及按规定不予资本化的计入财务费用。长期借款按合同利率计算确定的应付未付利息，记入"应付利息"账户，则企业在资产负债表日，借记"在建工程""制造费用""财务费用""研发支出"等账户，贷记"应付利息"账户，差额记入"长期借款——利息调整"账户。

企业归还长期借款时，借记"长期借款——本金"账户，贷记"银行存款"账户。同时，应转销该项长期借款的利息调整和交易费用的金额，借记"在建工程""制造费用""财务费用""研发支出"等账户，贷记"长期借款——利息调整"账户；转销的溢价金额，作相反的会计分录。

【例 8-3】某公司从银行取得长期借款 300 000 元，用于企业的经营周转，期限为 3 年，年利率为 10%，按复利计算，每年计息一次，到期一次归还本息。借入款项已存入开户银行(假设按期确认的借款利息应当费用化，记入财务费用)。该公司的会计分录如下：

取得借款时：

借：银行存款	300 000
贷：长期借款——本金	300 000

第 1 年年末计息时：

第 1 年的利息 = 300 000 × 10% = 30 000 (元)

借：财务费用   30 000

    贷：长期借款——利息调整   30 000

第 2 年年末计息时：

第 2 年的利息 = (300 000 + 30 000) × 10% = 33 000 (元)

借：财务费用   33 000

    贷：长期借款——利息调整   33 000

第 3 年年末计息时：

第 3 年的利息 = (330 000 + 33 000) × 10% = 36 300 (元)

借：财务费用   36 300

    贷：长期借款——利息调整   36 300

到期偿还本息时：

借：长期借款——本金   300 000

         ——利息调整   99 300

    贷：银行存款   399 300

【例 8-4】 某公司为购建一幢厂房，于 2017 年 1 月向市建设银行取得借款 350 万元，借款年利率为 8%，期限为 3 年，每年年底支付借款利息，期满后一次还本。2017 年 1 月 1 日以存款支付工程款 300 万元，2018 年 1 月 1 日以存款支付工程款 50 万元，2018 年底工程如期竣工，假设实际利率与合同利率差异较小。该公司的会计分录如下：

取得借款时：

借：银行存款   3 500 000

    贷：长期借款——本金   3 500 000

2017 年 1 月 1 日支付工程款：

借：在建工程——新建厂房   3 000 000

    贷：银行存款   3 000 000

2017 年 12 月 31 日计提本年度应付利息：

应付利息 = 350 × 8% = 28 (万元)

其中：

计入"在建工程"的利息 = 300 × 8% = 24 (万元)

计入"财务费用"的利息 = 50 × 8% = 4 (万元)

借：在建工程——新建厂房   240 000

    财务费用   40 000

    贷：应付利息   280 000

2017 年 12 月 31 日支付第一年借款利息：

借：应付利息   280 000

    贷：银行存款   280 000

2018 年 1 月 1 日支付工程款：

借：在建工程——新建厂房   500 000

　　　　贷：银行存款　　　　　　　　　　　　　　500 000
　　2018 年 12 月 31 日计提本年度应付利息：
　　　　　　　应付利息 = 350 × 8% = 28 (万元)
　　　　借：在建工程——新建厂房　　　　　　　280 000
　　　　　　贷：应付利息　　　　　　　　　　　　280 000
　　2018 年 12 月 31 日支付第二年借款利息：
　　　　借：应付利息　　　　　　　　　　　　　280 000
　　　　　　贷：银行存款　　　　　　　　　　　　280 000
　　2018 年 12 月 31 日厂房竣工交付使用时：
　　　　　　固定资产入账价值 = 300 + 24 + 50 + 28 = 402 (万元)
　　　　借：固定资产——生产用固定资产　　　　4 020 000
　　　　　　贷：在建工程——新建厂房　　　　　　4 020 000
　　2019 年 12 月 31 日计提本年度应付利息：
　　　　借：财务费用　　　　　　　　　　　　　280 000
　　　　　　贷：应付利息　　　　　　　　　　　　280 000
　　2019 年 12 月 31 日归还借款本金及最后一年的利息：
　　　　借：长期借款——本金　　　　　　　　3 500 000
　　　　　　应付利息　　　　　　　　　　　　　280 000
　　　　　　贷：银行存款　　　　　　　　　　　3 780 000

任务三　应付债券业务

一、概述

1. 债券的种类

　　债券是经济主体为筹集资金而发行的，用以记载和反映债权债务关系的有价证券。由企业发行的债券称为企业债券或公司债券。这里所说的应付债券，是指企业为筹集(长期)资金而发行债券的本金和利息。

　　按照《中华人民共和国公司法》(以下简称《公司法》)的规定，公司债券有如下分类方式：

　　(1) 按债券上是否记有持券人的姓名或名称，分为记名债券和无记名债券。

　　(2) 按能否转换为公司股票，分为可转换债券和不可转换债券。一般来讲，可转换债券的利率要低于不可转换债券的利率。

2. 债券的发行方式

　　债券的发行方式有三种：平价发行、折价发行、溢价发行。

　　(1) 当票面利率等于市场利率时，表示债券发行企业通过发行债券取得资金所支付的利息与资金市场取得资金所支付的利息相等。因此，债券发行价格等于债券的面值，平价发行。

(2) 当债券票面利率低于市场利率时，债券应折价发行，由债券发行企业将利息差额弥补给债券持有人。因为票面利率一经确定，就作为债券发行企业今后计算、支付利息的依据，不能改变，如果不折价发行，债券投资人必然宁肯将资金投资于其他方面，取得较高的利息收入，也不愿购买这种利息较低的债券。

(3) 当票面利率高于市场利率时，债券应溢价发行，由债券发行企业在债券发行时预先扣回利息差额，因为如果不溢价发行，债券发行企业必然宁肯以较低的市场利率去借入资金，也不愿发行利率较高的债券。

二、有关账务处理

1. 账户设置

企业发行的长期债券，应设置"应付债券"账户，用于核算企业为筹集长期资金而实际发行的债券及应付的利息。该账户下分设"面值""利息调整"和"应计利息"等进行明细核算。

2. 账务处理

1) 债券的发行

企业发行债券时，按实际收到的款项，借记"银行存款"等账户，按债券票面金额，贷记"应付债券——面值"账户，存在差额的，应借记或贷记"应付债券——利息调整"账户。

2) 资产负债表日计息

对于分期付息、一次还本的债券，应于资产负债表日按摊余成本和实际利率计算确定的债券利息费用，借记"在建工程""财务费用""制造费用""研发支出"等账户，按票面金额和票面利率计算确定的应付未付利息，贷记"应付利息"账户，按其差额，借记或贷记"应付债券——利息调整"账户。

对于一次还本付息的债券，应于资产负债表日按摊余成本和实际利率确定的债券利息费用，借记"在建工程""财务费用""制造费用""研发支出"等账户，按票面金额和票面利率计算确定的应付未付利息，贷记"应付债券——应计利息"账户，按其差额，借记或贷记"应付债券——利息调整"账户。

3) 债券到期

对于分期付息、一次还本的债券，在长期债券到期，支付债券本金和最后一期利息时，借记"应付债券——面值""在建工程""财务费用""制造费用"等账户，贷记"银行存款"账户。按借贷双方之间的差额，借记或贷记"应付债券——利息调整"账户。

对于一次还本付息的债券，在长期债券到期，支付债券本息时，借记"应付债券——面值""应付债券——应计利息"账户，贷记"银行存款"账户。

【例8-5】某公司经批准于2019年1月1日起发行2年期面值为200元的债券50 000张，债券年利率为3%，每年6月30日和12月31日付息，到期时归还本金。该债券发行价为9 809 600元，债券实际利率为4%，所筹资金用于新生产线的建设，该生产线于2019年6月底完工交付使用，债券折价部分采用实际利率法摊销。该公司的会计分录如下：

2019 年 1 月 1 日发行债券：

借：银行存款　　　　　　　　　　　　　　　　　　　9 809 600

　　应付债券——利息调整　　　　　　　　　　　　　　190 400

　　　贷：应付债券——面值　　　　　　　　　　　　　10 000 000

2019 年 6 月 30 日计提利息和支付利息：

$$应付利息 = 10\ 000\ 000 × 3\% ÷ 2 = 150\ 000(元)$$

应计入"在建工程"的利息 $= (10\ 000\ 000 - 190\ 400) × 4\% ÷ 2 = 196\ 192(元)$

借：在建工程——生产线　　　　　　　　　　　　　　196 192

　　　贷：应付利息　　　　　　　　　　　　　　　　　150 000

　　　　应付债券——利息调整　　　　　　　　　　　　46 192

借：应付利息　　　　　　　　　　　　　　　　　　　150 000

　　　贷：银行存款　　　　　　　　　　　　　　　　　150 000

2019 年 12 月 31 日计提利息和支付利息：

应计入"财务费用"的利息 $= (10\ 000\ 000 - 190\ 400 + 46\ 192) × 4\% ÷ 2$

$$= 197\ 115.84(元)$$

借：财务费用　　　　　　　　　　　　　　　　　　　197 115.84

　　　贷：应付利息　　　　　　　　　　　　　　　　　150 000

　　　　应付债券——利息调整　　　　　　　　　　　　47 115.84

借：应付利息　　　　　　　　　　　　　　　　　　　150 000

　　　贷：银行存款　　　　　　　　　　　　　　　　　150 000

2020 年 6 月 30 日计提利息和支付利息：

应计入"财务费用"的利息 $= (10\ 000\ 000 - 190\ 400 + 46\ 192 + 47\ 115.84) × 4\% ÷ 2$

$$= 198\ 058.16(元)$$

借：财务费用　　　　　　　　　　　　　　　　　　　198 058.16

　　　贷：应付利息　　　　　　　　　　　　　　　　　150 000

　　　　应付债券——利息调整　　　　　　　　　　　　48 058.16

借：应付利息　　　　　　　　　　　　　　　　　　　150 000

　　　贷：银行存款　　　　　　　　　　　　　　　　　150 000

2020 年 12 月 31 日计提利息：

尚未摊销的"应付债券——利息调整"的余额为

$$190\ 400 - 46\ 192 - 47\ 115.84 - 48\ 058.16 = 49\ 034(元)$$

借：财务费用　　　　　　　　　　　　　　　　　　　199 034

　　　贷：应付利息　　　　　　　　　　　　　　　　　150 000

　　　　应付债券——利息调整　　　　　　　　　　　　49 034

2021 年 1 月 1 日支付本金及最后一期利息：

借：应付债券——面值　　　　　　　　　　　　　　　10 000 000

　　应付利息　　　　　　　　　　　　　　　　　　　150 000

　　　贷：银行存款　　　　　　　　　　　　　　　　　10 150 000

练 习 题

一、单项选择题

1. 溢价发行债券时债券的票面利率(　　)市场利率。

A. 低于　　　　　　　　B. 高于　　　　　　　　C. 等于　　　　　　　　D. 无法确定

2. 下列利息支出中，可能予以资本化的是(　　)。

A. 为生产经营活动而发生的长期借款利息　　　　　B. 短期借款利息

C. 筹建期间发生的长期借款利息　　　　　　　　　D. 清算期间发生的长期借款利息

3. 某企业购建一幢材料仓库，工程已开工，为购建这幢仓库专门向建设银行借入一项长期资金，该资金已全部投入使用，则在购建期间，该长期借款发生的利息费用，应记入(　　)账户。

A. 财务费用　　　B. 在建工程　　　C. 长期借款　　　D. 长期待摊费用

4. 乙公司于 2019 年 1 月 1 日发行面值总额为 1 000 万元、期限为 5 年的债券，该债券票面利率为 6%，每年初付息，到期一次还本，发行价格总额为 1 043.27 万元，利息调整采用实际利率法摊销，实际利率为 5%。2019 年 12 月 31 日，该应付债券的账面余额为(　　)万元。

A. 1 000　　　　　B. 1 060　　　　　C. 1 035.43　　　　　D. 1 095.43

5. 某公司于 2017 年 1 月 1 日发行 4 年期企业债券 5 000 万元，实际收到发行价款 5 400 万元。该债券票面利率为 6%，到期一次还本付息，假设债券溢价部分采用直线法摊销。2018 年该企业对于该债券应确认的财务费用为(　　)万元。

A. 400　　　　　B. 300　　　　　C. 200　　　　　D. 500

二、多项选择题

1. 计提短期借款利息涉及的账户有(　　)。

A. 短期借款　　　B. 应付利息　　　C. 财务费用　　　D. 银行存款

2. "应付债券"账户应设置的明细账户包括(　　)。

A. 面值　　　　　B. 利息调整　　　C. 应计利息　　　D. 债券溢折价

3. 对于分期付息、一次还本的债券，应于资产负债表日按摊余成本和实际利率计算确定的债券利息，可能借记的会计账户有(　　)。

A. 在建工程　　　B. 财务费用　　　C. 制造费用　　　D. 研发支出

三、业务题

1. 某公司筹资建设新厂房，发行 3 年期债券一批，债券面值为 800 万元，实收债券款 830 万元，存入银行；债券票面利率为 7%，市场实际利率为 5.5%，每年年末计息一次并分摊债券溢价；工程建设期为一年，期满工程如期竣工，交付生产使用(工程支出业务省略)；债券期满一次以存款还本付息。

要求：计算债券每年应计利息和债券溢价摊销额；编制债券发行、计息、溢价摊销和债券还本付息的会计分录。

项目九　资本金核算

【学习目标】

　　知识目标：掌握所有者权益的概念和特征，明确实收资本、资本公积和留存收益的核算内容，了解盈余公积的计提方法。

　　技能目标：熟悉实收资本(或股本)、资本公积和留存收益的账务处理。

任务一　所有者权益概述

一、所有者权益的概念及构成

1. 所有者权益的概念

　　所有者权益是指企业资产扣除负债后由所有者享有的剩余权益。公司的所有者权益又称为股东权益。所有者权益来源于所有者投入的资本、直接计入所有者权益的利得和损失、留存收益等。

　　直接计入所有者权益的利得和损失，是指不应计入当期损益、会导致所有者权益发生增减变动的、与所有者投入资本或者向所有者分配利润无关的利得或者损失。

2. 所有者权益的构成

　　在我国的现行会计核算中，所有者权益包括实收资本(或股本)、资本公积、盈余公积和未分配利润等部分。

　　(1) 实收资本是指投资者直接投入的资本，如投入的货币性资产、原材料、固定资产、无形资产等。

　　(2) 资本公积是指企业收到投资者出资额超出其在注册资本或股本中所占份额的部分，以及直接计入所有者权益的利得和损失。

　　(3) 盈余公积是指企业从税后利润中提取的各种积累，包括法定盈余公积、任意盈余公积等。

　　(4) 未分配利润是指企业净利润分配后的剩余部分，即净利润中尚未指定用途的部分。

　　由于盈余公积和未分配利润都是由企业在生产过程中实现的利润留存在企业所形成的，因此，盈余公积和未分配利润又被称为留存收益。

　　企业应当将所有者权益的四个项目在资产负债表上单列项目分别反映。

二、所有者权益的特点

　　所有者权益与负债同属权益。权益是指对企业资产的求偿权，包括投资人的求偿权(即

所有者权益)和债权人的求偿权(即债权人权益)两种。所有者权益与负债比较,其特点主要表现为以下几个方面:

(1) 对象不同。负债是对债权人负担的经济责任;所有者权益是对投资人负担的经济责任。

(2) 性质不同。负债是在经营或其他事项中发生的债务,是债权人对其他债务的要求权;所有者权益是投资者对投入资本及投入资本的运用所产生的盈余(或亏损)的要求权。

(3) 偿还期限不同。负债必须于一定的日期(特定日期或确定的日期)偿还;所有者权益一般只有在企业解散清算时(除按法律程序减资外),其破产财产在偿付了破产费用、债权人的债务等以后,如有剩余财产,才有可能还给投资者,在企业持续经营的情况下,一般不能收回投资。

(4) 享受的权利不同。债权人只享有收回债务本金和利息的权利,而无权参与企业收益分配和经营管理;所有者在某些情况下,除了可以获得利益外,还可以参与经营管理。

任务二 实 收 资 本

根据我国有关法律规定,投资者设立企业首先必须投入资本。实收资本是投资者投入资本形成法定资本的价值,所有者向企业投入的资本,在一般情况下无需偿还,可以长期周转使用。实收资本的构成比例,即投资者的出资比例或股东的股份比例,通常是确定所有者在企业所有者权益中所占的份额和参与企业财务经营决策的基础,也是企业进行利润分配或股利分配的依据,同时还是企业清算时确定所有者对净资产的要求权的依据。

一、实收资本确认和计量的基本要求

企业应当设置"实收资本"账户,核算企业接受投资者投入的实收资本,股份有限公司应将该账户改为"股本"。投资者可以用现金投资,也可以用现金以外的其他有形资产投资,符合国家规定比例的,还可以用无形资产投资。企业收到投资时,一般应作如下会计处理:收到投资人投入的现金,应在实际收到或者存入企业开户银行时,按实际收到的金额,借记"银行存款"账户,以实物资产投资的,应在办理实物产权转移手续时,借记有关资产账户,以无形资产投资的,应按照合同、协议或公司章程规定移交有关凭证时,借记"无形资产"账户,按投入资本在注册资本或股本中所占份额,贷记"实收资本"或"股本"账户,按其差额,贷记"资本公积——资本溢价"或"资本公积——股本溢价"等账户。

【例9-1】甲、乙、丙共同出资设立有限责任公司 M,公司注册资本为 1 000 万元,甲、乙、丙持股比例分别为 50%、30%和 20%。2020 年 1 月 5 日,M 公司如期收到各投资者一次性缴足的款项。M 公司的会计分录如下:

借:银行存款　　　　　　　　　　　　　　　　　　　10 000 000
　　贷:实收资本——甲　　　　　　　　　　　　　　　　5 000 000
　　　　　　　——乙　　　　　　　　　　　　　　　　3 000 000
　　　　　　　——丙　　　　　　　　　　　　　　　　2 000 000

【例9-2】甲公司经批准委托证券公司向社会公开发行普通股股票 1 500 万股,每股面值 1 元, 股票每股的发行价为 10 元。甲公司与证券公司约定按发行收入的 2% 支付发行费用。假定发行收入已全部收到, 发行费用已全部支付, 不考虑其他因素。甲公司的会计分录如下:

收到发行收入时:

借: 银行存款 150 000 000

　　贷: 股本 15 000 000

　　　　资本公积——股本溢价 135 000 000

支付发行费用时:

借: 资本公积——股本溢价 3 000 000

　　贷: 银行存款 3 000 000

二、实收资本增减变动的会计处理

我国有关法律规定, 实收资本(或股本)除下列情况外, 不得随意改动: 一是符合增资条件, 并经有关部门批准增资; 二是企业按法定程序报经批准减少注册资本。

1. 实收资本(或股本)增加的核算

一般企业增加资本主要有三个途径: 接受投资者追加投资、资本公积转增资本和盈余公积转增资本; 此外, 股份制企业还可以通过发放股票股利实现增资。

1) 资本公积、盈余公积转增资本

当企业用资本公积、盈余公积转增资本时, 应借记"资本公积""盈余公积"账户, 贷记"实收资本"或"股本"账户。以法定盈余公积转增资本的, 转增后, 该项盈余公积的留存数不得低于转增前注册资本的 25%。

【例 9-3】新华有限责任公司由甲、乙两人共同投资设立, 原注册资本为 2 000 万元, 甲、乙出资分别为 1 500 万元和 500 万元, 为了扩大经营规模, 经批准, 新华公司按照原出资比例将资本公积 500 万元转增资本。

根据上述资料, 新华公司的会计分录如下:

借: 资本公积 5 000 000

　　贷: 实收资本——甲 3 750 000

　　　　　　　　——乙 1 250 000

2) 投资者增加投资

投资者增加投资包括企业原投资者追加投入资本和新投资者投入资本。企业在收到投资者投入的资本时, 借记"银行存款"等账户, 贷记"实收资本"或"股本"账户, 按两者的差额, 贷记"资本公积"账户。

3) 发放股票股利实现增资

股份有限公司发放股票股利, 在办妥相关手续后, 借记"利润分配——转作股本的股利"账户, 贷记"股本"账户。

2. 实收资本(或股本)减少的核算

企业实收资本(或股本)减少的原因大体有两种, 一是资本过剩; 二是企业发生重大亏损而需要减少实收资本。企业因资本过剩而减资, 一般要发还股款。有限责任公司和一般企业发还投资的会计处理比较简单，按法定程序报经批准减少注册资本的，借记"实收资本"账户，贷记"库存现金""银行存款"等账户。

股份有限公司由于采用的是发行股票的方式筹集股本，发还股款时，则要回购发行的股票，发行股票的价格与股票面值可能不同，回购股票的价格也可能与发行价格不同，会计处理较为复杂。股份有限公司因减少注册资本而回购本公司股份的，应按实际支付的金额，借记"库存股"账户，贷记"银行存款"等账户。注销库存股时，应按股票面值和注销股数计算的股票面值总额，借记"股本"账户，按注销库存股的账面余额，贷记"库存股"账户，按其差额，冲减股票发行时原记入资本公积的溢价部分，借记"资本公积——股本溢价"账户，回购价格超过上述冲减"股本"及"资本公积——股本溢价"账户的部分，应依次借记"盈余公积""利润分配——未分配利润"等账户；如回购价格低于回购股份所对应的股本，所注销库存股的账面余额与所冲减股本的差额作为增加股本溢价处理，按回购股份所对应的股本面值，借记"股本"账户，按注销库存股的账面余额，贷记"库存股"账户，按其差额，贷记"资本公积——股本溢价"账户。

【例9-4】光华股份有限公司截至2019年12月31日共发行股票3 000万股，股票面值为1元，资本公积(股本溢价)为600万元，盈余公积为400万元。经股东大会批准，光华公司以现金回购本公司股票300万股并注销。假定光华公司按照每股4元回购股票，不考虑其他因素，光华公司的会计分录如下：

库存股的成本 = 300 × 4 = 1 200 (万元)

借：库存股	12 000 000
贷：银行存款	12 000 000
借：股本	3 000 000
资本公积——股本溢价	6 000 000
盈余公积	3 000 000
贷：库存股	12 000 000

【例9-5】承例9-4，假定光华公司以每股0.9元回购股票，其他条件不变。光华公司的会计分录如下：

库存股的成本 = 300 × 0.9 = 270 (万元)

借：库存股	2 700 000
贷：银行存款	2 700 000
借：股本	3 000 000
贷：库存股	2 700 000
资本公积——股本溢价	300 000

任务三　资本公积和其他综合收益

一、资本公积

资本公积是指企业收到投资者的超出其在企业注册资本(股本)中所占份额的投资，以及直接计入所有者权益的利得和损失，包括资本(或股本)溢价、直接计入所有者权益的利得和损失等。资本公积从来源上看，它不是由企业实现的利润转化而来的，从本质上讲应属于投入资本范畴，因此，它与留存收益有根本区别，因为后者是由企业实现的利润转化而来的。

资本公积与实收资本虽然都属于投入资本的范畴，但两者又有区别。实收资本是投资者对企业的投入，并通过资本的投入谋求一定的经济利益，它属于法定资本，与企业的注册资本相一致，因此，实收资本在来源与金额上有比较严格的限制；资本公积归所有投资者共同享有，它有特定的来源，在金额上也不受限制，也并不一定需要谋求投资回报。

企业为了反映资本公积增减变动情况，应设置"资本公积"账户，并根据资本公积形成的来源，设置相应的明细账户，分别进行明细核算。一般应当设置"资本溢价""股本溢价"明细账户。

1. 资本溢价的核算

资本溢价是指投资者缴付企业的出资额大于该投资者在企业注册资本中所占有份额的数额。在有两个以上投资者合资经营的企业(不含股份有限公司)中，投资者通常依其出资额对企业经营决策享有表决权，并相应承担有限责任。在企业创立时，投资者认缴的出资额往往与注册资本一致，不会产生资本公积。但在企业重组或有新的投资者加入时，为了维护原投资者的权益，新加入的投资者的出资额，并不一定全部作为实收资本处理。

这时因为：第一，企业创建时的资金投入和企业已走向经营正轨时期的资金投入，即使在数量上相等，其盈利能力也是不同的；第二，接纳新投资者后，新投资者与原投资者一样有权参与原有留存收益的分配，只有新的出资额大于实收资本，才能维护原投资者的已有权益。资本溢价在"资本公积——资本溢价"账户中核算。

【例 9-6】某有限责任公司由甲、乙两位股东各出资 100 万元设立。经过 3 年经营，已形成留存收益 120 万元。3 年后有丙投资者有意投资该公司且愿意出资 170 万元而占该公司股份的 1/3。该公司在收到丙投资者出资时，编制的会计分录如下：

$$新股东丙投资者所占的实收资本 = (100+100) \div (1-\frac{1}{3}) \times \frac{1}{3} = 100 \quad (万元)$$

借：银行存款　　　　　　　　　　　　　　　　1 700 000
　　贷：实收资本——丙　　　　　　　　　　　　　　　1 000 000
　　　　资本公积——资本溢价　　　　　　　　　　　　　700 000

2. 股本溢价的核算

股份有限公司是以发行股票的方式筹集股本的，股票是企业签发的证明股东按其所持股份享有权利和承担义务的书面证明。由于股东按其所持企业股份享有权利和承担义务，为了反映和便于计算各股东所持股份占企业全部股本的比例，企业的股本总额应按股票的面值与股份总数的乘积计算。国家规定，实收股本总额应与注册资本相等。因此，为提供企业股本总额及其构成和注册资本等信息，在采用与股票面值相同的价格发行股票的情况下，企业发行股票取得的收入，应全部计入"股本"账户；在采用溢价发行股票的情况下，企业发行股票取得的收入，相当于股票面值的部分记入"股本"账户，超出股票面值的溢价收入记入"资本公积"账户。委托证券商代理发行股票而支付的手续费、佣金等，应从溢价发行收入中扣除，企业应按扣除手续费、佣金后数额记入"资本公积"账户。

【例 9-7】甲公司委托乙证券公司代理发行普通股 2 000 000 股，每股面值 1 元，按每股 1.2 元的价格发行。公司与受托单位约定，按发行收入的 3%收取手续费，从发行收入中扣除，假如收到的股款已存入银行。甲公司的会计分录如下：

公司收到受托发行单位交来的现金 = 2 000 000 × 1.2 × (1 − 3%) = 2 328 000 (元)

应记入"资本公积"账户的金额 = 溢价收入 − 发行手续费

= 2 000 000 × (1.2 − 1) − 2 000 000 × 1.2 × 3%

= 328 000 (元)

借：银行存款 2 328 000

　　贷：股本 2 000 000

　　　　资本公积——股本溢价 328 000

二、其他综合收益

其他综合收益是指企业根据会计准则规定未在当期损益中确认的各项利得和损失，包括以下两类：

(1) 以后会计期间不能重分类进损益的其他综合收益项目：包括重新计量设定收益计划净负债或净资产导致的变动；按照权益法核算的在被投资单位以后会计期间不能重分类进损益的其他综合收益中所享有的份额等。

(2) 以后会计期间在满足规定条件时将重分类进损益的其他综合收益项目：包括按照权益法核算的被投资单位的其他综合收益中所享有的份额；以公允价值计量且其变动计入其他综合收益的金融资产公允价值变动形成的利得或损失；以摊余成本计量的金融资产重分类为以公允价值计量且其变动计入其他综合收益的金融资产形成的利得或损失；现金流量套期工具产生的利得或损失属于有效套期的部分；外币财务报表折算差额等。

企业将作为存货的房地产转换为采用公允价值模式计量的投资性房地产时，应当按该项房地产在转换日的公允价值，借记"投资性房地产——成本"账户，原已计提跌价准备的，借记"存货跌价准备"账户，按其账面余额，贷记"开发产品"等账户；同时，转换日的公允价值小于账面价值的，按其差额，借记"公允价值变动损益"账户，转换日的公允价值大于账面价值的，按其差额，贷记"其他综合收益"账户。

企业将自用的建筑物等转换为采用公允价值模式计量的投资性房地产时，应当按该项房地产在转换日的公允价值，借记"投资性房地产——成本"账户，原已计提减值准备的，借记"固定资产减值准备"账户，按已计提的累计折旧等，借记"累计折旧"等账户，按其账面余额，贷记"固定资产"等账户；同时，转换日的公允价值小于账面价值的，按其差额，借记"公允价值变动损益"账户，转换日的公允价值大于账面价值的，按其差额，贷记"其他综合收益"账户。

待该项投资性房地产处置时，因转换计入其他综合收益的部分应转入当期的其他业务收入，借记"其他综合收益"账户，贷记"其他业务收入"账户。

按照《公司法》的规定，法定公积金(资本公积和盈余公积)转为资本时，所留存的该项公积金不得少于转增前公司注册资本的 25%。经股东大会或类似机构决议，用资本公积转增资本时，应冲减资本公积，同时按照转增前的实收资本(或股本)的结构或比例，将转增的金额记入"实收资本(或股本)"账户下各所有者的明细分类账户上。

【例9-8】A 公司将资本公积 750 000 元转增资本。在原来的注册资本中，甲、乙、丙三位投资者的投资比例分别为 50%、20%、30%。该公司按法定程序办理完增资手续。A 公司的会计分录如下：

借：资本公积　　　　　　　　　　　　　　　　　　　　750 000
　　贷：实收资本——甲　　　　　　　　　　　　　　　　375 000
　　　　　　　　　——乙　　　　　　　　　　　　　　　150 000
　　　　　　　　　——丙　　　　　　　　　　　　　　　225 000

任务四　留存收益

留存收益是指企业从历年实现的净利润中提取或留存于企业的内部积累，它来源于企业的生产经营活动所实现的利润，包括企业的盈余公积和未分配利润两个部分。

一、盈余公积

1. 盈余公积的计提

一般企业和股份有限公司的盈余公积主要包括：

(1) 法定盈余公积。它是指企业按照规定的比例从净利润中提取的盈余公积。根据《公司法》的规定，有限责任公司和股份有限公司应按照净利润的 10% 提取法定盈余公积；计提的法定盈余公司累计达到注册资本的 50% 时，可以不再提取。对于非公司制企业而言，也可以按照净利润 10% 以上的比例提取。

(2) 任意盈余公积。它是企业经股东大会或类似机构批准，按照规定的比例从净利润中提取的盈余公积。它与法定盈余公积的区别在于：它的提取比例由企业自行决定，而法定盈余公积的提取比例由国家相关法规规定。

2. 盈余公积的使用

企业提取的法定盈余公积和任意盈余公积的用途相同，主要有以下几个方面：

(1) 弥补亏损。企业发生经营亏损的弥补方式主要有三种：一是由以后年度税前利润弥补。按规定，企业发生亏损时，可以由以后年度税前利润连续弥补 5 年。二是用以后年度税后利润弥补。企业发生的亏损经过 5 年时间税前弥补后，未弥补完的亏损应由企业税后利润弥补。三是以盈余公积弥补亏损。企业用提取的盈余公积弥补亏损，应由董事会提议，经股东大会批准，或者由类似机构批准。

【例9-9】甲公司以前年度发生经营亏损 200 000 元，已超过了税前利润弥补亏损的时间，经股东大会决议，用盈余公积弥补以前年度的经营亏损。甲公司的会计分录如下：

借：盈余公积　　　　　　　　　　　　　　　　　　　　200 000
　　贷：利润分配——盈余公积补亏　　　　　　　　　　　200 000

(2) 企业经股东大会决议，可将盈余公积转增资本。盈余公积转增资本时，应先办理增资手续并经股东大会或类似机构批准，再按所有者(股东)的原出资比例增加资本。按规定，转增资本后留存的法定盈余公积不得低于注册资本的 25%。盈余公积转增资本时，借记"盈余公积"账户，贷记"股本(或实收资本)"账户。

(3) 分配现金股利或利润。企业分配现金股利或利润应以实现的净利润为前提，无净利润实现时，原则上不分配。但在特殊情况下，当企业累积的盈余公积比较多，而未分配利润比较少时，为了维护企业形象，给投资者以合理回报，经股东大会特别决议，企业也可以用盈余公积分配少量现金股利或利润。

【例 9-10】乙公司本年度经营状况不佳，发生少量亏损，考虑到公司前景和股票信誉，经股东大会决议，决定按股票面值的 4%分配现金股利，由结存的任意盈余公积列支。假定该公司发行在外普通股 1 500 万股，每股面值为 1 元，则本次用于发放股利的盈余公积为 60 万元。乙公司的会计分录如下：

借：盈余公积——任意盈余公积 600 000
    贷：应付股利 600 000

二、未分配利润

未分配利润是企业留待以后年度进行分配的结存利润，也是企业所有者权益的组成部分。相对于所有者权益的其他部分来讲，企业对于未分配利润的使用分配有较大的自主权。从数量上来讲，未分配利润是经过弥补亏损、提取法定盈余公积、提取任意盈余公积和向投资者分配利润等利润分配后剩余的利润。

在会计处理上，未分配利润是通过"利润分配"账户进行核算的，应当分别对"利润分配"账户下设置的"提取法定盈余公积""提取任意盈余公积""应付现金股利或利润""转作股本的股利""盈余公积补亏"和"未分配利润"等进行明细核算。

1. 未分配利润形成的账务处理

(1) 月末，结转"以前年度损益调整"账户的余额时，借记或贷记"以前年度损益调整"账户，贷记或借记"利润分配——未分配利润"账户。

(2) 年末，结转"本年利润"账户的余额时，借记或贷记"本年利润"账户，贷记或借记"利润分配——未分配利润"账户。

2. 用未分配利润弥补亏损

企业如果在当年发生亏损，应当将本年发生的亏损自"本年利润"账户转入"利润分配——未分配利润"账户，借记"利润分配——未分配利润"账户，贷记"本年利润"账户。这样，企业以前年度的未分配利润将减少，结转后"利润分配——未分配利润"账户如果出现借方余额，即为未弥补亏损的数额。对于该未弥补亏损，可以用以后年度实现的税前利润弥补，但弥补期限不得超过 5 年。当企业用实现的利润弥补以前年度亏损时，企业需将当年实现的利润自"本年利润"账户的借方转入"利润分配——未分配利润"账户的贷方，"利润分配——未分配利润"账户的贷方发生额与"利润分配——未分配利润"账户的借方余额自然抵补。所以，以当年实现的净利润弥补以前年度结转的未弥补亏损时，实际上并不需要进行专门的账务处理。

【例 9-11】华兴公司在 2015 年发生亏损 2 300 000 元。年度终了，公司结转本年发生的亏损时，会计分录如下：

　　借：利润分配——未分配利润　　　　　　　　　　　　　　2 300 000
　　　　贷：本年利润　　　　　　　　　　　　　　　　　　　　2 300 000

　　假定 2016 年至 2020 年，该公司年均实现利润 400 000 元。按照现行制度规定，公司在发生亏损以后的 5 年内可以以税前利润弥补亏损。假设不考虑其他因素，该公司在 2016 年至 2020 年均可用税前利润弥补亏损。这样，该公司在 2016 年至 2020 年年度终了会计分录如下：

　　借：本年利润　　　　　　　　　　　　　　　　　　　　　　400 000
　　　　贷：利润分配——未分配利润　　　　　　　　　　　　　　400 000

　　2016 年至 2020 年累计已弥补亏损金额：400 000 × 5 = 2 000 000 元，剩余未弥补亏损金额：2 300 000 – 2 000 000 = 300 000 元。

　　若 2021 年至 2025 年每年实现利润总额 200 000 元，则应以税后利润弥补亏损。如果华兴公司适用的所得税税率为 25%，则每年用于弥补亏损的金额为：200 000 × (1 – 25%) = 150 000 元，所以到 2022 年末该公司前期产生的亏损正好弥补完。

　　2021 年和 2022 年在弥补亏损前会计分录如下：

　　借：所得税费用　　　　　　　　　　　　　　　　　　　　　50 000
　　　　贷：应交税费——应交所得税　　　　　　　　　　　　　　50 000

　　2021 年和 2022 年结转利润(或补亏)时：

　　借：本年利润　　　　　　　　　　　　　　　　　　　　　　150 000
　　　　贷：利润分配——未分配利润　　　　　　　　　　　　　　150 000

练 习 题

一、单项选择题

1. 所有者权益是企业所有者对企业(　　　)的要求权。
A. 全部资产　　　　　　　　　　　　B. 全部资产和负债
C. 净资产　　　　　　　　　　　　　D. 净负债

2. 下列各项中，能够引起企业所有者权益减少的是(　　　)。
A. 股东大会宣告派发现金股利　　　　B. 以盈余公积转增资本
C. 提取法定盈余公积　　　　　　　　D. 提取任意盈余公积

3. 企业用当年实现的利润弥补亏损时，应作的会计处理是(　　　)。
A. 借记“本年利润”账户，贷记“利润分配——未分配利润”账户
B. 借记“利润分配——未分配利润”账户，贷记“本年利润”账户
C. 借记“利润分配——未分配利润”账户，贷记“利润分配——未分配利润”账户
D. 无需专门作会计处理

4. 某企业年初未分配利润贷方余额为 200 万元，本年度利润总额为 1 000 万元，该企业适用的所得税税率为 25%，不考虑纳税调整事项，按净利润的 10% 提取法定盈余公积，提取任意盈余公积 50 万元，向投资者分配利润 100 万元。该企业年末未分配利润余额为

(　　)万元。

　　A. 875　　　　　　　B. 785　　　　　　　C. 725　　　　　　　D. 700

　　5. 某股份有限公司委托某证券公司代理发行普通股 200 000 股，每股面值 1 元，按每股 1.2 元的价格出售。按协议，证券公司从发行收入中收取 3%的手续费。该公司计入资本公积的数额为(　　)元。

　　A. 32 800　　　　　　B. 200 000　　　　　C. 232 800　　　　　D. 0

二、多项选择题

　　1. 企业盈余公积的用途主要有(　　)。

　　A. 弥补亏损　　　　　　　　　　　　　B. 转增股本

　　C. 集体福利　　　　　　　　　　　　　D. 分配股利

　　2. 下列经济业务中，能增加资本公积的有(　　)。

　　A. 溢价发行股票　　　　　　　　　　　B. 溢价发行债券

　　C. 接受捐赠资产　　　　　　　　　　　D. 法定资产重估增值

　　3. 企业实收资本增加的途径主要有(　　)。

　　A. 投资者投入　　　　　　　　　　　　B. 盈余公积转增

　　C. 资本公积转增　　　　　　　　　　　D. 银行借入

三、业务题

　　1. 某公司委托某证券公司代理发行普通股 6 000 000 元，每股面值为 1 元，发行价格为每股 1.5 元。企业与证券公司约定，按发行收入的 2%收取佣金，从发行收入中扣除，假定收到的股款已存入银行。

　　要求：编制有关会计分录。

　　2. 某公司本年发生如下业务：

　　(1) 实现税后利润 500 000 元。

　　(2) 按税后利润 10%、5%计提法定盈余公积和任意盈余公积。

　　(3) 决定用资本公积 300 000 元、盈余公积 200 000 元转增股本。

　　要求：编制有关会计分录。

项目十　收入核算

【学习目标】

知识目标：了解收入确认的条件、包括的内容、计算的公式。

技能目标：能够对各类收入业务进行正确地会计核算处理。

任务一　收 入 概 述

一、收入的概念及特征

收入是指企业在日常活动中形成的、会导致所有者权益增加的、与所有者投入资本无关的经济利益的总流入，包括销售商品收入、劳务收入、利息收入、使用费收入、租金收入、股利收入等，但不包括为第三方或客户代收的款项。收入一般具有以下基本特征：

(1) 收入从企业的日常活动中产生，而不是从偶发的交易或事项中产生。比如工业企业的收入是从其销售商品、提供劳务等日常活动中产生的，而不是从处置固定资产等非正常活动中产生的。

(2) 收入的表现形式包括：① 各种资产或资源的流入，即企业资产的增加，如增加银行存款、应收账款等，其中主要是现金的流入；② 负债的清偿，即企业负债的减少，如以商品或劳务抵偿债务；③ 企业资产的增加或负债减少二者兼而有之。

(3) 收入的结果将导致企业所有者权益的增加，即资产增加或负债减少或二者兼而有之。因此，根据"资产 − 负债 = 所有者权益"的公式，企业取得收入通常能够增加所有者权益。但应注意，收入扣除相关成本费用后的净额，可能增加所有者权益，也可能减少所有者权益。

(4) 收入只包括本企业经济利润的流入，不包括为第三方或客户代收的款项，如增值税等。

二、收入的分类

1. 按企业从事日常活动的性质不同进行分类

按企业从事日常活动的性质不同可将收入分为：销售商品收入、提供劳务收入和让渡资产使用权收入。

(1) 销售商品收入。销售商品收入是指企业通过销售商品实现的收入。这里的商品包括企业为销售而生产的产品和为专售而购进的商品。企业销售的其他存货如原材料、包装物等也视同商品。

(2) 提供劳务收入。提供劳务收入是指企业通过提供劳务实现的收入。比如，企业通过提供旅游、运输、咨询、代理、培训、产品安装等劳务所实现的收入。

(3) 让渡资产使用权收入。让渡资产使用权收入是指企业通过让渡资产使用权实现的收入。让渡资产使用权收入包括利息收入和使用费收入。利息收入主要是指金融企业对外贷款形成的利息收入，以及同业之间发生往来形成的利息收入等；使用费收入主要是指企业转让无形资产(如商标权、专利权、专营权、版权等)的使用权形成的使用费收入。企业对外出租固定资产收取的租金、进行债权投资收取的利息、进行股权投资取得的现金股利等，也构成让渡资产使用权收入。

2. 按企业经营业务的主次不同进行分类

按企业经营业务的主次不同可将收入分为：主营业务收入和其他业务收入。

(1) 主营业务收入。主营业务收入是指企业为完成其经营目标所从事的经常性活动实现的收入。主营业务收入一般占企业的总收入的比重较大，会对企业的经济效益产生较大影响。不同行业企业的主营业务收入所包括的内容不同，比如，工业企业的主营业务收入主要包括销售商品、自制半成品、代制品、代修品，提供工业性劳务等实现的收入；商业企业的主营业务收入主要包括销售商品实现的收入；咨询公司的主营业务收入主要包括提供咨询服务实现的收入；安装公司的主营业务收入主要包括提供安装服务实现的收入。

(2) 其他业务收入。其他业务收入是指企业为完成其经营目标所从事的与经常性活动相关的活动实现的收入。其他业务收入属于企业日常活动中次要交易实现的收入，一般占企业总收入的比重较小。不同行业企业的其他业务收入所包括的内容不同，比如，工业企业的其他业务收入主要包括对外销售材料，对外出租包装物、商品或固定资产，对外转让无形资产使用权，对外进行权益性投资(取得现金股利)或债权性投资(取得利息)，提供非工业性劳务等实现的收入。

任务二 收入的确认条件

《企业会计准则第 14 号——收入》根据商品销售、提供劳务、让渡资产使用权收入分别规定了收入的确认条件。

一、销售商品收入的确认条件

销售商品收入的确认，一般应具备以下 5 个条件：

(1) 企业已将商品所有权上的主要风险和报酬转移给买方。企业已将商品使用权上的主要风险和报酬转移给买方，主要是指产生销售商品收入的交易已经完成，商品所有权凭证或实物已移交给买方，商品未来发生的贬值、毁损等主要风险由买方承担，商品未来实现的经济利益由买方享有。

(2) 企业既没有保留通常与所有权相联系的继续管理权，也没有对已售出的商品实施有效控制。企业将商品所有权上的主要风险和报酬转移给买方后，如仍然保留通常与所有权相联系的继续管理权，或仍然对售出的商品实施控制，则此项销售不能成立，不能确认相应的销售收入。

(3) 收入的金额能够可靠地计量。一般来说，销售商品收入可以根据赊销合同中规定的价格和成交量确定，但是，如果存在影响价格变动的不确定因素，则在销售商品价格最终确定之前，不应确认销售商品收入。

(4) 与交易相关的经济利益能够流入企业。企业销售商品的价款能否收回，是销售商品收入确认的重要条件。如果企业已将商品所有权上的主要风险和报酬转移给买方，且既没有保留通常与所有权相联系的继续管理权，也没有对售出的商品实施控制，但估计商品的价款收回的可能性不大，也不应确认销售商品收入。

(5) 相关的成本能够可靠地计量。由于在确认销售商品收入以后，还要按照配比原则计算销售商品利润，因此，如果与销售商品相关的成本不能可靠地计量，也不能确认该项销售商品收入。

企业销售商品应同时满足上述 5 个条件，才能确认收入。任何一个条件没有满足，即使收到货款，也不能确认收入。

二、提供劳务收入的确认条件

提供劳务的种类很多，如旅游、运输、餐饮、广告、洗染理发、照相、咨询、代理、培训、产品安装等。提供劳务的内容不同，完成劳务的时间也不等，有的劳务一次就能完成，且一般均为现金交易，如餐饮、理发、照相等；有的劳务需要较长一段时间才能完成，如产品安装、旅游、培训、远洋运输等。所以劳务收入应分别按下列情况确认：

(1) 在同一会计年度内开始并完成的劳务，应在劳务完成时确认收入，确认的金额为合同或协议总金额，确认方法可参照商品销售收入的确认方法。

(2) 如劳务的开始和完成分属不同的会计年度，在提供劳务交易的结果能够可靠估计的情况下，企业应在资产负债表日按完工百分比法确认相关的劳务收入。完工百分比法是指按照提供劳务交易的完成程度确认收入和费用的方法。

提供劳务交易的结果能否可靠估计，应依据以下条件进行判断，如同时满足以下条件，则交易的结果能够可靠地估计：① 收入的金额能够可靠地估计；② 相关的经济利益很可能流入企业；③ 交易的完工进度能够可靠地确定；④ 交易中已发生和将发生的成本能够可靠地计量。

在提供劳务交易的结果不能可靠估计的情况下，企业应在资产负债表日按已经发生并预计能够补偿的劳务成本金额确认收入，并按相同金额结转成本；如预计已经发生的劳务成本不能得到补偿，则不应确认收入，但应将已经发生的成本确认为当期损益。

三、让渡资产使用权收入的确认条件

根据《企业会计准则第 14 号——收入》规定，让渡资产使用权所形成的收入，主要包括因他人使用本企业现金而收取的利息收入以及因他人使用本企业的无形资产等而收取的使用费收入等。与销售商品和提供劳务相比，让渡资产使用权的交易比较简单。

(1) 让渡资产使用权的收入，同时满足下列两个条件时，才能予以确认：

① 相关的利益很可能流入企业；

② 收入的金额能够可靠地计量。

(2) 利息收入或使用费收入金额的确定方法如下：

① 利息收入金额，按照他人使用本企业货币资金的时间和实际利率计算确定。

② 使用费收入金额，按照有关合同或协议约定的收费时间和方法计算确定。

任务三　收入的核算

一、收入核算应设置的主要会计账户

为了总括地反映企业营业收入的实现情况，企业应设置"主营业务收入"和"其他业务收入"账户。

"主营业务收入"账户核算企业销售商品(产品)和提供劳务等发生的收入。该账户的贷方登记出售商品(产品)、自制半成品及提供劳务等取得的收入，借方登记发生的销货退回和销售折让冲减的收入，贷方余额为销售净收入，期末应将销售净收入转入"本年利润"账户，结转后"主营业务收入"账户无余额。该账户应按商品(产品)或劳务种类设置明细账。企业发生的销货退回和销售折让，应作为冲减商品(产品)销售收入处理。

"其他业务收入"账户核算企业除主营业务以外的经济业务所取得的收入。该账户的贷方登记企业提供其他业务所取得的收入，借方登记由各种原因减少的其他业务收入和期末结转的其他业务收入。企业实现的其他业务收入，按实际价款借记"库存现金""银行存款""应收账款""应收票据"等账户，贷记本账户。月末将该账户余额转入"本年利润"账户，结转后期末一般无余额。该账户应按其他业务的种类设置明细账。

根据收入与费用相配比的原则，企业在确定一定时期营业收入的同时，必须确定为取得收入而发生的必要的耗费和支出。为了准确核算这些耗费与支出，企业应设置"主营业务成本"和"其他业务成本"等账户。

"主营业务成本"账户用来核算企业销售商品或产品、自制半成品和提供工业性劳务等的成本，该账户的借方登记销售商品或产品的成本，期末将该账户余额转入"本年利润"账户，结转后该账户无余额。

"其他业务成本"账户核算企业除商品销售以外的其他销售或其他业务所发生的支出，包括销售成本和提供劳务而发生的相关成本、费用及交纳的税金等。企业发生的其他业务支出，借记本账户，贷记"原材料""包装物""累计折旧""生产成本""应付职工薪酬""应交税费""银行存款"等有关账户。期末应将本账户余额转入"本年利润"账户，结转后本账户无余额。本账户应按其他支出的种类设置明细账。

二、销售商品收入的核算

销售商品收入的会计处理主要涉及一般销售商品业务，销售商品不符合收入确认条件的业务，包括以现金折扣、商业折扣、销售折让、预收款方式销售商品的业务，销售退回业务，委托代销业务，销售材料等存货的业务。

1. 一般销售商品业务

企业在销售商品时，对符合收入确认条件的，即可按实际收到或应收价款的金额登记入账，借记"银行存款""应收账款""应收票据"等账户，按实现的销售收入，贷记"主营业务收入"账户，按专用发票上注明的增值税税额，贷记"应交税费——应交增值税(销项税额)"账户。同时，在月份终了，企业根据本月销售的各种商品的实际成本，计算出应结转的实际成本，借记"主营业务成本"账户，贷记"库存商品"等账户。另外，企业还应按规定计算销售商品应交的消费税、城市维护建设税等，按主营业务收入应交的各项税金及附加，借记"税金及附加"账户，贷记"应交税费"等账户。

【例 10-1】华兴公司为增值税一般纳税人，本月销售甲产品 100 件，单位售价 6 000 元(不含应向购买单位收取的增值税)，单位成本 4 200 元。公司已按合同发货，并用银行存款代垫支付运费，收到一张运输行业专用发票，注明运输费 2 000 元，增值税额 180 元，全部价税款均未收到，该产品适用增值税率为 13%。编制的会计分录如下：

销售发货时：

借：应收账款		680 180
贷：主营业务收入		600 000
应交税费——应交增值税(销项税额)		78 000
银行存款		2 180

结转已销商品的实际成本时：

借：主营业务成本		420 000
贷：库存商品		420 000

结算主营业务应交的税金及附加时：

借：税金及附加		7 800
贷：应交税费——应交城市维护建设税		5 460
——应交教育费附加		2 340

2. 销售商品不符合收入确认条件的业务

如果销售商品不符合收入确认条件，则不应确认收入。已经发出的商品，应当通过"发出商品"账户进行核算。"发出商品"账户核算在一般销售方式下已经发出但尚未确认销售收入的商品成本。

【例 10-2】乙公司采用托收承付方式向丙公司销售一批商品，开出的增值税专用发票上注明的销售价格为 150 000 元，增值税税额为 19 500 元。该批商品成本为 90 000 元。乙公司在售出该批商品时已得知丙公司资金周转暂时出现困难，但为了减少存货积压，同时也为了维护与丙公司长期以来建立的商业关系，乙公司仍将商品发出并办妥托收手续。假定乙公司销售该批商品的纳税义务已经发生，不考虑其他因素。编制的会计分录如下：

发出商品时：

借：发出商品		90 000
贷：库存商品		90 000
借：应收账款		19 500
贷：应交税费——应交增值税(销项税额)		19 500

得知丙公司经营情况出现好转，丙公司承诺近期付款时：

借：应收账款　　　　　　　　　　　　　　　150 000
　　贷：主营业务收入　　　　　　　　　　　　　　150 000
借：主营业务成本　　　　　　　　　　　　　　90 000
　　贷：发出商品　　　　　　　　　　　　　　　　90 000

3. 以现金折扣、商业折扣和销售折让方式销售商品的业务

现金折扣是指债权人为鼓励债务人在规定的期限内付款，而向债务人提供的债务扣除。现金折扣通常发生在以赊销方式销售商品及提供劳务的交易中。企业为了鼓励客户提前偿付货款，通常与债务人达成协议，债务人在不同时期内付款可享受不同比例的折扣。例如符号"2/10，1/20，N/30"，表示买方在 10 天内付款可按售价享受 2%的折扣，在 11～20 天内付款按售价享受 1%的折扣，在 21～30 天内付款则不享受折扣。

商业折扣是指企业为促进销售而在商品标价上给予的价格扣除。例如，企业为鼓励买主购买更多的商品规定对购买 10 件以上的购买者给予 10%的折扣，或对购买 10 件的购买者再送 1 件；再如，企业为尽快出售一些残次、陈旧、冷背的商品而进行降价销售，降低的价格也属于商业折扣。

销售折让是指企业因售出商品的质量不合格等原因而在售价上给予的减让。企业将商品销售给买方后，如买方发现商品在质量、规格等方面不符合要求，可能要求卖方在价格上给予一定的减让。销售折让可能发生在企业确认收入之前，也可能发生在企业确认收入之后，发生在确认收入之前的销售折让按照商业折扣处理，发生在收入确认之后的，通常应当在发生时冲减当期销售商品收入。

【例 10-3】某公司在 2019 年 9 月 1 日向 A 公司销售一批商品 100 件，增值税专用发票上注明售价 30 000 元，增值税税额 3 900 元。企业为了及早收回货款而在合同中规定现金折扣的条件为"2/10，1/20，N/30"，假定计算折扣时不考虑增值税。编制的会计分录如下：

9 月 1 日销售实现时，按总售价确认收入：

借：应收账款——A 公司　　　　　　　　　　33 900
　　贷：主营业务收入　　　　　　　　　　　　　30 000
　　　　应交税费——应交增值税(销项税额)　　　3 900

若 9 月 9 日买方付清货款，按售价 30 000 元的 2%承担现金折扣 600 元：

借：银行存款　　　　　　　　　　　　　　　33 300
　　财务费用　　　　　　　　　　　　　　　　600
　　贷：应收账款——A 公司　　　　　　　　　33 900

若 9 月 18 日买方付清货款，按售价 30 000 元的 1%承担现金折扣 300 元：

借：银行存款　　　　　　　　　　　　　　　33 600
　　财务费用　　　　　　　　　　　　　　　　300
　　贷：应收账款——A 公司　　　　　　　　　33 900

若 9 月 30 日买方付清货款，则不需要承担现金折扣：

借：银行存款　　　　　　　　　　　　　　　33 900
　　贷：应收账款——A 公司　　　　　　　　　33 900

【例 10-4】某企业销售 100 台电视机给甲企业，标价 2 000 元/台，成交时给予 5%的折扣优惠，则实际成交价格为 1 900 元/台。编制的会计分录如下：

借：应收账款——甲企业　　　　　　　　　　　　　　　 214 700
　　贷：主营业务收入　　　　　　　　　　　　　　　　　　 190 000
　　　　应交税费——应交增值税(销项税额)　　　　　　　　 24 700

【例 10-5】M 公司 10 月 6 日销售给 N 公司一批产品，增值税专用发票上注明的售价为 80 000 元，增值税税额为 10 400 元。在货物发出 10 天后收到 N 公司的通知，因商品质量问题，要求在价格上给予 5%的折让。M 公司同意该折让，并收到购货方税务机关出具的折让证明。M 公司的会计分录如下：

销售实现时：

借：应收账款——N 公司　　　　　　　　　　　　　　　 90 400
　　贷：主营业务收入　　　　　　　　　　　　　　　　　　 80 000
　　　　应交税费——应交增值税(销项税额)　　　　　　　　 10 400

发生销售折让时：

借：主营业务收入　　　　　　　　　　　　　　　　　　 4 000
　　应交税费——应交增值税(销项税额)　　　　　　　　　 520
　　　贷：应收账款——N 公司　　　　　　　　　　　　　　 4 520

实际收到 N 公司款项时：

借：银行存款　　　　　　　　　　　　　　　　　　　　 85 880
　　贷：应收账款——N 公司　　　　　　　　　　　　　　 85 880

4. 预收款方式销售商品的业务

预收款销售商品，是指购买方在商品尚未收到前按合同或协议约定分期付款，销售方在收到最后一笔款项时才交货的销售方式。在这种方式下，销售方直至收到最后一笔款项才将商品交付购货方，表明商品所有权上的主要风险和报酬只有在收到最后一笔款项时才转移给购货方，因此，企业通常应在发出商品时确认收入，在此之前预收的货款应确认为负债。

【例 10-6】甲企业与乙企业签订协议，采用分期预收款方式向乙企业销售一批实际成本为 750 000 元的商品。协议约定，该批商品销售价格为 1 000 000 元，增值税税额为 130 000 元；乙企业应在协议签订时预付 65%的货款(按销售价格计算)，剩余货款于 2 个月后支付。假定不考虑其他因素，甲企业编制的会计分录如下：

收到 65%的货款时：

借：银行存款　　　　　　　　　　　　　　　　　　　　 650 000
　　贷：预收账款——乙企业　　　　　　　　　　　　　　 650 000

收到剩余货款及增值税税额并确认收入时：

借：预收账款——乙企业　　　　　　　　　　　　　　　 650 000
　　银行存款　　　　　　　　　　　　　　　　　　　　　 480 000
　　　贷：主营业务收入　　　　　　　　　　　　　　　　 1 000 000
　　　　　应交税费——应交增值税(销项税额)　　　　　　　 130 000

借：主营业务成本   750 000

  贷：库存商品   750 000

5. 销售退回的业务

销售退回，是指企业售出的商品由于质量、品种不符合要求等原因而发生的退货。对于销售退回，企业应分别按下列不同情况进行账务处理：

(1) 未确认收入的售出商品发生销售退回的，企业应按已记入"发出商品"账户的商品成本金额，借记"库存商品"账户，贷记"发出商品"账户。采用计划成本或售价核算的，应按计划成本或售价记入"库存商品"账户，同时计算产品成本差异或商品进销差价。

(2) 已确认收入的售出商品发生销售退回的，企业一般应在发生时冲减当期销售商品收入，同时冲减当期销售商品成本。如该项销售退回已发生现金折扣，应同时调整相关财务费用的金额；如该项销售退回允许扣减增值税税额，应同时调整"应交税费——应交增值税(销项税额)"账户的相应金额。

(3) 已确认收入的售出商品发生销售退回属于资产负债表日后事项的，应按资产负债表日后事项的相关规定进行会计处理。

【例 10-7】正新公司 2019 年 6 月 15 日销售一批商品给伟华公司，增值税专用发票上注明价款为 50 000 元，增值税税额为 6 500 元，成本为 26 000 元。合同规定的现金折扣条件为"2/10，1/20，N/30"。伟华公司于 6 月 22 日付款，享受现金折扣 1 000 元。7 月 20 日，该批商品因质量原因被退回。正新公司的会计分录如下：

销售收入确认时：

借：应收账款——伟华公司   56 500

  贷：主营业务收入   50 000

    应交税费——应交增值税(销项税额)   6 500

结转成本时：

借：主营业务成本   26 000

  贷：库存商品   26 000

收到货款时：

借：银行存款   55 500

  财务费用   1 000

  贷：应收账款——伟华公司   56 500

销售退回时：

借：主营业务收入   50 000

  应交税费——应交增值税(销项税额)   6 500

  贷：财务费用   1 000

    银行存款   55 500

同时：

借：库存商品   26 000

  贷：主营业务成本   26 000

6. 委托代销商品的业务

委托代销商品有以下两种情况:

(1) 视同买断。视同买断,即由委托方和受托方签订协议,委托方按协议价收取所代销的货款,实际售价可由受托方自定,实际售价与协议价之间的差额归受托方所有。委托方将商品交付给受托方时,商品所有权上的主要风险和报酬并未转移给受托方,因此,委托方在交付商品时不确认收入,受托方也不作购进商品处理。受托方将商品销售后,按实际售价确认销售收入,并向委托方开具代销清单。委托方收到代销清单时,确认销售收入。

【例 10-8】A 企业委托 H 公司销售甲商品 100 件,协议价为 400 元/件,该商品成本350 元/件,增值税税率 13%。A 企业收到 H 公司开来的代销清单时开具增值税专用发票,发票上注明:售价 40 000 元,增值税额 5 200 元。H 公司实际销售时开具的增值税专用发票上注明:售价 50 000 元,增值税额 6 500 元。

A 企业的会计分录如下:

① A 企业将甲商品交付 H 公司时:

借:委托代销商品　　　　　　　　　　　　　　　　　　　35 000
　　贷:库存商品　　　　　　　　　　　　　　　　　　　　　　35 000

② A 企业收到 H 公司开来的代销清单,开具增值税专用发票时:

借:应收账款——H 公司　　　　　　　　　　　　　　　　45 200
　　贷:主营业务收入　　　　　　　　　　　　　　　　　　　　40 000
　　　　应交税费——应交增值税(销项税额)　　　　　　　　　5 200

借:主营业务成本　　　　　　　　　　　　　　　　　　　35 000
　　贷:委托代销商品　　　　　　　　　　　　　　　　　　　　35 000

③ 收到 H 公司汇来的货款时:

借:银行存款　　　　　　　　　　　　　　　　　　　　　45 200
　　贷:应收账款——H 公司　　　　　　　　　　　　　　　　45 200

H 公司的会计分录如下:

① H 公司收到 A 企业的甲商品时:

借:受托代销商品　　　　　　　　　　　　　　　　　　　40 000
　　贷:受托代销商品款　　　　　　　　　　　　　　　　　　　40 000

② 实际销售甲商品时:

借:银行存款　　　　　　　　　　　　　　　　　　　　　56 500
　　贷:主营业务收入　　　　　　　　　　　　　　　　　　　　50 000
　　　　应交税费——应交增值税(销项税额)　　　　　　　　　6 500

借:主营业务成本　　　　　　　　　　　　　　　　　　　40 000
　　贷:受托代销商品　　　　　　　　　　　　　　　　　　　　40 000

借:受托代销商品款　　　　　　　　　　　　　　　　　　40 000
　　应交税费——应交增值税(进项税额)　　　　　　　　　　5 200
　　贷:应付账款——A 企业　　　　　　　　　　　　　　　　45 200

③ 按合同协议价将价款付给 A 企业时:

借:应付账款——A 企业　　　　　　　　　　　　　　　　45 200

  贷：银行存款   45 200

  (2) 收取手续费。收取手续费，即受托方根据所代销的商品数量向委托方收取手续费，这对受托方来说实际上是一种劳务收入。这种代销方式与视同买断方式相比，主要特点在于：受托方通常应按照委托方规定的价格销售，不得自行改变售价。在这种代销方式下，委托方应在受托方将商品销售后并向委托方开具代销清单时确认收入；受托方在商品销售后，按应收取的手续费确认其他业务收入。

  【例 10-9】 承例 10-8，假设 H 公司按 400 元/件出售给顾客，A 企业按售价的 10%支付 H 公司手续费。H 公司实际销售甲商品时，开具增值税专用发票，发票上注明：售价40 000 元，增值税额 5 200 元。A 企业收到 H 公司开来的代销清单。

  A 企业的会计分录如下：

  ① 将甲商品交付 H 公司时：

  借：委托代销商品   35 000

    贷：库存商品   35 000

  ② 收到 H 公司开来的代销清单时：

  借：应收账款——H 公司   45 200

    贷：主营业务收入   40 000

      应交税费——应交增值税(销项税额)   5 200

  借：主营业务成本   35 000

    贷：委托代销商品   35 000

  借：销售费用   4 000

    应交税费——应交增值税(进项税额)   520

      贷：应收账款——H 公司   4 520

  ③ 收到 H 公司汇来的货款 41 200 元(45 200 − 4 520)时：

  借：银行存款   40 680

    贷：应收账款——H 公司   40 680

  H 公司的会计分录如下：

  ① 收到 A 企业的甲商品时：

  借：受托代销商品   40 000

    贷：受托代销商品款   40 000

  ② 实际销售甲商品时：

  借：银行存款   45 200

    贷：应付账款——A 企业   40 000

      应交税费——应交增值税(销项税额)   5 200

  借：受托代销商品款   40 000

    贷：受托代销商品   40 000

  ③ 收到委托方开来的增值税专用发票时：

  借：应交税费——应交增值税(进项税额)   5 200

    贷：应付账款——A 企业   5 200

  ④ 结清代销商品款，扣去应得的代销手续款：

借：应付账款——A 企业   45 200

    贷：其他业务收入   4 000

        应交税费——应交增值税(销项税额)   520

        银行存款   40 680

7. 销售材料等存货的业务

企业在日常活动中还可能发生对外销售不需要的原材料、随同商品对外销售单独计价的包装物等业务。企业销售原材料、包装物等存货也视同商品销售，其收入的确认和计量原则比照商品销售。企业销售原材料、包装物等存货实现的收入作为其他业务收入处理，结转的相关成本作为其他业务成本处理。

企业销售原材料、包装物等存货实现的收入以及结转的相关成本，通过"其他业务收入""其他业务成本"账户核算。

"其他业务收入"账户核算企业除主营业务活动以外的其他经营活动实现的收入，包括销售材料、出租包装物和商品、出租固定资产、出租无形资产等实现的收入。该账户贷方登记企业实现的各项其他业务收入，借方登记期末结转入"本年利润"账户的其他业务收入，结转后该账户应无余额。

"其他业务成本"账户核算企业除主营业务活动以外的其他经营活动所发生的成本，包括销售材料的成本、出租包装物的成本或摊销额、出租固定资产的折旧额、出租无形资产的摊销额等。该账户借方登记企业结转或发生的其他业务成本，贷方登记期末结转入"本年利润"账户的其他业务成本，结转后该账户应无余额。

【例 10-10】某企业销售积压原材料一批，价款 12 000 元，适用增值税税率 13%，该批原材料的实际成本为 8 500 元，企业已收到购货单位签发的商业承兑汇票。编制的会计分录如下：

取得原材料销售收入：

借：应收票据   13 560

    贷：其他业务收入   12 000

        应交税费——应交增值税(销项税额)   1 560

结转已销原材料的实际成本：

借：其他业务成本   8 500

    贷：原材料   8 500

三、提供劳务收入的核算

企业提供劳务的种类很多，如旅游、运输、餐饮、广告、咨询、代理、培训、产品安装等，有的劳务一次就能完成，且一般为现金交易，如餐饮、理发、照相等；有的劳务需要花费一段较长的时间才能完成，如产品安装、旅游、培训、远洋运输等。企业提供劳务收入的确认原则因劳务完成时间的不同而不同。

1. 在同一会计期间内开始并完成的劳务的账务处理

对于一次就能完成的劳务，或在同一会计期间内开始并完成的劳务，应在提供劳务交易完成时确认收入，确认的金额通常为从接受劳务方已收或应收的合同或协议价款，确认原则可参照销售商品收入的确认原则。

企业对外提供劳务，如属于企业的主营业务，所实现的收入应作为主营业务收入处理，结转的相关成本应作为主营业务成本处理；如属于主营业务以外的其他经营活动，所实现的收入应作为其他业务收入处理，结转的相关成本应作为其他业务成本处理。企业对外提供劳务发生的支出一般通过"劳务成本"科目予以归集，待确认为费用时，从"劳务成本"科目转入"主营业务成本"或"其他业务成本"科目。

对于一次就能完成的劳务，企业应在提供劳务完成时确认收入及相关成本。对于持续一段时间但在同一会计期间内开始并完成的劳务，企业应在为提供劳务发生相关支出时确认劳务成本，劳务完成时再确认劳务收入，并结转相关劳务成本。

【例 10-11】 甲公司为增值税一般纳税人，2019 年 10 月 10 日接受一项设备安装任务，该安装任务可以一次完成。2019 年 10 月 15 日，甲公司完成安装任务，开具的增值税专用发票上注明的安装价款为 9 000 元，增值税税额为 900 元，收到全部款项并存入银行。该安装业务实际发生安装成本 5 000 元。假定安装业务属于甲公司的主营业务。甲公司在安装业务完成时，编制的会计分录如下：

```
借：银行存款                              9 900
    贷：主营业务收入                              9 000
        应交税费——应交增值税(销项税额)                900
借：主营业务成本                          5 000
    贷：银行存款等                                5 000
```

若上述安装任务需花费一段时间(不超过本会计期间)才能完成，则应在为提供劳务发生有关支出时：

```
借：劳务成本
    贷：银行存款等
```

(注：以上分录未写明金额，主要是由于实际发生成本 5 000 元是总计数，而每笔归集劳务成本的分录金额不同，下同。)

待安装完成确认所提供劳务的收入并结转该项劳务总成本时：

```
借：银行存款                              9 900
    贷：主营业务收入                              9 000
        应交税费——应交增值税(销项税额)                900
借：主营业务成本                          5 000
    贷：银行存款等                                5 000
```

2. 劳务的开始和完成分属不同的会计期间的账务处理

1) 提供劳务交易结果能够可靠估计

如劳务的开始和完成分属不同的会计期间，且企业在资产负债表日提供劳务交易结果是能够可靠估计的，应采用完工百分比法确认提供劳务收入。同时满足下列条件的，即为提供劳务交易的结果能够可靠估计：

(1) 收入的金额能够可靠地计量。收入的金额能够可靠地计量，是指提供劳务收入的总额能够合理估计。通常情况下，企业应当按照从接受劳务方已收或应收的合同或协议价款确定提供劳务收入总额。随着劳务的不断提供，可能会根据实际情况增加或减少已收或应收的合同或协议价款，此时，企业应及时调整提供劳务收入总额。

(2) 相关的经济利益很可能流入企业。相关的经济利益很可能流入企业，是指提供劳务收入总额收回的可能性大于不能收回的可能性。企业在确定提供劳务收入总额能否收回时，应当结合接受劳务方的信誉、以前的经验以及双方就结算方式和期限达成的合同或协议条款等因素，综合进行判断。通常情况下，企业提供的劳务符合合同或协议要求，接受劳务方承诺付款，就表明提供劳务收入总额收回的可能性大于不能收回的可能性。

(3) 交易的完工进度能够可靠地确定。企业可以根据提供劳务的特点，选用下列方法确定提供劳务交易的完工进度：

① 已完成工作的测量，这是一种比较专业的测量方法，由专业测量师对已经提供的劳务进行测量，并按一定方法计算确定提供劳务交易的完工程度。

② 已经提供的劳务占应提供劳务总量的比例，这种方法主要以劳务量为标准确定提供劳务交易的完工程度。

③ 已经发生的成本占估计总成本的比例，这种方法主要以成本为标准确定提供劳务交易的完工程度。只有反映已提供劳务的成本才能包括在已经发生的成本中，只有反映已提供或将提供劳务的成本才能包括在估计总成本中。

(4) 交易中已发生和将发生的成本能够可靠地计量。交易中已发生和将发生的成本能够可靠地计量，是指交易中已经发生和将要发生的成本能够合理地估计。企业应当建立完善的内部成本核算制度和有效的内部财务预算及报告制度，准确地提供每期发生的成本，并对完成剩余劳务将要发生的成本作出科学、合理的估计。同时应随着劳务的不断提供或外部情况的不断变化，随时对将要发生的成本进行修订。

【例 10-12】甲公司为增值税一般纳税人，2019 年 12 月 1 日，甲公司与乙公司签订一项为期 3 个月的装修合同，合同约定装修价款为 500 000 元，增值税税额为 50 000 元。合同签订当日预付合同总价款(含增值税)的 50%，装修完成时支付剩余 50%的款项；当日，收到乙公司预付款项 275 000 元。2019 年 12 月 31 日，经专业测量师测量后，确定该项劳务的完工程度为 25%。截至 2019 年 12 月 31 日，甲公司为完成该合同累计发生劳务成本100 000 元，估计还将发生劳务成本 300 000 元。假定该业务属于甲公司的主营业务，全部由甲公司自行完成，适用的增值税税率为 10%，适用一般计税方法计税的项目预征率为2%。

2019 年 12 月 1 日甲公司编制的会计分录如下：

借：银行存款　　　　　　　　　　　　　　　　　　　275 000
　　贷：预收账款　　　　　　　　　　　　　　　　　　　　　275 000

甲公司收到预收款时，按照规定的预征率预缴增值税：

借：应交税费——预交增值税　　　　　　　　　　　　　5 000
　　贷：银行存款　　　　　　　　　　　　　　　　　　　　　5 000

根据《关于建筑服务等营改增试点政策的通知》(财税【2017】58 号)，纳税人提供建筑服务取得预收款，应在收到预收款时，以取得预收款扣除支付的分包款后的余额，按照规定的预征率预缴增值税。适用一般计税方法计税的项目预征率为 2%，适用简易计税方法计税的项目预征率为 3%。本例中，甲公司适用一般计税方法计税的项目预征率为 2%，且未将装修业务分包，其收到预收款 275 000 元时，应预缴增值税 = 275 000 ÷ (1 + 10%) × 2% = 5 000 (元)。

2019 年 12 月 31 日甲公司编制的会计分录如下：

借：预收账款   137 500
    贷：主营业务收入(500 000 × 25%)   125 000
        应交税费——应交增值税(销项税额)(125 000 × 10%)   12 500
借：主营业务成本   100 000
    贷：劳务成本   100 000
借：应交税费——未交增值税   5 000
    贷：应交税费——预交增值税   5 000

2) 提供劳务交易结果不能可靠估计

如劳务的开始和完成分属不同的会计期间，且企业在资产负债表日提供劳务交易结果是不能可靠估计的，即不能同时满足上述四个条件的，则不能采用完工百分比法确认提供劳务收入。此时，企业应当正确预计已经发生的劳务成本能否得到补偿，分以下几种情况处理：

(1) 已经发生的劳务成本预计全部能够得到补偿，应按已收或预计能够收回的金额确认提供劳务收入，并结转已经发生的劳务成本。

(2) 已经发生的劳务成本预计部分能够得到补偿的，应按能够得到部分补偿的劳务成本金额确认提供劳务收入，并结转已经发生的劳务成本。

【例 10-13】甲公司为增值税一般纳税人，培训业务适用的增值税税率为 6%。2018 年 12 月 25 日，甲公司接受乙公司委托，为其培训一批学员，培训期为 3 个月，2019 年 1 月 1 日开学。协议约定，乙公司应向甲公司支付不含增值税的培训费总额为 60 000 元，分三次支付，第一次在开学时预付 25 000 元，第二次在 2019 年 2 月 28 日支付 15 000 元，第三次在培训结束时支付 20 000 元。

2019 年 1 月 1 日，乙公司预付第一次培训费，甲公司开具的增值税专用发票上注明的培训费金额为 25 000 元，增值税税额为 1 500 元。甲公司 1 月、2 月各发生培训成本 16 000 元(假定全部为培训人员薪酬)。2019 年 2 月 28 日，甲公司得知乙公司经营发生困难，后两次培训费能否收回难以确定。假定此时已发生纳税义务，甲公司编制的会计分录如下：

2019 年 1 月 1 日收到乙公司预付的培训费：

借：银行存款   26 500
    贷：预收账款   25 000
        应交税费——应交增值税(销项税额)   1 500

2019 年 1 月实际发生培训成本 16 000 元：

借：劳务成本   16 000
    贷：应付职工薪酬   16 000

2019 年 1 月 31 日确认提供劳务收入并结转劳务成本：

借：预收账款   20 000
    贷：主营业务收入   20 000
借：主营业务成本   16 000
    贷：劳务成本   16 000

2019 年 2 月实际发生培训成本 16 000 元：

借：劳务成本　　　　　　　　　　　　　　　　　　　　16 000
　　贷：应付职工薪酬　　　　　　　　　　　　　　　　　　　　16 000

2019 年 2 月 28 日确认提供劳务收入并结转劳务成本：

借：预收账款　　　　　　　　　　　　　　　　　　　　5 000
　　贷：主营业务收入　　　　　　　　　　　　　　　　　　　　5 000
借：主营业务成本　　　　　　　　　　　　　　　　　　16 000
　　贷：劳务成本　　　　　　　　　　　　　　　　　　　　　　16 000
借：应收账款　　　　　　　　　　　　　　　　　　　　900
　　贷：应交税费——应交增值税(销项税额)　　　　　　　　　　900

本例中，甲公司已经发生的劳务成本 32 000 元预计只能部分得到补偿，即只能按预收款项得到补偿，应按预收账款 25 000 元确认劳务收入，并将已经发生的劳务成本 32 000 元结转入当期损益。甲公司虽然预计无法收回后两次培训费用，但合同约定的付款日期为 2 月 28 日。根据《营业税改增值税试点实施办法》的有关规定，增值税纳税义务发生时间为：纳税人发生应税行为并收讫销售款项或者取得索取销售款项凭据的当天，取得索取销售款项凭据的当天是指书面合同确定的付款日期。因此，甲公司 2 月 28 日应确认应缴纳的增值税销项税额。本例中，协议约定，2 月 28 日的合同款为 15 000 元，因此，应确认的增值税销项税额为 900 元(15 000 × 6%)。

(3) 已经发生的劳务成本预计全部不能得到补偿的，应将已经发生的劳务成本计入当期损益(主营业务成本或其他业务成本)，不确认提供劳务收入。

四、让渡资产使用权收入的核算

企业让渡资产使用权的收入，一般作为其他业务收入处理；让渡资产所计提的摊销额等，一般应作为其他业务成本处理。

【例 10-14】甲公司于 2020 年 1 月 1 日向乙公司转让某专利权的使用权，协议约定转让期为 5 年，每年年末收取使用费 200 000 元。2020 年该专利权计提的摊销额为 120 000 元，每月计提金额为 10 000。假定不考虑其他因素，编制的会计分录如下：

2020 年年末确认使用费收入：

借：应收账款(或银行存款)　　　　　　　　　　　　　200 000
　　贷：其他业务收入　　　　　　　　　　　　　　　　　　　　200 000

2020 年每月计提专利权摊销额：

借：其他业务成本　　　　　　　　　　　　　　　　　　10 000
　　贷：累计摊销　　　　　　　　　　　　　　　　　　　　　　10 000

练 习 题

一、单项选择题

1. 在视同买断销售商品的委托代销方式下，委托方确认收入的时间是(　　　)。

A. 委托方交付商品时　　　　　　　　　B. 受托方销售商品时

C. 委托方收到代销清单时　　　　　　　D. 委托方收到货款时

2. 在采用收取手续费方式委托代销商品时，委托方确认商品销售收入的时间点为( )。

A. 委托方发出商品时　　　　　　　　　B. 受托方销售商品时

C. 委托方收到受托方开具的代销清单时　D. 委托方收到代销商品的货款时

3. 按照企业会计准则的规定，销货企业发生的现金折扣应( )。

A. 冲减财务费用　　　　　　　　　　　B. 增加财务费用

C. 冲减销货成本　　　　　　　　　　　D. 增加销货成本

4. 企业取得的技术转让收入，应作为( )处理。

A. 主营业务收入　　　　　　　　　　　B. 其他业务收入

C. 营业外收入　　　　　　　　　　　　D. 冲减管理费用

5. 下列项目中，不属于其他业务收入的有( )。

A. 固定资产出售收入　　　　　　　　　B. 技术转让收入

C. 包装物出租收入　　　　　　　　　　D. 材料销售收入

二、多项选择题

1. 关于收入的特点，下列说法中正确的是( )。

A. 可以表现为资产的增加　　　　　　　B. 可以表现为负债的减少

C. 可以表现为资产的减少　　　　　　　D. 可以表现为所有者权益的增加

2. 下列各项中，不应记入商品销售收入的有( )。

A. 应收取的代垫运杂费　　　　　　　　B. 应收取的增值税销项税额

C. 预计可能发生的现金折扣　　　　　　D. 实际发生的商业折扣

三、业务题

1. A 企业 2019 年发生下列经济业务：

(1) 采用商业汇票结算方式，销售甲产品一批，销售收入 1 000 000 元，销项税额 130 000 元，开出增值税专用发票，并已收到承兑的商业汇票。该批甲产品实际成本为 700 000 元，该产品的消费税税率为 8%。

(2) 采用支票结算方式，销售原材料一批，价款 200 000 元(不含增值税)，实际成本 160 000 元，适用增值税税率为 13%，已开具增值税专用发票，全部款项已存入银行。

(3) 转让一项技术专利使用权，开出增值税专用发票，注明转让收入 100 000 元，增值税额 6 000 元，同时以现金支付该项技术专利使用权的咨询费 1 000 元。

(4) 发生乙产品销售退回 10 件，系本年度售出产品，该产品单位售价 20 000 元，单位销售成本 14 400 元，增值税税率为 13%。款项已全部退回。当月该企业销售乙产品 150 件，单位成本 14 400 元。采用从当月销售数量中扣除已退回产品的数量，计算结转乙产品当月的销售成本。

要求：编制有关会计分录。

2. A 公司委托 H 经销商销售商品 200 件，协议价为 800 元/件，成本为 500 元/件，适用的增值税税率为 13%。根据代销合同规定，H 经销商须按 800 元/件的价格对外销售，A

公司按售价的 10%付给 H 经销商手续费。月底，A 公司收到代销清单，本月 H 经销商已销售 100 件代销商品，A 公司随即开出增值税专用发票，确认销售收入 80 000 元，增值税额 10 400 元。H 经销商收到 A 公司开出的增值税专用发票后，将扣除手续费后的代销货款支付给 A 公司。

要求：

(1) 编制 A 公司有关代销业务的会计分录。

(2) 编制 H 经销商有关代销业务的会计分录。

项目十一 税收、费用和利润核算业务

【学习目标】
知识目标：了解增值税、消费税等概念，了解费用、所得税费用和利润的构成。
技能目标：能熟练进行增值税、消费税等的业务处理，能够完成费用、所得税费用、利润的会计业务处理。

任务一 税收的核算

按照税法规定，企业应当缴纳各种税费，具体包括增值税、消费税、企业所得税、关税、资源税、土地增值税、城市维护建设税、房产税、土地使用税、车船税、教育费附加以及代扣代缴的个人所得税等。这里我们介绍主要的流转税和具有附加性质的税种。

一、增值税

1. 增值税概述

增值税是对企业销售收入的增值额征收的一种流转税。增值额是企业在生产经营过程中新创造的价值，即企业销售收入扣除相应的外购材料、商品等成本的差额。增值税是一种价外税，凡在我国境内销售货物，提供加工、修理修配劳务以及进口货物的单位和个人，均应按期缴纳增值税。

2. 增值税的纳税人

在中华人民共和国境内销售货物或者提供加工、修理修配劳务以及进口货物的单位和个人，为增值税的纳税义务人。根据《中华人民共和国增值税暂行条例》规定，将纳税人按其经营规模及会计核算的健全与否划分为一般纳税人和小规模纳税人。

1) 增值税一般纳税人

增值税一般纳税人是指年应征增值税销售额(应税销售额)超过《中华人民共和国增值税暂行条例实施细则》规定的小规模纳税人标准的企业和企业性单位，即年应税劳务收入或年销售额超过财政部和国家税务总局规定标准 500 万元(不含本数)的纳税人。

下列纳税人不得办理一般纳税人认定手续：

(1) 个体经营者以外的其他个人；

(2) 从事货物零售业务的小规模企业；

(3) 销售免税货物的企业；

(4) 不经常发生增值税应税行为的企业。

增值税一般纳税人须向企业所在地主管国税机关申请办理一般纳税人认定手续，以取得法定资格。被认定为一般纳税人的企业，可以使用增值税专用发票。如一般纳税人违反专用发票使用规定，税务机关除按税法规定处罚外，还要在 6 个月内禁止其使用专用发票；对会计核算不健全，不能向税务机关提供准确税务资料的，停止其抵扣进项税额，取消其专用发票使用权。

2) 增值税小规模纳税人

小规模纳税人的认定标准是：年应税劳务收入或年销售额没有超过财政部和国家税务总局规定标准 500 万元(含本数)的纳税人。

年应征增值税销售额超过小规模纳税人标准的个人、非企业性单位、不经常发生应税行为的企业，视同小规模纳税人纳税。

对小规模纳税人的确认，由主管税务机关依税法规定的标准认定。

3. 税率

一般纳税人增值税率为 13%；对购入的免税农产品、收购的废旧物资等可以按买价(或收购价)的 9%计算进项税额，并准予从销项税额中抵扣；对运费可以按运费的 9%计算进项税额，并准予从销项税额中抵扣；出口货物实行零税率。增值税税率和征收率见表 11-1。

小规模纳税人，不实行税款抵扣制，该类企业需要按照产品销售额的一定比例(通常为 3%)缴纳增值税，不享有进项税额抵扣权，其购进货物和接受应税劳务时支付的增值税，直接计入有关货物和劳务的成本。

表 11-1(a)　增值税税率表

(适用一般纳税人)

纳税人	增值税项目	税率
	销售或者进口货物(另有列举的货物除外)；销售劳务	13%
一般纳税人	销售或者进口： 1. 粮食等农产品、食用植物油、食用盐； 2. 自来水、暖气、冷气、热水、煤气、石油液化气、天然气、二甲醚、沼气、居民用煤炭制品； 3. 图书、报纸、杂志、音像制品、电子出版物； 4. 饲料、化肥、农药、农机、农膜； 5. 国务院规定的其他货物	9%
	购进农产品进项税额扣除率	扣除率
	对增值税一般纳税人购进农产品，原适用10%扣除率的，扣除率调整为9%	9%
	对增值税一般纳税人购进用于生产或者委托加工13%税率货物的农产品，按照10%扣除率计算进项税额	10%
	营改增项目	税率
交通运输服务	陆路运输服务、水路运输服务、航空运输服务（含航天运输服务）和管道服务、无运输工具承运服务	9%
邮政服务	邮政普遍服务、邮政特殊服务、其他邮政服务	9%

纳税人	增值税项目		税率
一般纳税人	电信服务	基础电信服务	9%
		增值电信服务	6%
	建筑服务	工程服务、安装服务、修缮服务、装饰服务和其他建筑服务	9%
	销售不动产	转让建筑物、构筑物等不动产所有权	9%
	金融服务	贷款服务、直接收费金融服务、保险服务和金融商品转让	6%
	现代服务	研发和技术服务、信息技术服务、文化创意服务、物流辅助服务、鉴证咨询服务、广播影视服务、商务辅助服务、其他现代服务	6%
		有形动产租赁服务	13%
		不动产租赁服务	9%
	生活服务	文化体育服务、教育医疗服务、旅游娱乐服务、餐饮住宿服务、居民日常服务、其他生活服务	6%
	销售无形资产	转让技术、商标、著作权、商誉、自然资源和其他权益性无形资产使用权或所有权	6%
		转让土地使用权	9%
纳税人	出口货物、服务、无形资产		税率
	纳税人出口货物(国务院另有规定的除外)		零税率
	境内单位和个人跨境销售国务院规定范围的服务、无形资产		零税率
	销售货物、劳务，提供的跨境应税行为，符合免税条件的		免税
	境内的单位和个人销售适用增值税零税率的服务或无形资产的，可以放弃适用增值税零税率，选择免税或按规定缴纳增值税。放弃适用增值税零税率后，36 个月内不得再申请适用增值税零税率		

表 11-1(b)　增值税征收率表

（适用小规模纳税人以及允许采用简易计税方式的一般纳税人）

纳税人	简 易 计 税	征收率
小规模纳税人以及允许适用简易计税方式的一般纳税人	小规模纳税人销售货物或者加工、修理修配劳务，销售应税服务、无形资产；一般纳税人发生按规定适用或者可以选择适用简易计税方法计税的特定应税行为，但适用 5%征收率的除外	3%
	销售不动产；符合条件的经营租赁不动产(土地使用权)；转让营改增前的土地使用权；房地产开发企业销售、出租自行开发的房地产老项目；符合条件的不动产融资租赁；选择差额纳税的劳务派遣、安全保护服务；一般纳税人提供人力资源外包服务	5%
	个人出租住房，按照 5%的征收率减按 1.5%计算应纳税额	5%减按 1.5%
	纳税人销售旧货；小规模纳税人(不含其他个人)以及符合规定情形的一般纳税人销售自己使用过的固定资产，可依 3%征收率减按 2%征收增值税	3%减按 2%

4. 一般纳税人增值税的核算

1) 应纳增值税的计算

一般纳税人应纳增值税额 = 当期销项税额 - 当期进项税额

除出口货物外，因当期销项税额小于当期进项税额而不足抵扣时，其不足部分可结转下期继续抵扣。

销项税额是指企业销售货物或提供应税劳务，按照销售额和规定的税率计算并向购买方收取的增值税。其中，销售额是指企业销售货物或提供应税劳务时向购买方收取的全部价款和价外费用，但不包括收取的销项税额。如果企业采用销售额和销项税额合并定价的，应将含税销售额换算成不含税销售额，并按不含税销售额计算销项税额。其换算公式如下：

$$不含税销售额 = \frac{含税销售额}{1+增值税税率}$$

进项税额是指企业购进货物或接受应税劳务时支付的增值税额。准予从销项税额中抵扣的进项税额包括：

(1) 从销售方取得的增值税专用发票上注明的增值税税额；

(2) 从海关取得的完税凭证上注明的增值税税额；

(3) 购进免税农产品或收购废旧物资，按照经税务机关批准使用的收购凭证上注明的价款或收购金额的一定比率计算的进项税额；

(4) 购进货物和销售货物所支付的运输费用，按 7% 的扣除率计算的进项税额。

企业购进货物或者接受应税劳务时没有按照规定取得并保存增值税扣税凭证，或者增值税扣税凭证上未按照规定注明增值税税额及其他有关事项的，其进项税额不能从销项税额中抵扣。不能从销项税额中抵扣的进项税额只能计入购进货物或者接受劳务的成本。

2) 账户设置

一般纳税企业核算增值税，在"应交税费"账户下设置"应交增值税"和"未交增值税"两个明细账户，用来反映应交增值税的发生、抵扣、进项转出、计提、缴纳、退还等情况。

"应交税费——应交增值税"明细账户分别设置"进项税额""已交税金""转出未交增值税""减免税款""销项税额""出口退税""进项税额转出""出口抵减内销产品应纳税额""转出多交增值税"等专栏。其账户格式如表 11-2 所示。

表 11-2　应交税费——应交增值税

(略)	借 方						贷 方					借或贷	余额
	合计	进项税额	已交税金	减免税款	出口抵减内销产品应纳税额	转出未交增值税	合计	销项税额	出口退税	进项税额转出	转出多交增值税		

"应交税费——未交增值税"账户核算企业月份终了从"应交税费——应交增值税"账户中转出的当月未交或多交的增值税。该账户贷方发生额，反映企业月末从"应交增值税"中转入的当月发生的应交未交增值税额；借方发生额，反映企业本月多交的增值税或补缴的以前月份欠税。期末贷方余额反映企业当月应交未交增值税额，借方余额反映企业当月多交增值税额。

3) 主要账务处理

(1) 采购物资和接受应税劳务的账务处理。企业从国内采购物资或接受应税劳务等，根据增值税专用发票上记载的应计入采购成本或应计入加工、修理修配等物资成本的金额，借记"材料采购""在途物资""原材料""库存商品""生产成本""制造费用""委托加工物资""管理费用"等账户，根据增值税专用发票上注明的可抵扣的增值税额，借记"应交税费——应交增值税(进项税额)"账户，按照应付或实际支付的总额，贷记"应付账款""应付票据""银行存款"等账户。购入的货物发生退货时，作相反的会计分录。

【例11-1】某企业购入原材料一批，增值税专用发票注明的价款为 40 000 元，增值税税额为 5 200 元，另支付运输费，取得运输发票一张，注明运输费 1 000 元，增值税税额 90 元，材料已验收入库，所有款项均已通过银行存款支付。该企业编制的会计分录如下：

借：原材料　　　　　　　　　　　　　　　　　　41 000
　　应交税费——应交增值税(进项税额)　　　　　　5 290
　　贷：银行存款　　　　　　　　　　　　　　　　　46 290

【例11-2】某企业购进免税农产品一批，已验收入库，实际支付价款为 35 000 元，以银行存款支付。编制的会计分录如下：

$$准予抵扣的进项税额 = 35\ 000 \times 9\% = 3\ 150\ (元)$$

借：原材料　　　　　　　　　　　　　　　　　　31 850
　　应交税费——应交增值税(进项税额)　　　　　　3 150
　　贷：银行存款　　　　　　　　　　　　　　　　　35 000

(2) 进项税额转出。企业购进的货物发生非正常损失，以及将购进货物改变用途(如用于非应税项目、集体福利或个人消费等)，其进项税额应通过"应交税费——应交增值税(进项税额转出)"账户转入有关账户，借记"待处理财产损溢""在建工程""应付职工薪酬"等账户，贷记"应交税费——应交增值税(进项税额转出)"账户；属于转作待处理财产损失的进项税额，应与遭受非常损失的购进货物、在产品或库存商品的成本一并处理。

【例11-3】某企业库存材料因管理不善意外毁损一批，有关增值税专用发票确认的成本为 20 000 元，增值税额为 2 600 元。该企业根据有关凭证编制的会计分录如下：

借：待处理财产损溢——待处理流动资产损溢　　　　22 600
　　贷：原材料　　　　　　　　　　　　　　　　　　20 000
　　　　应交税费——应交增值税(进项税额转出)　　　2 600

【例11-4】2019 年 5 月 15 日，新华公司所属的职工医院维修领用一批圆钢，该批材料购买时金额为 5 000 元，税额 650 元，编制的会计分录如下：

借：在建工程　　　　　　　　　　　　　　　　　　5 650
　　贷：原材料　　　　　　　　　　　　　　　　　　5 000

应交税费——应交增值税(进项税额转出)　　　　　　650

(3) 销售物资和提供应税劳务。企业销售物资和提供应税劳务，应按实现的销售收入和按规定收取的增值税税额，借记"银行存款""应收账款""应收票据""预收账款"等账户，贷记"应交税费——应交增值税(销项税额)""主营业务收入""其他业务收入"等账户。

【例 11-5】某公司为外单位加工产品 500 个，每个收取加工费 200 元，适用的增值税税率为 13%，加工完成，款项已收到并存入银行。该公司的会计分录如下：

借：银行存款　　　　　　　　　　　　　　　113 000
　　贷：主营业务收入　　　　　　　　　　　　　100 000
　　　　应交税费——应交增值税(销项税额)　　　　13 000

(4) 视同销售行为。企业将自产或委托加工的货物用于非应税项目(如固定资产工程项目等)，会计上按照货物成本转账，税收上应视为销售计算应交增值税税额，借记"在建工程"等账户，贷记"库存商品""应交税费——应交增值税(销项税额)"等账户。

【例 11-6】某水泥厂进行厂房改造，领用本企业生产的水泥 100 吨，每吨成本为 260 元，售价为 300 元。该厂适用增值税税率为 13%。根据有关凭证编制的会计分录如下：

销项税额 = 100 × 300 × 13% = 3 900 (元)

借：在建工程　　　　　　　　　　　　　　　29 900
　　贷：库存商品　　　　　　　　　　　　　　　26 000
　　　　应交税费——应交增值税(销项税额)　　　　3 900

企业将自产、委托加工或购买的货物对外投资或捐赠，会计上按照货物的账面价值转账，税收上应视同销售计算应交增值税，借记"长期股权投资"或"营业外支出"等账户，贷记"应交税费——应交增值税(销项税额)""原材料""库存商品"等账户。

【例 11-7】某公司用产成品对甲公司投资，取得甲公司 5%的股权。该批产品的成本为 1 000 000 元，计税价格为 1 200 000 元，适用的增值税税率为 13%。该交换不具有商业实质。该公司的会计分录如下：

销项税额 = 1 200 000 × 13% = 156 000 (元)

借：长期股权投资　　　　　　　　　　　　1 156 000
　　贷：库存商品　　　　　　　　　　　　　1 000 000
　　　　应交税费——应交增值税(销项税额)　　　156 000

(5) 缴纳增值税。企业交纳本月的增值税时，借记"应交税费——应交增值税(已交税金)"账户，贷记"银行存款"账户；交纳以前月份欠缴税款时，借记"应交税费——未交增值税"账户，贷记"银行存款"账户。

【例 11-8】M 公司 9 月末以存款交纳本月增值税额 70 000 元。M 公司的会计分录如下：

借：应交税费——应交增值税(已交税金)　　　　70 000
　　贷：银行存款　　　　　　　　　　　　　　　70 000

(6) 月末转出未交和多交的增值税。月末转出未交增值税时，借记"应交税费——应交增值税(转出未交增值税)"账户，贷记"应交税费——未交增值税"账户；转出多交增值税时，借记"应交税费——未交增值税"账户，贷记"应交税费——应交增值税(转出多交增值税)"账户。这样就把当月缴纳本月的增值税和当月缴纳以前月份的增值税区分开来了。

【例 11-9】N 公司 10 月末计算本公司本月欠缴增值税为 80 000 元。N 公司的会计分录如下：

  借：应交税费——应交增值税(转出未交增值税)   80 000
    贷：应交税费——未交增值税   80 000

5. 小规模纳税人增值税的核算

小规模纳税企业购进货物或接受应税劳务时，无论是否开具增值税专用发票，其所支付的增值税额均不得计入进项税额由销项税额抵扣，而应计入购入货物的成本；小规模纳税企业在销售货物或提供应税劳务时一般不能开具增值税专用发票，而只能开具普通发票，且需要按照销售额的一定比例(3%)缴纳增值税。

【例 11-10】华兴公司被核定为小规模纳税企业，本月购入原材料按照增值税专用发票上记载的原材料价款为 200 000 元，支付的增值税额为 34 000 元，企业开出商业汇票，材料已到达入库。该企业本期销售产品，销售价格总额 500 000 元，增值税率为 3%，货款尚未收到。会计分录如下：

  借：原材料   23 400
    贷：应付票据   23 400
  借：应收账款   515 000
    贷：主营业务收入   500 000
      应交税费——应交增值税   15 000

二、消费税

消费税是国家对某些需要限制和调节的消费品或消费行为征收的一种流转税。我国现行税制规定的应税消费品包括 14 个大类：烟，酒及酒精，成品油，小汽车，摩托车，游艇，汽车轮胎，鞭炮，焰火，化妆品，贵重首饰及珠宝玉石，高档手表，高尔夫球及球具，实木地板，木制一次性筷子。凡是在我国境内生产、委托加工和进口应税消费品的单位和个人，均应按规定计算、缴纳消费税。消费税实行从价定率计征和从量定额计征两种征收办法。

1. 销售产品应交消费税

消费税实行价内征收。企业交纳的消费税，计入"税金及附加"账户。按规定应交的消费税，在"应交税费"账户下设置应交消费税明细账户核算。

【例 11-11】某公司销售汽车轮胎应纳消费税税额为 36 000 元。会计分录如下：

  借：税金及附加   36 000
    贷：应交税费——应交消费税   36 000

2. 自产自用应税消费品

企业将生产的应税消费品用于在建工程等非生产机构时，按规定应缴纳的消费税，借记"在建工程"等账户，贷记"应交税费——应交消费税"账户。

【例 11-12】某企业将自产的一批应纳消费税产品用于职工福利，该批产品成本43 000 元，销售价 50 000 元，增值税率 13%，消费税税率 10%。该企业的会计分录如下：

借：应付职工薪酬——非货币性福利　　　　　　　　　61 500
　　贷：主营业务收入　　　　　　　　　　　　　　　　　　50 000
　　　　应交税费——应交增值税(销项税额)　　　　　　　　6 500
　　　　应交税费——应交消费税　　　　　　　　　　　　　5 000

【例 11-13】某企业在建工程领用本企业自产的一批应纳消费税产品，该批产品成本48 000 元，应纳增值税额 7 800 元，应纳消费税额 4 800 元。该企业的会计分录如下：

借：在建工程　　　　　　　　　　　　　　　　　　　60 600
　　贷：库存商品　　　　　　　　　　　　　　　　　　　　48 000
　　　　应交税费——应交增值税(销项税额)　　　　　　　　7 800
　　　　　　　　——应交消费税　　　　　　　　　　　　　4 800

3. 委托加工应税消费品

需要交纳消费税的委托加工物资，一般于委托方提货时，由受托方代收代交税款，受托方按应交税款金额，借记"应收账款""银行存款"等账户，贷记"应交税费——应交消费税"账户。委托加工物资收回后，直接用于销售的，应将代收代交的消费税计入委托加工物资的成本；委托加工物资收回后用于连续生产的，按规定准予抵扣，应按代收代交的消费税，借记"应交税费——应交消费税"账户，贷记"应付账款""银行存款"等账户。

【例 11-14】中远公司委托 M 企业加工材料(非金银首饰)，原材料价款为 320 000 元，加工费用为 90 000 元，由受托方代收代交的消费税为 8 000 元，材料已经加工完毕并验收入库，加工费用尚未支付。该企业材料采用实际成本进行核算。

如果委托方收回加工后的材料用于继续生产应税消费品，则委托方(中远公司)编制的会计分录如下：

借：委托加工物资　　　　　　　　　　　　　　　　　320 000
　　贷：原材料　　　　　　　　　　　　　　　　　　　　　320 000
借：委托加工物资　　　　　　　　　　　　　　　　　　90 000
　　应交税费——应交消费税　　　　　　　　　　　　　　8 000
　　贷：应付账款　　　　　　　　　　　　　　　　　　　　98 000
借：原材料　　　　　　　　　　　　　　　　　　　　410 000
　　贷：委托加工物资　　　　　　　　　　　　　　　　　　410 000

如果收回的材料直接用于销售，则委托方(中远公司)编制会计分录如下：

借：委托加工物资　　　　　　　　　　　　　　　　　320 000
　　贷：原材料　　　　　　　　　　　　　　　　　　　　　320 000
借：委托加工物资　　　　　　　　　　　　　　　　　　98 000
　　贷：应付账款　　　　　　　　　　　　　　　　　　　　98 000
借：原材料　　　　　　　　　　　　　　　　　　　　418 000
　　贷：委托加工物资　　　　　　　　　　　　　　　　　　418 000

三、其他应交税费的核算

1. 应交城市维护建设税和应交教育费附加

城市维护建设税，是指对缴纳增值税、消费税单位和个人，以其实际缴纳的上述"二税"税额为计税依据而征收的一种税，实质是"二税"的附加税。

教育费附加是国家为了发展地方教育事业而随同"二税"同时征收的一种附加费，严格来说不属于税收的范畴，但由于同城市维护建设税类似，因此也可以视同税款进行核算。

(1) 应交城市维护建设税和应交教育费附加的计算公式如下：

应交城市维护建设税税额 = (应交增值税 + 应交消费税) × 7%

应交教育费附加税额 = (应交增值税 + 应交消费税) × 3%

(2) 应交城市维护建设税和应交教育费附加的核算：企业按规定计提应交的城市维护建设税和教育费附加时，借记"税金及附加""其他业务成本""管理费用"等账户，贷记"应交税费——应交城市维护建设税"和"应交税费——应交教育费附加"账户。企业实际缴纳上述税款时，借记"应交税费——应交城市维护建设税"和"应交税费——应交教育费附加"账户，贷记"银行存款"等账户。

【例 11-15】某企业本月主营业务应交增值税 90 000 元，材料销售业务应交增值税 5 000 元，本月应交消费税 20 000 元。该公司的会计分录如下：

企业结转应纳税额：

"二税"税额之和 = 90 000 + 5 000 + 20 000 = 115 000(元)

应交城市维护建设税税额 = 115 000 × 7% = 8 050(元)

应交教育费附加税额 = 115 000 × 3% = 3 450(元)

借：税金及附加　　　　　　　　　　　　　　　　　11 500

　　贷：应交税费——应交城市维护建设税　　　　　　　　8 050

　　　　　　　　——应交教育费附加　　　　　　　　　　3 450

企业以存款缴纳税款：

借：应交税费——应交城市维护建设税　　　　　　　　8 050

　　　　　　——应交教育费附加　　　　　　　　　　　3 450

　　贷：银行存款　　　　　　　　　　　　　　　　　　　11 500

2. 应交个人所得税

所得税包括企业所得税和个人所得税。个人所得税是指对在我国境内的个人所得和来源于我国的个人所得征收的一种税，个人所得税由单位代扣代缴。

企业按规定计算的代扣代缴的职工个人所得税，借记"应付职工薪酬——工资"账户，贷记"应交税费——应交个人所得税"账户；企业缴纳个人所得税时借记"应交税费——应交个人所得税"账户，贷记"银行存款"账户。

【例 11-16】某企业本月应付职工工资总额为 600 000 元，代扣代缴的个人所得税为 7 100 元，实发工资为 592 900 元。该企业的应交个人所得税的会计分录如下：

借：应付职工薪酬——工资　　　　　　　　　　　　7 100

　　贷：应交税费——应交个人所得税　　　　　　　　　　　　　　　　7 100

3. 应交资源税

　　资源税是对我国境内开采矿产品或生产盐的单位和个人征收的税。资源税按照应税产品的课税数量和规定的单位税额计算。开采或生产应税产品对外销售的，以销售数量为课税数量；开采或生产应税产品自用的，以自用数量为课税数量。

　　企业结转销售应税产品应纳资源税时，应借记"税金及附加"账户，贷记"应交税费——应交资源税"账户；企业结转自产自用应税产品应纳资源税时，应借记"生产成本"账户，贷记"应交税费——应交资源税"账户。企业以银行存款上交资源税时，借记"应交税费——应交资源税"账户，贷记"银行存款"账户。

　　【例 11-17】某企业对外销售资源税产品 1 000 吨，每吨应交资源税 5 元。该企业的会计分录如下：

　　借：税金及附加　　　　　　　　　　　　　　　　　　　　　　　5 000
　　　　贷：应交税费——应交资源税　　　　　　　　　　　　　　　　　5 000

4. 应交土地增值税

　　土地增值税是指对我国境内有偿转让土地使用权、地上建筑物及其附着物的单位和个人，就其土地增值额征收的一种税。土地增值额是指转让收入减去规定扣除金额后的余额。转让收入包括货币收入、实物收入和其他收入。扣除项目主要包括取得土地使用权所支付的金额、开发土地的费用、新建及配套设施的成本、旧房及建筑物的评估价格等。

　　企业计算结转转让土地使用权连同地上建筑物及附着物应缴纳的土地增值税，借记"固定资产清理"或"在建工程"等账户，贷记"应交税费——应交土地增值税"账户；实际缴纳土地增值税税款时，借记"应交税费——应交土地增值税"账户，贷记"银行存款"账户。企业兼营房地产开发业务的，其房地产开发业务应纳的土地增值税应计入"其他业务成本"账户。

　　【例 11-18】某企业对外转让一栋厂房，根据税法规定计算应交的土地增值税为 32 000 元。该企业的会计分录如下：

　　借：固定资产清理　　　　　　　　　　　　　　　　　　　32 000
　　　　贷：应交税费——应交土地增值税　　　　　　　　　　　　32 000
　　借：应交税费——应交土地增值税　　　　　　　　　　　　32 000
　　　　贷：银行存款　　　　　　　　　　　　　　　　　　　　32000

5. 应交房产税、土地使用税和车船税

　　房产税是国家在城市、县城、建制镇和工矿区征收的，由房屋产权所有人缴纳的一种税。房产税依照房产原值一次扣减 10%～30%的余值计算缴纳。房产出租的，以房产租金收入为房产税计税依据。

　　土地使用税是国家为了合理利用城镇土地，调节土地级差收入，提供土地使用效率，加强土地管理而征收的一种税。土地使用税以纳税人实际占用的土地面积为计税依据，按照规定税额计算征收。

　　车船税是对拥有并使用车船的单位和个人征收的一种税。车船税以应税车船为征税对象，以征税对象的计量标准(辆、净吨位、载重吨)为计税依据。

　　企业按规定计算缴纳的房产税、土地使用税、车船税应借记"管理费用"账户，贷记"应交税费——应交房产税(或土地使用税、车船税)"账户；以银行存款上交税款时，借记"应交税费——应交房产税(或土地使用税、车船税)"账户，贷记"银行存款"账户。

四、不通过"应交税费"账户核算的税费

1. 车辆购置税的核算

　　根据《中华人民共和国车辆购置税暂行条例》，企业单位和个人购置(包括购买、进口、自产、受赠、获奖或其他方式取得并自用)应税车辆的行为，均应按规定缴纳车辆购置税。车辆购置税实行从价定率征收，购买车辆以支付给销售者的全部价款和价外费用(不包括增值税税款)之和为计税依据；进口车辆以关税完税价格、关税和应纳消费税三者之和为计税依据。车辆购置税税率为10%。车辆购置税实行一次征收制度，购置已征车辆购置税的车辆，不再征收车辆购置税。

　　车辆购置税应由购置应税车辆的企业，在办理车辆注册登记前计算缴纳，所以，车辆购置税不形成应交款项，不必通过"应交税费"账户核算。应由企业在购置车辆计算缴纳税款时，直接计入固定资产价值，借记"固定资产"账户，贷记"银行存款"账户。

　　【例11-19】中景公司购置自用汽车一辆，买价300 000元，增值税税额39 000元，相关费用10 000元，价税款共计349 000已用银行存款支付。企业应缴纳的车辆购置税为：

$$应纳车辆购置税 = (300\,000 + 10\,000) \times 10\% = 31\,000(元)$$

　　企业以银行存款一次性支付购置车辆价税款349 000元，缴纳车辆购置税31 000元时，编制的会计分录如下：

```
借：固定资产                                    341 000
      应交税费——应交增值税(进项税额)              39 000
    贷：银行存款                                           380 000
```

2. 印花税的核算

　　印花税是对在我国境内书立、领受经济活动中签立的各种合同、产权转移书据、营业账簿、权利许可证照等应税凭证文件为对象所征的税。一般情况下，企业需要预先购买印花税票，待发生应税行为时，再根据凭证的性质和规定的税率比例或按件计算应纳税额，将已购买的印花税票粘贴在应纳税凭证上，并在每枚税票的骑缝处盖戳注销或划销，办理订税手续。企业缴纳的印花税，不会发生应付未付税款的情况，不需要预计应纳税金额，同时也不存在与税务机关结算或清算的问题。因此，企业缴纳的印花税不需要通过"应交税费"账户核算。

　　企业购买印花税票时，借记"管理费用"账户，贷记"银行存款"或"库存现金"账户。

　　【例11-20】某企业以银行存款购买印花税票5 400元，编制的会计分录如下：

```
借：管理费用——印花税                          5 400
    贷：银行存款                                          5 400
```

任务二　费用的核算

一、费用概述

1. 费用的概念和特征

费用是企业在日常活动中发生的、会导致所有者权益减少的、与向所有者分配利润无关的经济利益的总流出。企业在生产经营过程中发生的各项耗费,包括产品生产费用和期间费用。它主要有以下特征:

(1) 费用最终会减少企业的资源。

这种减少具体表现为企业资金支出,从这个意义上说,费用本质上是企业经济利益的流出,它与资产流入企业所形成的收入相反。

(2) 费用会减少企业的所有者权益。

费用通常是为取得某项营业收入而发生的耗费,可以表现为资产的减少或负债的增加,最终会减少企业的所有者权益。

2. 费用的分类

费用按经济用途进行分类,可分为产品生产费用和期间费用。

1) 产品生产费用

产品生产费用(即产品的制造成本)由以下项目组成。

(1) 直接材料:是指直接用于产品生产、构成产品实体的原料、主要材料、外购半成品及有助于产品形成的辅助材料和其他直接材料。

(2) 直接人工:是指直接参加产品生产的工人工资、奖金、津贴以及按生产工人工资总额和企业根据实际情况确定的比例计算提取的职工福利。

(3) 燃料和动力:是指直接用于产品生产的外购和自制的燃料和动力费用。

(4) 制造费用:是指企业各生产单位为组织和管理生产而发生的各项间接费用。

2) 期间费用

期间费用是指不能直接或间接归属于某个特定产品成本的费用,主要包括销售费用、管理费用和财务费用。

期间费用在发生的当期就全部计入当期损益,而不计入产品成本,这样有助于简化成本核算工作,保证成本计算的准确性。

二、期间费用的核算

1. 销售费用的核算

1) 销售费用的内容

销售费用是指企业在销售商品和材料、提供劳务的过程中发生的各种费用,包括企业销售商品过程中发生的运输费、装卸费、包装费、保险费、展览费和广告费,以及为销售本企业商品而专设的销售机构(含销售网点、售后服务网点等)的职工薪酬、业务费、折旧费等经营费用。

2) 销售费用的账务处理

企业发生的销售费用在"销售费用"账户中核算,该账户一般为多栏式账户,按费用项目分项记录。企业发生的各项销售费用借记该账户,贷记"库存现金""银行存款""应付职工薪酬"等账户;期末,将借方归集的销售费用全部由本账户的贷方转入"本年利润"账户的借方,计入当期损益。该账户期末没有余额。

【例 11-21】某公司为宣传新产品发生广告费 80 000 元,用银行存款支付。该公司编制的会计分录如下:

借:销售费用   80 000

    贷:银行存款   80 000

2. 管理费用的核算

1) 管理费用的内容

管理费用是指企业为组织和管理企业生产经营所发生的费用,包括企业在筹建期间内发生的开办费、董事会和行政管理部门在企业的经营管理中发生的或者应当由企业统一负担的公司经费(包括行政管理部门职工工资及福利费、物流消耗、低值易耗品摊销、办公费和差旅费等)、工会经费、董事会费(包括董事会成员津贴、会议费和差旅费等)、中介机构聘请费、咨询费(含顾问费)、诉讼费、业务招待费、房产税、车船税、土地使用税、印花税、技术转让费、矿产资源补偿费、研究费用、排污费,以及企业生产车间(部门)和行政管理部门等发生的固定资产修理费。

2) 管理费用的账务处理

企业发生的管理费用在"管理费用"账户中核算,该账户一般为多栏式账户,按费用项目分项记录。企业发生的各项管理费用借记该账户,贷记"库存现金""银行存款""应付职工薪酬""原材料""研发支出""累计摊销""累计折旧""应交税费"等账户;期末,将该账户借方归集的管理费用全部由本账户的贷方转入"本年利润"账户的借方,计入当期损益。该账户期末没有余额。

【例 11-22】某企业行政部 6 月份共发生费用 230 000 元,其中行政人员薪酬 150 000元,行政部专用办公设备折旧费 50 000 元,报销行政人员差旅费 20 000 元(假定报销人均未预借差旅费),其他办公、水电费 10 000 元(均用银行存款支付)。该企业编制的会计分录如下:

借:管理费用   230 000

    贷:应付职工薪酬   150 000

        累计折旧   50 000

        库存现金   20 000

        银行存款   10 000

3. 财务费用的核算

1) 财务费用的内容

财务费用是指企业为筹集生产经营所需资金等而发生的筹资费用,包括利息支出(减利息收入)、汇兑损失(减汇兑收益)以及相关的手续费、企业发生的现金折扣或收到的现金折扣等。

2) 财务费用的账务处理

企业发生的财务费用在"财务费用"账户中核算，该账户一般为多栏式账户，按费用项目分项记录。企业发生的各项财务费用借记该账户，贷记"银行存款"账户；企业发生的利息收入、汇兑收益，借记"银行存款"等账户，贷记该账户。期末，将财务费用转入"本年利润"账户，计入当期损益。该账户期末没有余额。

【例 11-23】某企业于 2009 年 1 月 1 日向银行借入生产经营用短期借款 360 000 元，期限为 6 个月。年利率 5%，该借款本金到期后一次归还，利息分月预提，按季支付。假定所有利息均不符合资本化条件。有关利息支出的会计分录如下：

每月末，预提当月应计利息：

借：财务费用　　　　　　　　　　　　　　　　　　　1 500

　　贷：应付利息　　　　　　　　　　　　　　　　　　　1 500

任务三　所得税费用的核算

企业所得税是指对企业经营所得或其他所得征收的一种税收，它体现了国家与企业之间的利润分配关系。

按照最新所得税税法规定，企业所得税税率一般定为 25%，对符合规定条件的小型微利企业实行 20%的优惠税率，对国家需要重点扶持的高新技术企业实行 15%的优惠税率。

一、应交所得税的计算

企业每月末应交纳的所得税按一定公式计算，按月或按季预缴，年终汇算清缴，多退少补。其计算公式如下：

$$应交所得税(或当期所得税) = 应纳税所得额 × 所得税税率$$

$$应纳税所得额 = 税前会计利润 + 纳税调整增加额 - 纳税调整减少额$$

应纳税所得额是指按税法规定应计算交纳所得税的企业利润总额。企业所得税的计算依据是应纳税所得额而不是企业财务会计的利润总额，利润总额只是计算应纳税所得额的基础。

从理论上讲，企业的利润总额就应该是企业的所得额。但由于财务会计与税收是经济领域中的两个不同的分支，分别遵循不同的法规、服务不同的目的，因此，按照财务会计方法计算的利润总额与按照税收法规计算的应纳税所得额，对同一企业在同一期间会产生差异。差异按照不同的性质分为永久性差异和暂时性差异。

永久性差异是指由于会计标准和税法在计算收益、费用或损失时的口径不同，所产生的税前利润总额与应纳税所得额的差异，它在某一会计期间发生，不会在以后各期转回。且永久性差异不具有连续性，只对本期的调整有影响。

永久性差异主要有以下类型：

(1) 可抵税收入。有些项目的收入，会计上列为收入，但税法则不作为应纳税所得额。例如，企业购买国债的利息收入依法免税，但会计上将其列为投资收益纳入利润总额。

(2) 不可抵减费用、损失。有些支出按会计标准规定核算时确认为费用或损失，在计算利润总额时可以扣除，但按税法规定在计算应纳税所得额时不允许扣除。这些项目主要有两种情况：一是范围不同，即会计上作为费用或损失的项目，在税法上不作为扣除项目处理；二是标准不同，即有些在会计上作为费用或损失的项目，税法上可作为扣除项目，但规定了计税开支的标准限额，超限额部分在会计上仍列为费用或损失，但税法不允许抵扣应税利润。

范围不同的项目主要有：

(1) 违法经营的罚款和被没收财物的损失。会计上做营业外支出处理，但税法上不允许扣减应税利润。

(2) 各项税收的滞纳金和罚款。会计上可列作营业外支出，但税法规定不得抵扣应税利润。

(3) 各种非救济公益性捐赠和赞助支出。会计上可列为营业外支出，但税法规定不得抵扣应税利润。

标准不同的项目主要有：

(1) 利息支出。会计上可在费用中据实列支，但税法规定向非金融机构借款的利息支出，高于按照金融机构同类、同期贷款利率计算的数额的部分，不准扣减应税利润。

(2) 工资性支出。会计上将工资、奖金全部列为成本费用，但税法规定由各省、自治区、直辖市人民政府制定计税工资标准，超过计税标准的工资性支出应缴纳所得税。

(3) "三项经费"。会计上根据实发工资总额计提职工工会经费、职工福利费、职工教育经费(简称"三项经费"或"三费")，而税法规定分别按照计税工资总额的2%、14%、2.5%计算扣除，超额部分不得扣减应税利润。

(4) 公益、救济性捐赠。会计上列为营业外支出，但税法规定在年度应纳税所得额12%以内的部分准予扣除，超额部分不得扣除。所得税税法规定，公益性捐赠只有对经过民政部门批准成立、经财税部门确认的非营利的公益性社会团体和基金会捐赠的，才准予在所得税前扣除，对受惠对象的直接捐赠是不允许在计算所得税前扣除的。

(5) 业务招待费的扣除标准。《企业所得税法实施条例》第四十三条规定，企业发生与生产经营活动有关的业务招待费支出，按照发生额的60%扣除，但最高不得超过当年销售(营业)收入的5‰。

(6) 企业发生的符合条件的广告费和业务宣传支出，除国务院财政、税务主管部门另有规定之外，不超过当年销售(营业)收入15%的部分，准予扣除；超过部分，准予结转以后纳税年度扣除。

【例11-24】甲公司2019年全年销售收入为8 000万元，利润总额为810万元，其他资料如下：

(1) 全年实际发放工资400万元，并据此计提"三费"70万元，经审计计税工资为300万元；

(2) 全年发生业务招待费40万元，已在管理费用中列支；

(3) 国库券利息收入2万元，已列入当年"投资收益"账户；

（4）向有关贷款单位支付贷款利息 40 万元，利率为 8%，列入财务费用，经查当年金融机构同类同期贷款利率为 7%；

（5）营业外支出中已列支税收滞纳金 3 万元。

请根据上述资料，计算该企业当年应交所得税金额。

分析　对资料(1)，全年实际工资费用及"三费"金额总计 400 + 70 = 470 万元，而计税工资费用及"三费"金额总计 300 + 300 × (2% + 14% + 2.5%) = 355.5 万元，所以计算应纳税所得额时应调增 470 − 355.5 = 114.5 万元。

对资料(2)，40 × 60% = 24 万元，而全年销售收入的 5‰ = 8 000 × 5‰ = 40 万元，所以计税的业务招待费为 24 万元，计算应纳税所得额时应调增 40 − 24 = 16 万元。

对资料(3)，国库券利息收入不用纳税，所以计算应纳税所得额时应调减 2 万元。

对资料(4)，该企业贷款的本金 = 40 ÷ 8% = 500 万元，按金融机构同类同期贷款利率计算的利息 = 500 × 7% = 35 万元，所以计算应纳税所得额时应调增 40 − 35 = 5 万元。

对资料(5)，计算应纳税所得额时应调增 3 万元。

所以，本年度的应纳税所得额 = 810 + 114.5 + 16 − 2 + 5 + 3 = 946.5 万元，本年度的应交所得税金额 = 946.5 × 25% = 236.625 万元。

二、资产和负债的计税基础

1. 资产的计税基础

资产的计税基础是指企业收回资产账面价值过程中，计算应纳税所得额时按照税法规定可以自应税经济利益中抵扣的金额，即某一项资产在未来期间计税时按照税法规定可以税前扣除的金额。

通常情况下，资产在取得时其入账价值与计税基础是相同的，即取得时其账面价值一般等于计税基础。在后续计量过程中因企业会计准则规定与税法规定不同，可能产生资产的账面价值与其计税基础的差异。下面以固定资产、无形资产、以公允价值计量且其变动计入当期损益的金融资产为例进行说明。

1) 固定资产

以各种方式取得固定资产，初始确认时按照会计准则规定确定的入账价值一般等于计税基础。固定资产在持有期间进行后续计量时，由于会计与税收规定就折旧方法、折旧年限以及固定资产减值准备的提取等处理的不同，可能造成固定资产的账面价值与计税基础的差异。如在折旧方法、折旧年限方面，会计准则规定，企业应当根据与固定资产有关的经济利益的预期实现方式合理选择折旧方法，可以按年限平均法计提折旧，也可以按照双倍余额递减法、年数总和法等计提折旧。税法中除某些按照规定可以加速折旧的情况外，可以税前扣除的是按照年限平均法计提的折旧。另外，税法还就每一类固定资产的最低折旧年限作出了规定，而会计处理时按照准则规定折旧年限是企业根据固定资产的性质和使用情况合理确定的。如在计提固定资产减值准备方面，持有固定资产的期间，在对固定资产计提了减值准备后，因税法规定企业计提的资产减值准备发生实质性损失前不允许税前抵扣，也会造成固定资产的账面价值与计税基础的差异。

【例 11-25】甲公司于 2017 年 12 月 31 日取得某项固定资产，原价为 750 万元，使用年限为 10 年，会计上采用直线法计提折旧，净残值为零。税法规定该类固定资产采用加速折旧法计提的折旧可予以税前扣除，该企业在计税时采用双倍余额递减法计提折旧，净残值为零。2019 年 12 月 31 日，企业估计该项固定资产的可收回金额为 550 万元。

分析　企业 2019 年 12 月 31 日，该项固定资产的账面价值 = 750 − 750 ÷ 10 × 2 = 600 万元，该账面余额大于其可收回金额 550 万元，两者之间的差额应计提 50 万元的固定资产减值准备。

2019 年 12 月 31 日，该项固定资产的账面价值 = 750 − 750 ÷ 10 × 2 − 50 = 550 万元，其计税基础 = 750 − 750 × 20% − 600 × 20% = 480 万元，该项固定资产的账面价值 550 万元与其计税基础 480 万元之间的 70 万元差额，将于未来期间计入企业的应纳税所得额。

2) 无形资产

除内部研究开发形成的无形资产以外，以其他方式取得的无形资产，初始确认时其入账价值与税法规定的成本之间一般不存在差异。

(1) 对于内部研究开发形成的无形资产，会计准则规定有关研究开发支出分为两个阶段，研究阶段的支出应当费用化计入当期损益，而开发阶段符合资本化条件的支出应当计入所形成的无形资产的成本；税法规定，自行开发的无形资产，以开发过程中该资产符合资本化条件后至达到预定用途前发生的支出为计税基础。对于研究开发费用，税法中规定可以加计扣除，即企业为开发新技术、新产品、新工艺发生的研究开发费用，未形成无形资产计入当期损益的，在据实扣除的基础上，再按照研究开发费用的 75% 加计扣除；形成无形资产的，按照无形资产成本的 175% 摊销。

对于内部研究开发形成的无形资产，一般情况下初始确认时按照会计准则规定确定的成本与其计税基础应当是相同的。对于享受税收优惠的研究开发支出，在形成无形资产时，按照会计准则规定确定的成本为研究开发过程中符合资本化条件后至达到预定用途前，发生的支出，而因税法规定按照无形资产成本的 175% 摊销，则其计税基础应在会计上入账价值的基础上加计 75%，因而产生账面价值与计税基础在初始确认时的差异，但如果该无形资产的确认不是产生于企业合并交易，同时在确认时既不影响会计利润也不影响应纳税所得额，按照所得税会计准则的规定，不确认该暂时性差异的所得税影响。

(2) 无形资产在后续计量时，会计与税收的差异主要产生于对无形资产是否需要摊销及无形资产减值准备的计提。会计准则规定应根据无形资产使用寿命情况，区分为使用寿命有限的无形资产和使用寿命不确定的无形资产。对于使用寿命不确定的无形资产，不要求摊销，在会计期末应进行减值测试。税法规定，企业取得无形资产的成本，应在一定期限内摊销，有关摊销额允许税前扣除。

在对无形资产计提减值准备的情况下，因所计提的减值准备不允许税前扣除，也会造成其账面价值与计税基础的差异。

【例 11-26】 甲公司当期发生研究开发支出共计 10 000 000 元，其中研究阶段支出 2 000 000 元，开发阶段符合资本化条件前发生的支出为 2 000 000 元，符合资本化条件后发生的支出为 6 000 000 元。假定开发形成的无形资产在当期期末已达到预定用途，但尚未进行摊销。

分析　甲公司当年发生的研究开发支出中，按照会计规定应予费用化的金额为 4 000 000 元，形成无形资产的成本为 6 000 000 元，即期末所形成无形资产的账面价值为 6 000 000 元。

　　甲公司于当期发生的 10 000 000 元研究开发支出,可在税前扣除的金额为 6 000 000 元。对于按照会计准则规定形成无形资产的部分,税法规定按照无形资产成本的 175%作为计算未来期间摊销额的基础,即该项无形资产在初始确认时的计税基础为 1 050 000 元(6 000 000 × 175%)。

　　该项无形资产的账面价值 6 000 000 元与其计税基础 1 050 000 元之间的差额 4 500 000 元将于未来期间税前扣除,产生可抵扣暂时性差异。

　　3) 以公允价值计量且其变动计入当期损益的金融资产

　　按照《企业会计准则第 22 号——金融工具确认和计量》的规定,对于以公允价值计量且其变动计入当期损益的金融资产,其于某一会计期末的账面价值为公允价值,如果税法规定按照会计准则确认的公允价值变动损益在计税时不予考虑,即有关金融资产在某一会计期末的计税基础为其取得成本,会造成该类金融资产账面价值与计税基础之间的差异。

　　【例 11-27】甲公司 2016 年 7 月以 520 000 元取得乙公司股票 50 000 股,作为以公允价值计量且其变动计入当期损益的金融资产核算,2016 年 12 月 31 日,甲公司尚未出售所持有乙公司股票,乙公司股票公允价值为每股 12.4 元。税法规定,资产在持有期间公允价值的变动不计入当期应纳税所得额,待处置时一并计算应计入应纳税所得额的金额。

　　分析　作为以公允价值计量且其变动计入当期损益的金融资产的乙公司股票在 2016年 12 月 31 日的账面价值为 620 000 元(12.4 × 50 000),其计税基础为原取得成本不变,即520 000 元,两者之间产生 100 000 元的应纳税暂时性差异。

　　2. 负债的计税基础

　　负债的计税基础,是指负债的账面价值减去未来期间计算应纳税所得额时按照税法规定可予抵扣的金额,即假定企业按照税法规定进行核算,在其按照税法规定确定的资产负债表上有关负债的应有金额。

　　负债的确认与偿还一般不会影响企业未来期间的损益,也不会影响其未来期间的应纳税所得额,因此未来期间计算应纳税所得额时按照税法规定可予抵扣的金额为 0,计税基础即为账面价值。例如企业的短期借款、应付账款等。但是,某些情况下,负债的确认可能会影响企业的损益,进而影响不同期间的应纳税所得额,使其计税基础与账面价值之间产生差额,如按照会计规定确认的某些预计负债。

　　1) 预计负债

　　按照《企业会计准则第 13 号——或有事项》规定,企业应将预计提供售后服务发生的支出在销售当期确认为费用,同时确认预计负债。如税法规定,与销售产品相关的支出应于发生时税前扣除。因该类事项产生的预计负债在期末的计税基础为其账面价值与未来期间可税前扣除的金额之间的差额,因有关的支出实际发生时可全额税前扣除,其计税基础为 0。

　　因其他事项确认的预计负债,应按照税法规定的计税原则确定其计税基础。某些情况下,某些事项确认的预计负债,税法规定其支出无论是否实际发生均不允许税前扣除,即未来期间按照税法规定可予抵扣的金额为 0,则其账面价值与计税基础相同。

　　【例 11-28】甲公司 2016 年因销售产品承诺提供 3 年的保修服务,在当年年度利润表中确认了 8 000 000 元销售费用,同时确认为预计负债,当年度发生保修支出 2 000 000 元,预计负债的期末余额为 6 000 000 元。假定税法规定，与产品售后服务相关的费用可以在实际发生时税前扣除。

分析　该项预计负债在甲公司 2016 年 12 月 31 日的账面价值为 6 000 000 元。

该项预计负债的计税基础=账面价值 − 未来期间计算应纳税所得额时按照税法规定可予抵扣的金额 = 6 000 000 − 6 000 000 = 0。

2) 应付职工薪酬

会计准则规定，企业为获得职工提供的服务给予的各种形式的报酬以及其他相关支出均应作为企业的成本、费用，在未支付之前确认为负债。税法对于合理的职工薪酬基本允许税前扣除，相关应付职工薪酬负债的账面价值等于计税基础。

3) 其他负债

企业的其他负债项目，如应交的罚款和滞纳金等，在尚未支付之前按照会计规定确认为费用，同时作为负债反映。税法规定，罚款和滞纳金不允许税前扣除，其计税基础为账面价值减去未来期间计税时可予税前扣除的金额 0 之间的差额，即计税基础等于账面价值。

【例 11-29】 甲公司因未按照税法规定缴纳税金，按规定需在 2016 年缴纳滞纳金 1 000 000 元，至 2016 年 12 月 31 日，该款项尚未支付，形成其他应付款 1 000 000 元。税法规定，企业因违反国家法律、法规规定缴纳的罚款、滞纳金不允许税前扣除。

分析　因应缴滞纳金形成的其他应付款账面价值为 1 000 000 元，因税法规定该支出不允许税前扣除，其计税基础 = 1 000 000 − 0 = 1 000 000(元)。

对于罚款和滞纳金支出，会计与税收规定存在差异，但该差异仅影响发生当期，对未来期间计税不产生影响，因而不产生暂时性差异。

三、暂时性差异

1. 基本界定

暂时性差异是指资产、负债的账面价值与其计税基础不同产生的差额。其中账面价值，是指按照会计准则规定确定的有关资产、负债在资产负债表中应列示的金额。由于资产、负债的账面价值与其计税基础不同，产生了在未来收回资产或清偿负债的期间，应纳税所得额增加或减少并导致未来期间应交所得税增加或减少的情况，在这些暂时性差异发生的当期，一般应当确认相应的递延所得税负债或递延所得税资产。

2. 暂时性差异的分类

根据暂时性差异对未来期间应纳税所得额的影响，暂时性差异分为应纳税暂时性差异和可抵扣暂时性差异。

1) 应纳税暂时性差异

该差异在未来期间转回时，会增加转回期间的应纳税所得额，即在未来期间不考虑该事项影响的应纳税所得额的基础上，由于该暂时性差异的转回，会进一步增加转回期间的应纳税所得额和应交所得税金额。在应纳税暂时性差异产生当期，应当确认相关的递延所得税负债。

应纳税暂时性差异通常产生于以下情况：

(1) 资产的账面价值大于其计税基础。一项资产的账面价值代表的是企业在持续使用或最终出售该项资产时会取得的经济利益的总额，而计税基础代表的是一项资产在未来期间可予税前扣除的总金额。资产的账面价值大于其计税基础，该项资产未来期间产生的经济利益不能全部税前抵扣，两者之间的差额需要交所得税，产生应纳税暂时性差异。

(2) 负债的账面价值小于其计税基础。一项负债的账面价值为企业预计在未来期间清偿该项负债时的经济利益流出，而其计税基础代表的是账面价值在扣除税法规定未来期间允许税前扣除的金额之后的差额。因负债的账面价值与其计税基础不同产生的暂时性差异，实质上是税法规定就该项负债在未来期间可以税前扣除的金额。负债的账面价值小于其计税基础，则意味着就该项负债在未来期间可以税前抵扣的金额为负数，即应在未来期间应纳税所得额的基础上调增，增加应纳税所得额和应交所得税金额，产生应纳税暂时性差异，应确认相关的递延所得税负债。

2) 可抵扣暂时性差异

该差异在未来期间转回时会减少转回期间的应纳税所得额，减少未来期间的应交所得税。在可抵扣暂时性差异产生当期、符合确认条件的情况下，应当确认相关的递延所得税资产。

可抵扣暂时性差异一般产生于以下情况：

(1) 资产的账面价值小于其计税基础。从经济含义来看，资产在未来期间产生的经济利益少，按照税法规定允许税前扣除的金额多，则企业在未来期间可以减少应纳税所得额并减少应交所得税。

(2) 负债的账面价值大于其计税基础。负债产生的暂时性差异实质上是税法规定就该项负债可以在未来期间税前扣除的金额。一项负债的账面价值大于其计税基础，意味着未来期间按照税法规定构成负债的全部或部分金额可以自未来应税经济利益中扣除，减少未来期间的应纳税所得额和应交所得税。

值得关注的是，对于按照税法规定可以结转以后年度的未弥补亏损及税款抵减，虽不是因资产、负债的账面价值与计税基础不同而产生的，但本质上可抵扣亏损和税款抵减与可抵扣暂时性差异具有同样的作用，均能够减少未来期间的应纳税所得额，进而减少未来期间的应交所得税，在会计处理上，视同可抵扣暂时性差异，符合条件的情况下，应确认相关的递延所得税资产。

四、所得税费用的确认和计量

企业核算所得税，主要是为确定当期应交所得税以及利润表中的所得税费用，从而确定各期实现的净利润。确认递延所得税资产和递延所得税负债，最终目的也是解决不同会计期间所得税费用的分配问题。按照在资产负债表债务法进行核算的情况下，利润表中的所得税费用由两个部分组成：当期所得税和递延所得税费用(或收益)。

1. 当期所得税

当期所得税是指企业按照税法规定计算确定的针对当期发生的交易和事项，应缴纳给税务机关的所得税金额，即应交所得税。当期所得税应当以适用的税收法规为基础计算确定。

企业在确定当期所得税时，对于当期发生的交易或事项，会计处理与税收处理不同的，应在会计利润的基础上，按照适用税收法规的要求进行调整(即纳税调整)，计算出当期应纳税所得额，按照应纳税所得额与适用所得税税率计算确定当期应交所得税。一般情况下，应纳税所得额可在会计利润的基础上，考虑会计与税收规定之间的差异，按照以下公式计算确定：

应纳税所得额 = 会计利润 + 纳税调整增加额 − 纳税调整减少额 + 境外应税所得弥补境内亏损 − 弥补以前年度亏损

当期所得税 = 当期应交所得税 = 应纳税所得额 × 适用税率 − 减免税额 − 抵免税额

2. 递延所得税费用(或收益)

递延所得税费用(或收益)是指按照会计准则规定应予确认的递延所得税资产和递延所得税负债在会计期末应有的金额相对于原已确认金额之间的差额，即递延所得税资产和递延所得税负债的当期发生额，但不包括计入所有者权益的交易或事项的所得税影响。用公式表示即为：

递延所得税费用(或收益) = 当期递延所得税负债的发生额 − 当期递延所得税资产的发生额

= (递延所得税负债的期末余额 − 递延所得税负债的期初余额) − (递延所得税资产的期末余额 − 递延所得税资产的期初余额)

值得注意的是，如果某项交易或事项按照会计准则规定应计入所有者权益，由该交易或事项产生的递延所得税资产或递延所得税负债及其变化也应计入所有者权益，不构成利润表中的递延所得税费用(或收益)。

【例 11-30】丙公司 2017 年 9 月取得的某项以公允价值计量且其变动计入其他综合收益的其他债权投资，成本为 2 000 000 元，2017 年 12 月 31 日，其公允价值为 2 400 000 元。丙公司适用的所得税税率为 25%。

分析　会计期末在确认 400 000 元(2 400 000 − 2 000 000)的公允价值变动时：

借：其他债权投资——公允价值变动　　　　　　　　　400 000
　　贷：其他综合收益　　　　　　　　　　　　　　　　400 000

确认应纳税暂时性差异的所得税影响时：

借：其他综合收益(400 000 × 25%)　　　　　　　　　100 000
　　贷：递延所得税负债　　　　　　　　　　　　　　　100 000

3. 所得税费用

计算确定了当期应交所得税及递延所得税费用(或收益)以后，利润表中应予确认的所得税费用为两者之和，即：

所得税费用 = 当期所得税 + 递延所得税费用(或收益)

【例 11-31】甲公司 2016 年度利润表中利润总额为 12 000 000 元，适用的所得税税率为 25%，预计未来期间适用的所得税税率不会发生变化，未来期间能够产生足够的应纳税所得额用以抵扣可抵扣暂时性差异。递延所得税资产及递延所得税负债不存在期初余额。

该公司 2016 年发生的有关交易和事项中，会计处理与税收处理存在差别的有：

(1) 2015 年 12 月 31 日取得的一项固定资产，成本为 6 000 000 元，使用年限为 10 年，预计净残值为 0，会计处理按双倍余额递减法计提折旧，税收处理按直线法计提折旧。假定税法规定的使用年限及预计净残值与会计规定相同。

(2) 向关联企业捐赠现金 2 000 000 元。

(3) 当年度发生研究开发支出 5 000 000 元，较上年度增长 20%。其中 3 000 000 元予以资本化；截至 2016 年 12 月 31 日，该研发资产仍在开发过程中。税法规定，企业费用化的研究开发支出按 175% 税前扣除，资本化的研究开发支出按资本化金额的 175%。

(4) 应付违反环保法规定罚款 1 000 000 元。

(5) 期末对持有的存货计提了 300 000 元的存货跌价准备。

分析

(1) 计算 2016 年度当期应交所得税：

应纳税所得额 = 12 000 000 + 600 000 + 2 000 000 − 1 500 000 + 1 000 000 + 300 000

= 14 400 000 (元)

应交所得税 = 14 400 000 × 25% = 3 600 000 (元)

(2) 计算 2016 年度递延所得税：

该公司 2016 年 12 月 31 日有关资产、负债的账面价值、计税基础及相应的暂时性差异如表 11-3 所示。

表 11-3 账面价值、计税基础及相应的暂时性差异　　　　单位：元

项目	账面价值	计税基础	差　异	
			应纳税暂时性差异	可抵扣暂时性差异
存货	8 000 000	8 300 000		300 000
固定资产	25 400 000	26 000 000		600 000
开发支出	3 000 000	5 250 000		2 250 000
其他应付款	1 000 000	1 000 000		
合计				3 150 000

本例中，由于存货、固定资产的账面价值和其计税基础不同，产生可抵扣暂时性差异 900 000 元，确认了递延所得税收益 225 000 元；对于资本化的开发支出 3 000 000 元，其计税基础为 5 250 000 元(3 000 000 × 175%)，该开发支出及所形成无形资产在初确认时其账面价值与计税基础即存在差异，因该差异并非产生于企业合并，同时在产生时既不影响会计利润也不影响应纳税所得额，按照《企业会计准则第 18 号——所得税》规定，不确认与该暂时性差异相关的所得税影响。所以，递延所得税收益 = 900 000 × 25% = 225 000(元)。

(3) 利润表中应确认的所得税费用：

所得税费用 = 3 600 000 + (0 − 225 000) = 3 375 000(元)

借：所得税费用 3 375 000

递延所得税资产 225 000

贷：应交税费——应交所得税 3 600 000

【例 11-32】乙公司 2017 年初的递延所得税资产借方余额为 1 900 000 元，递延所得税负债贷方余额为 100 000 元，具体构成项目如表 11-4 所示。

表 11-4 构 成 项 目　　　　　　单位：元

项　目	可抵扣暂时性差异	递延所得税资产	应纳税暂时性差异	递延所得税负债
应收账款	600 000	150 000		
交易性金融资产			400 000	100 000
其他债权投资	2 000 000	500 000		
预计负债	800 000	200 000		
可税前抵扣的经营亏损	4 200 000	1 050 000		

该公司 2017 年度利润表中利润总额为 16 100 000 元，适用的所得税税率为 25%，预计未来期间适用的所得税税率不会发生变化，未来期间能够产生足够的应纳税所得额用以抵扣可抵扣暂时性差异。

该公司 2017 年发生的相关交易和事项中，会计处理与税收处理存在差别的有：

(1) 年末转回应收账款坏账准备 200 000 元。根据税法规定，转回的坏账损失不计入应纳税所得额。

(2) 年末根据交易性金融资产公允价值变动确认公允价值变动收益 200 000 元。根据税法规定，交易性金融资产公允价值变动收益不计入应纳税所得额。

(3) 年末根据其他债权投资公允价值变动增加其他综合收益 400 000 元。根据税法规定，其他债权投资公允价值变动金额不计入应纳税所得额。

(4) 当年实际支付产品保修费用 500 000 元，冲减前期确认的相关预计负债；当年又确认产品保修费用 100 000 元，增加相关预计负债。根据税法规定，实际支付的产品保修费用允许税前扣除，但预计的产品保修费用不允许税前扣除。

(5) 当年发生业务宣传费 8 000 000 元，至年末尚未支付。该公司当年实现销售收入 50 000 000 元。税法规定，企业发生的业务宣传费支出，不超过当年销售收入 15% 的部分，准予税前扣除；超过部分，准予结转以后年度税前扣除。

分析

(1) 计算 2017 年度当期应交所得税：

应纳税所得额 = 16 100 000 − 4 200 000 − 200 000 − 200 000 − 500 000 + 100 000 + (8 000 000 − 50 000 000 × 15%)

= 11 600 000 (元)

应交所得税 = 11 600 000 × 25% = 2 900 000 (元)

(2) 计算 2017 年度递延所得税：

该公司 2017 年 12 月 31 日有关资产、负债的账面价值、计税基础及相应的暂时性差异如表 11-5 所示。

表 11-5 账面价值、计税基础及相应的暂时性差异　　　　单位：元

项目	账面价值	计税基础	差　异	
			应纳税暂时性差异	可抵扣暂时性差异
应收账款	3 600 000	4 000 000		400 000
交易性金融资产	4 200 000	3 600 000	600 000	

续表

项目	账面价值	计税基础	差　异	
			应纳税暂时性差异	可抵扣暂时性差异
其他债权投资	4 000 000	5 600 000		1 600 000
预计负债	400 000	0		400 000
其他应付款	8 000 000	7 500 000		500 000

递延所得税费用 = (600 000 × 25% − 100 000) − [(400 000 + 400 000 + 500 000) × 25% − (150 000 + 200 000 + 1 050 000)] = 1 125 000 (元)

(3) 计算所得税费用:

所得税费用 = 2 900 000 + 1 125 000 = 4 025 000 (元)

借:所得税费用　　　　　　　　　　　　4 025 000

　　贷:应交税费——应交所得税　　　　　　2 900 000

　　　　递延所得税资产　　　　　　　　　1 075 000

　　　　递延所得税负债　　　　　　　　　　50 000

1 075 000 = (150 000 + 200 000 + 1 050 000) − (400 000 + 400 000 + 500 000) × 25%

50 000 = 600 000 × 25% − 100 000

100 000 = 400 000 × 25%

4. 所得税的列报

企业对所得税的核算结果,除利润表中列示的所得税费用以外,在资产负债表中形成的应交税费(应交所得税)以及递延所得税资产和递延所得税负债应当遵循《企业会计准则第 18 号——所得税》和《企业会计准则第 30 号——财务报表列报》规定列报。其中,递延所得税资产和递延所得税负债一般应当分别作为非流动资产和非流动负债在资产负债表中列示,所得税费用应当在利润表中单独列示,同时还应在附注中披露与所得税有关的信息。

任务四　利润的核算

一、利润的构成

利润是指企业在一定会计期间的经营成果。利润包括收入减去费用后的净额、直接计入当期利润的利得和损失。

直接计入当期利润的利得和损失,是指应当计入当期损益、会导致所有者权益发生增减变动的、与所有者投入资本或者向所有者分配利润无关的利得或者损失。

利润的构成公式如下:

(1) 营业利润公式:

营业利润 = 营业收入 − 营业成本 − 税金及附加 − 销售费用 − 管理费用 − 财务费用
　　　　 − 资产减值损失 + (或 −)公允价值变动损益 + (或 −)投资收益

(2) 利润总额公式：

利润总额 = 营业利润 + 营业外收入 − 营业外支出

(3) 净利润公式：

净利润 = 利润总额 − 所得税费用

所得税费用 = 应纳税所得额×所得税税率

所得税费用的核算将参见"所得税费用的确认和计量"的内容。

二、营业外收支的核算

营业外收入，是指企业发生的与其日常活动无直接关系的各项利得。营业外收入的内容主要包括非流动资产处置利得、非货币性资产交换利得、债务重组利得、政府补助、盘盈利得、捐赠利得等。

营业外支出，是指企业发生的与其日常活动无直接关系的各项损失。营业外支出的内容主要包括非流动资产处置损失、非货币性资产交换损失、债务重组损失、公益性捐赠支出、非常损失、盘亏损失等。

企业发生的营业外收入，在"营业外收入"账户核算。该账户的贷方反映企业本期实际发生的营业外收入，借方反映企业期末转入"本年利润"账户的营业外收入。该账户期末无余额。

企业发生的营业外支出，在"营业外支出"账户核算。该账户的借方反映企业本期实际发生的各项营业外支出，贷方反映企业期末转入"本年利润"账户的营业外支出。该账户期末无余额。

【例 11-33】某企业出售固定资产净收益 1 000 元，清理完毕后转为营业外收入。编制的会计分录如下：

借：固定资产清理　　　　　　　　　　　　　　　　　　　　1 000
　　贷：营业外收入　　　　　　　　　　　　　　　　　　　　　1 000

【例 11-34】某企业处理一台固定资产，支出净损失 2 000 元，清理完毕后转为营业外支出。编制的会计分录如下：

借：营业外支出　　　　　　　　　　　　　　　　　　　　　2 000
　　贷：固定资产清理　　　　　　　　　　　　　　　　　　　　2 000

三、本期(月)利润的核算

企业应设置"本年利润"账户，用来核算企业当期实现的净利润(或发生的净亏损)。期末(月末)企业应将各收入类账户的余额转入该账户的贷方，将各费用类账户的余额转入该账户的借方。转账后，该账户如为贷方余额，反映本年度自年初开始累计实现的利润；如为借方余额，反映本年度自年初开始累计发生的亏损。

【例 11-35】某企业 2019 年 1—11 月份实现累计利润为 340 000 元，12 月末各损益类账户结转前余额见表 11-6。

表 11-6　损益类账户结转前余额表(2019 年 12 月)　　　　　单位：元

账户名称	结转前余额	方向	账户名称	结转前余额	方向
主营业务收入	500 000	贷	其他业务收入	50 000	贷
营业税金及附加	30 000	借	其他业务成本	30 000	借
主营业务成本	300 000	借	投资收益	8 000	贷
销售费用	10 000	借	营业外收入	20 000	贷
管理费用	50 000	借	营业外支出	18 000	借
财务费用	10 000	借	所得税费用	80 000	借

结转各收益类账户余额：

借：主营业务收入　　　　　　　　　　　　　　　500 000
　　其他业务收入　　　　　　　　　　　　　　　 50 000
　　投资收益　　　　　　　　　　　　　　　　　　8 000
　　营业外收入　　　　　　　　　　　　　　　　 20 000
　　贷：本年利润　　　　　　　　　　　　　　　578 000

结转各成本费用类账户余额：

借：本年利润　　　　　　　　　　　　　　　　 528 000
　　贷：主营业务成本　　　　　　　　　　　　　300 000
　　　　营业税金及附加　　　　　　　　　　　　 30 000
　　　　销售费用　　　　　　　　　　　　　　　 10 000
　　　　管理费用　　　　　　　　　　　　　　　 50 000
　　　　财务费用　　　　　　　　　　　　　　　 10 000
　　　　其他业务成本　　　　　　　　　　　　　 30 000
　　　　营业外支出　　　　　　　　　　　　　　 18 000
　　　　所得税费用　　　　　　　　　　　　　　 80 000

计算 2019 年全年累计净利润：

该企业本月实现净利润 = 578 000 - 528 000 = 50 000 (元)

该企业 2019 年全年累计实现净利润 = 340 000 + 50 000 = 390 000 (元)

四、净利润的分配和结转的核算

1. 净利润分配的顺序

根据有关法律规定，企业当年实现的净利润，一般应按照以下顺序进行分配。

1) 提取法定盈余公积

公司制企业按照税后利润 10% 的比例提取，非公司制企业也可按照超过 10% 的比例提取。计算提取基数时不包括企业年初未分配利润，法定盈余公积累计提取额为公司注册资本的 50% 以上时可不再提取。

公司法定盈余公积不足以弥补以前年度亏损的，应在提取法定盈余公积之前用当年利润弥补。

2) 提取任意盈余公积

公司制企业经股东会或股东大会决议,还可从税后利润中提取任意盈余公积,非公司制企业经类似权力机构批准也可提取。

3) 向投资者分配利润

公司弥补亏损和提取盈余公积后所余税后利润,可按照股东实缴的出资比例分取红利,但全体股东有约定或者公司章程有规定的除外。

2. 净利润的分配和结转的账务处理

企业应设置"利润分配"账户,用于核算企业利润的分配(或亏损的弥补)和历年分配(或弥补)后的余额。该账户应当分别设置"提取法定盈余公积""提取任意盈余公积""应付现金股利或利润""转作股本的股利""盈余公积补亏"和"未分配利润"等明细账户。

"未分配利润"明细账户,核算企业全年实现的净利润(或净亏损)、净利润分配和尚未分配利润(或尚未弥补的亏损)。年度终了,企业将全年实现的净利润(或净亏损)自"本年利润"账户转入"未分配利润"明细账户;同时,将"利润分配"账户下的其他明细账户的余额转入"未分配利润"明细账户。年终结转后,其他明细账户无余额,"未分配利润"明细账户如为贷方余额,反映尚未分配的利润;如为借方余额,反映尚未弥补的亏损。

【例 11-36】某企业全年实现净利润 1 000 000 元,按 10%提取法定盈余公积,按 5%提取任意盈余公积,并分配给投资者利润 200 000 元,编制的会计分录如下:

提取盈余公积:

提取法定盈余公积 = 1 000 000 × 10% = 100 000 (元)

提取任意盈余公积 = 1 000 000 × 5% = 50 000 (元)

　　借:利润分配——提取法定盈余公积　　　　　　　100 000

　　　　　　　——提取任意盈余公积　　　　　　　　50 000

　　　贷:盈余公积——法定盈余公积　　　　　　　　100 000

　　　　　　　——任意盈余公积　　　　　　　　　　50 000

向投资者分配现金股利或利润:

借:利润分配——应付现金股利或利润　　　　　　　200 000

　　贷:应付股利　　　　　　　　　　　　　　　　200 000

【例 11-37】承例 11-40,企业年初未分配利润为 500 000 元,根据上述资料,进行净利润的年终结转。编制的会计分录如下:

当年实现的利润结转:

　　借:本年利润　　　　　　　　　　　　　　　　1 000 000

　　　贷:利润分配——未分配利润　　　　　　　　1 000 000

利润分配中的各个明细账户(除未分配利润外)的结转:

　　借:利润分配——未分配利润　　　　　　　　　350 000

　　　贷:利润分配——提取法定盈余公积　　　　　100 000

　　　　　　　——提取任意盈余公积　　　　　　　50 000

　　　　　　　——应付现金股利或利润　　　　　　200 000

企业当年实现的未分配利润 = 1 000 000 – 350 000 = 650 000 (元)

企业年末累计未分配利润 = 500 000 + 650 000 = 1 150 000 (元)

企业净利润年终结转后，"本年利润""利润分配"各有关明细账户(除未分配利润明细账)余额均为零，"利润分配——未分配利润"明细账中有贷方余额 1 150 000 元。

练 习 题

一、单项选择题

1. 企业对确实无法支付的应付账款金额，应转入( )会计账户。

A. 其他业务收入　　　　B. 资本公积　　　　C. 盈余公积　　　　D. 营业外收入

2. 委托加工应纳消费税产品收回后，用于继续加工生产应纳消费税产品的，由受托方代扣代交的消费税，应计入的账户是( )。

A. 应交税费——应交消费税　　　　　　B. 货物的采购成本

C. 营业外支出　　　　　　　　　　　　D. 管理费用

3. 某一般纳税企业月初增值税 20 万元，无尚未抵扣增值税。本月发生进项税额 40 万元，销项税额 65 万元，进项税额转出 3 万元，交纳本月增值税 15 万元，则月末结转前，"应交税费——应交增值税"账户的余额是( )万元。

A. 33　　　　　　B. 13　　　　　　C. 28　　　　　　D. 30

4. 专设销售机构发生的办公费用，应当计入的会计账户是( )。

A. 营业外支出　　　　B. 管理费用　　　　C. 销售费用　　　　D. 财务费用

5. 企业年终结账后，一定无余额的账户是( )。

A. 本年利润　　　　B. 应付利息　　　　C. 利润分配　　　　D. 生产成本

二、多项选择题

1. 下列项目中属于营业外支出的有( )。

A. 处置固定资产净损失　　　　　　　　B. 出售无形资产损失

C. 水灾损失　　　　　　　　　　　　　D. 捐赠设备支出

2. 企业销售商品应缴纳的下列各项税费中，可在"税金及附加"账户核算的有( )。

A. 所得税　　　　B. 增值税　　　　C. 消费税　　　　D. 资源税

3. 企业发生的下列费用中，应计入管理费用的有( )。

A. 土地使用税　　　B. 失业保险费　　　C. 劳动保险费　　　D. 业务招待费

三、业务题

1. 中兴公司为增值税一般纳税人，增值税率为 13%，存货按实际成本计价核算，本月发生有关增值税(本题不考虑应交的其他税费)业务如下：

(1) 购进生产用材料一批，取得的增值税专用发票注明其买价 500 000 元，增值税税额 65 000 元，同时支付供应单位代垫运杂费 25 000 元(其中运输费为 20 000 元，运输费相关的增值税额为 1 800 元)，材料已验收入库，价税款以银行存款支付。

(2) 收购免税农产品一批，用于产品生产，收购价 120 000 元，产品已验收入库，收购款以银行汇票支付(假设农产品税率为 9%)。

(3) 购进固定资产建设工程用货物一批，增值税专用发票注明价款为 200 000 元，增值税税额 26 000 元，价税款用签发并承兑期为 3 个月的商业承兑汇票支付。

(4) 在建工程领用商品产品一批，成本 25 000 元，计税售价 30 000 元。

(5) 销售产品一批，计销售收入 1 200 000 元，增值税税额 156 000 元，价税款收存银行。

(6) 医务福利部门领用库存原材料一批 90 000 元，应负担增值税进项税额 11 700 元。

(7) 委托加工材料应付加工费 10 000 元，增值税税额 1 300 元，取得增值税专用发票，款项尚未支付。

(8) 以银行存款上交增值税 100 000 元。

(9) 计算月末未交或多交增值税，并进行结转。

要求：编制应交增值税核算的有关会计分录，计算该企业本月应交增值税税额。

2. 甲公司 2019 年度利润表中利润总额为 3 000 万元，该公司适用所得税税率为 25%。递延所得税资产及递延所得税负债不存在期初余额。2019 年发生的有关交易和事项中，会计处理与税收处理存在差别的有：

(1) 2019 年 1 月开始计提折旧的一项固定资产，成本为 1 500 万元，使用年限为 10 年，净残值为 0，会计处理按双倍余额递减法计提折旧，税收处理按直线法计提折旧。假定税法规定的使用年限及净残值与会计规定相同。

(2) 向关联企业捐赠现金 500 万元。假定按照税法规定，企业向关联企业的捐赠不允许税前扣除。

(3) 当期取得作为交易性金融资产核算的股票投资成本为 800 万元，2019 年 12 月 31 日的公允价值为 1 200 万元。税法规定，以公允价值计量的金融资产持有期间市价变动不计入应纳税所得额。

(4) 违反环保法规定应支付罚款 250 万元。

(5) 期末对持有的存货计提了 75 万元的存货跌价准备。

要求：计算该企业 2019 年的所得税费用金额，并编制有关会计分录。

项目十二　财务报表

【学习目标】

　　知识目标：了解财务报表的概念、意义和分类，明确资产负债表、利润表、现金流量表的结构和编制方法。

　　技能目标：熟悉资产负债表、利润表、现金流量表的编制。

任务一　财务报表概述

一、财务报表的概念及组成

　　财务报表是指综合反映企业某一特定日期的财务状况，以及某一特定日期的经营成果、现金流量等情况的书面文件，分为主表、附表以及会计报表的附注。主表主要包括资产负债表、利润表和现金流量表，附表包括资产减值准备明细表、应交增值税明细表等，会计报表附注则是对报表中有关项目以及未能在报表中确认的项目作进一步的说明。

二、财务报表的分类

　　根据我国的相关规定，财务报表可以按照不同的标准进行以下分类：

　　(1) 按编表的主体，可以分为个别财务报表和合并财务报表。个别财务报表是指由企业在自身会计核算的基础上，对账簿记录进行加工而编制的财务报表，用以反映企业自身的财务状况、经营成果和现金流动情况。合并财务报表是指由企业主管部门或上级单位，连同本单位的报表汇总编制而成，用以综合反映企业集团总体的财务状况、经营成果及现金流量情况。

　　(2) 按编制的时间，可以分为中期财务报表和年度财务报表。中期财务报表是指以短于一个完整会计年度的报告期间为基础编制的财务报表，包括月报、季报和半年报等。年度财务报表亦即年终决算报表，是指以一个完整会计年度为期间编制的财务报表，用以完整全面地反映企业财务状况和经营成果变动情况。

　　(3) 按反映的内容，可以分为静态财务报表和动态财务报表。静态财务报表是指综合反映企业在某一特定时间点资产总额和权益总额状况的报表，如资产负债表。动态财务报表是指综合反映一定时期内经营情况和资金流动情况的报表，如利润表或现金流量表。

　　(4) 按服务的对象，可以分为内部财务报表和外部财务报表。内部财务报表是指为满足企业内部经营管理需要而编制的不对外公开的会计报表，一般没有统一的格式和编制要求。外部财务报表是指企业主要提供给政府部门、投资者和其他企业等相关外部单位或个人的会计报表。

三、财务报表的编制要求

在编制财务报表的过程中，既要做到符合国家统一的会计制度和会计准则的有关规定，又要做到保证报表的质量，确保充分发挥报表的作用，因此报表还应符合以下几点要求：

1. 真实性

企业应以持续经营为基础，根据实际发生的交易和事项，如实反映企业的财务状况和经营成果，确保财务会计报表的数据真实准确。

2. 完整性

企业的财务会计报表应当全面地反映企业的财务状况、经营成果和现金流动情况，完整地反映所属会计期间财务活动的过程和结果，不得出现漏报漏填的报表或报表项目，以便满足相关需要。

3. 及时性

企业的财务会计报表应当按照规定的期限和程序及时编制与报送，以便报表使用者适时了解编报单位的财务情况，做出相应的财务决策和措施。

4. 可理解性

企业的财务会计报表提供的信息应当清楚明了，易于报表使用者理解和判断，为使用者做决策提供准确的信息资料。

任务二　资产负债表

一、资产负债表概述

1. 概念

资产负债表是反映企业在某一特定日期财务状况的报表，它是根据资产、负债和所有者权益之间的相互关系，按照一定的分类标准和一定的顺序，把企业在一定日期的资产、负债、所有者权益各项目予以适当排列并对日常活动中形成的大量数据进行高度浓缩整理后编制而成的。它表明企业在某一特定日期所拥有或控制的经济资源、所承担的现时义务和所有者对净资产的要求权。

2. 格式和内容

资产负债表的格式一般可以分为账户式和报告式两种，我国资产负债表按账户式反映，即资产负债表分为左方和右方，左方列示资产项目，右方列示负债和所有者权益项目。通过账户式资产负债表，反映资产、负债和所有者权益之间的内在关系，并达到资产项目的合计数等于负债和所有者权益项目的合计数。

二、资产负债表的编制方法

会计报表的编制，主要是通过对日常会计核算记录的数据加以归集、整理，使之成为有用的财务信息。资产负债表的项目可分为"年初数"和"年末数"两栏，在我国，资产负债表的"年初数"应根据上年末资产负债表的"年末数"栏内所列数字填列，如果本年度资产负债表规定的各个项目的名称和内容同上年度不一致，应对上年年末资产负债表各项目的名称和数字按照本年度的规定进行调整，填入报表的"年初数"栏内。

资产负债表的"年末数"栏内的数字应根据期末资产类、负债类和所有者权益类等账户的期末余额填列，主要可以通过以下几种方式取得：

(1) 根据总账账户余额直接填列。资产负债表各项目的数据来源，大多数是依据总账账户期末余额直接填列的，如"应收票据"项目，就是根据"应收票据"总账账户的期末余额直接填列，"应付票据""应交税费""应付利润""短期借款"等项目同样如此。

(2) 根据总账账户余额计算填列。资产负债表有些项目需要根据若干个总账账户的期末数据计算填列，如"货币资金"项目，需要根据"库存现金""银行存款""其他货币资金"三个账户的期末余额的合计数填列。

(3) 根据明细账户余额计算填列。资产负债表有些项目需要根据有关账户所属的相关明细账户的期末余额计算填列，如"应付账款"项目，需要根据"应付账款"和"预付账款"两个账户所属的相关明细账户的期末贷方余额计算填列；又如"应收账款"项目，需要根据"应收账款"和"预收账款"两个账户所属的相关明细账户的期末借方余额计算填列。

(4) 根据总账账户和明细账户余额分析计算填列。如"长期借款"项目，需要根据"长期借款"总账账户余额扣除"长期借款"账户所属的明细账户中将在一年内到期的长期借款部分后的金额进行分析计算填列。

(5) 根据有关账户余额减去其备抵账户余额后的净额填列。如"持有至到期投资"项目，由"持有至到期投资"账户的期末余额减去其"持有至到期投资减值准备"备抵账户余额后的净额填列；又如"无形资产"项目，应当根据"无形资产"账户的期末余额，减去"无形资产减值准备"和"累计摊销"这两个备抵账户余额后的净额填列。

(6) 综合上述各填列方法分析填列。如"存货"项目，需要根据"原材料""委托加工物资""材料采购"及"材料成本差异"等总账账户期末余额的分析汇总数，再减去"存货跌价准备"账户余额后的净额填列。

三、资产负债表的编制实例

为了帮助理解资产负债表的编制，现以下例说明。

【例 12-1】某公司 2019 年 12 月 31 日的账户余额表如表 12-1 所示。

表 12-1 有关账户期末余额表　　　　　　　　　单位：元

账户名称	借方余额	账户名称	贷方余额
库存现金	2 000	短期借款	5 000
银行存款	811 445	应付票据	100 000
其他货币资金	7 300	应付账款	953 800
交易性金融资产	0	其他应付款	50 000
应收票据	46 000	应付职工薪酬	180 000
应收账款	600 000	应交税费	105 344
坏账准备	− 1 800	其他应交款	106 600
预付账款	100 000	应付股利	32 215.85
其他应收款	5 000	预提费用	0
材料采购	275 000	长期借款	1 160 000
原材料	45 000	其中：一年内到期的长期负债	0
包装物	38 050	股本	5 045 000
低值易耗品	0	盈余公积	135 685.15
库存商品	2 212 400	利润分配	
材料成本差异	4 250	(未分配利润)	220 000
待摊费用	0		
长期股权投资	250 000		
固定资产	2 401 000		
累计折旧	− 170 000		
工程物资	150 000		
在建工程	578 000		
无形资产	540 000		
长期待摊费用	200 000		
合　计	8 093 645	合　计	8 093 645

根据上述资料编制该公司 2019 年 12 月 31 日的资产负债表，如表 12-2 所示。

表 12-2 某公司资产负债表

会企 01 表　　　　编制单位：××公司　　　　2019 年 12 月 31 日　　　　单位：元

资产	行次	年初数	年末数	负债和所有者权益	行次	年初数	年末数
流动资产：	1			流动负债：	36		
货币资金	2	1 406 300	820 745	短期借款	37	300 000	5 000
交易性金融资产	3	15 000	0	应付票据	38	200 000	100 000
应收票据	4	246 000	46 000	应付账款	39	953 800	953 800
应收股利	5			预收账款	40	0	0
应收利息	6			应付职工薪酬	41	100 000	180 000
应收账款	7	299 100	598 200	应付股利	42	0	32 215.85
其他应收款	8	5 000	5 000	应交税费	43	30 000	105 344
预付账款	9	100 000	100 000	其他应交款	44	6 600	106 600
应收补贴款	10			其他应付款	45	50 000	50 000
存货	11	2 580 000	2 574 700	预提费用	46	1 000	
待摊费用	12	100 000		预计负债	47		
一年内到期的长期债权投资	13			一年内到期的长期负债	48	1 000 000	
其他流动资产	14						
流动资产合计	15	4 751 400	4 144 645	其他流动负债	49	0	0
长期投资：	16						
长期股权投资	17	250 000	250 000				
长期投资合计	18	250 000	250 000				
				流动负债合计	50	2 641 400	1 532 959.85
固定资产：	19			长期负债：	51		
固定资产原价	20	1 500 000	2 401 000	长期借款	52	600 000	1 160 000
减：累计折旧	21	400 000	170 000	应付债券	53	0	

资产	行次	年初数	年末数	负债和所有者权益	行次	年初数	年末数
固定资产净值	22	1 100 000	2 231 000	长期应付款	54	0	
减：固定资产减值准备	23	0	0	其他长期负债	55	0	
固定资产净额	24	1 100 000	2 231 000				
工程物资	25	0	150 000				
在建工程	26	1 500 000	578 000	长期负债合计	56	600 000	1 160 000
固定资产清理	27	0	0	递延税项：	57		
				递延税款贷项	58	0	0
				负债合计	59	3 241 400	2 692 959.85
				所有者权益(股东权益)	60		
				实收资产(或股本)	61	5 045 000	5 045 000
无形资产及其他资产：	28			资本公积	62	0	0
无形资产	29	600 000	540 000	盈余公积	63	65 000	135 685.15
长期待摊费用	30	200 000	200 000	其中：法定公益金	64		11 895.05
其他长期资产	31	0	0	未分配利润	65	50 000	220 000
无形资产及其他资产合计	32	800 000	740 000				
递延税项	33			所有者权益(股东权益)合计	66	5 160 000	5 400 685.15
递延税款借项	34	0	0				
资产总计	35	8 401 400	8 093 645	负债和所有者权益(股东权益)合计	67	8 401 400	8 093 645

任务三 利 润 表

一、利润表概述

1. 概念

利润表是反映企业一定会计期间的经营成果的财务报表。利润表把一定时期的营业收入与同一会计期间相关的营业费用进行配比，以计算出企业一定时期的净利润。通过利润表的收入、成本和费用等，能够反映企业生产经营的收益情况、成本耗费情况，表明企业的生产经营成果；同时，通过利润表提供的不同时期的比较数字(本月数、本月累计数、上年数)，可以分析企业今后利润的发展趋势、获利能力。由于利润是企业经营业绩的综合体现，又是进行利润分配的主要依据，因此，利润表是财务报表中的主要报表。

2. 结构和内容

目前，常见的利润表结构有单步式和多步式两种，单步式利润表是将当期所有的收入和费用各自加总，通过分析计算求出当期损益，多步式利润表中的损益则是通过多步计算得来的，而我国一般采用多步式利润表结构。利润表主要包括以下五个方面的内容：

(1) 营业收入。营业收入由主营业务收入和其他业务收入组成。

(2) 营业利润。营业收入减去营业成本(主营业务成本、其他业务成本)、营业税金及附加、销售费用、管理费用、财务费用、资产减值损失，加上公允价值变动收益、投资收益，即为营业利润。

(3) 利润总额。营业利润加上营业外收入，减去营业外支出，即为利润总额。

(4) 净利润。利润总额减去所得税费用，即为净利润。

(5) 每股收益。每股收益包括基本每股收益和稀释每股收益两项指标。

二、利润表的编制方法

利润表金额栏一般可分为"本月数"和"本年累计数"两栏。报表中的"本月数"反映的是各项目本月的实际发生数，在编制中期财务报表时填列上年同期累计实际发生数，在编制年度财务会计报表时则填列上年全年累计实际发生数，并将"本月数"栏改成"上年数"。报表中的"本年累计数"栏是反映自年初起至本月末止的累计实际发生数。

三、利润表的编制实例

【例 12-2】某公司 2019 年度有关损益类账户的余额如表 12-3 所示。

表12-3 有关损益类账户发生额表   单位：元

账户名称	借方发生额	贷方发生额
主营业务收入		1 250 000
主营业务成本	750 000	
营业税金及附加	2 000	
销售费用	20 000	
管理费用	158 000	
财务费用	41 500	
投资收益		31 500
营业外收入		50 000
营业外支出	19 700	
所得税费用	102 399	

根据以上资料，可编制该公司 2019 年度利润表，如表12-4 所示。

表12-4 某公司利润表

会企02表　　　　编制单位：××公司　　　　2019 年 12 月 31 日　　　　单位：元

项　目	行次	上年数(略)	本年累计数
一、主营业务收入	1		1 250 000
减：主营业务成本	2		750 000
营业税金及附加	3		2 000
二、主营业务利润(亏损以"－"号填列)	4		498 000
加：其他业务利润(亏损以"－"号填列)	5		
减：销售费用	6		20 000
管理费用	7		158 000
财务费用	8		41 500
三、营业利润(亏损以"－"号填列)	9		278 500
加：投资收益(亏损以"－"号填列)	10		31 500
补贴收入	11		
营业外收入	12		50 000
减：营业外支出	13		19 700
四、利润总额(亏损总额以"－"号填列)	14		340 300
减：所得税费用	15		102 399
五、净利润(净亏损以"－"号填列)	16		237 901

任务四　现金流量表

一、现金流量表概述

1. 现金流量表的概念

现金流量表是以现金为基础编制的财务状况变动表，反映的是企业一定会计期间内现金的流入和流出，表明企业获得现金和现金等价物的能力。具体包括库存现金、银行存款、其他货币资金和现金等价物几部分。其中，现金等价物是指企业持有的期限短、流动性强、易于转换为已知金额现金、价值变动风险很小的投资，现金等价物通常包括三个月内到期的债券投资等。

2. 现金流量的分类

编制现金流量表的目的就是为报表使用者提供企业一定会计期间内有关现金的流入和流出的信息，所以首先要对企业各项经营业务产生或运用的现金流量进行合理的分类，通常按照业务的性质可将现金流量分为以下三类：

(1) 经营活动产生的现金流量。经营活动指企业投资活动和筹资活动以外的所有交易和事项，包括销售或购买商品、提供或接受劳务、经营性租赁和缴纳税款等。

(2) 投资活动产生的现金流量。投资活动是指企业长期资产的购建和非流动资产的处置活动，主要包括购建或处置固定资产、取得或收回投资等。

(3) 筹资活动产生的现金流量。筹资活动是指导致企业资本及债务规模和构成发生变化的活动，包括吸收投资、发行股票、分配利润等。

二、现金流量表的填列方法

1. 经营活动产生的现金流量

在我国，企业经营活动产生的现金流量应当采用直接法填列。直接法，是指通过现金收入和现金支出的主要类别列示经营活动的现金流量。现金流量一般应按现金流入和流出总额列报，但代客户收取或支付的现金，以及周转快、金额大、期限短的项目的现金流入和现金流出，可以按照净额列报。

有关经营活动现金流量的信息，可以通过企业的会计记录取得，也可以通过对利润表中的营业收入、营业成本以及其他项目进行调整后取得，如当期存货及经营性应收和应付项目的变动，固定资产折旧、无形资产摊销、计提资产减值准备等其他非现金项目，属于投资活动或筹资活动现金流量的其他非现金项目。

1) "销售商品、提供劳务收到的现金" 项目

该项目反映企业销售商品、提供劳务实际收到的现金(包括应向购买者收取的增值税销项税额)，包括本期销售商品、提供劳务收到的现金，以及前期销售商品、提供劳务本期收到的现金和本期预收的款项，减去本期销售本期退回的商品和前期销售本期退回的商品支付的现金。企业销售材料和代购代销业务收到的现金，也在本项目反映。本项目可以根

据"库存现金""银行存款""应收账款""应收票据""预收账款""主营业务收入""其他业务收入"等账户的记录分析填列。

根据账户记录分析计算该项目的金额，通常可以采用以下公式：

销售商品、提供劳务收到的现金 = 当期销售商品、提供劳务收到的现金 +

当期收回前期的应收账款和应收票据 +

当期预收的款项 − 当期销售退回支付的现金 +

当期收回前期核销的坏账损失

2)"收到的税费返还"项目

该项目反映企业收到返还的各种税费，包括收到返还的增值税、消费税、营业税、关税、所得税、教育费附加等。本项目可以根据"库存现金""银行存款""营业外收入""其他应收款"等账户的记录分析填列。

3)"收到其他与经营活动有关的现金"项目

该项目反映企业除了上述各项目以外所收到的其他与经营活动有关的现金，如罚款、流动资产损失中由个人赔偿的现金、经营租赁租金等。若某项其他与经营活动有关的现金流入金额较大，应单列项目反映。本项目可以根据"库存现金""银行存款""营业外收入"等账户的记录分析填列。

4)"购买商品、接受劳务支付的现金"项目

该项目反映企业购买商品、接受劳务实际支付的现金(包括增值税进项税额)，包括本期购买材料、商品、接受劳务支付的现金，以及本期支付前期购买商品、接受劳务的未付款项以及本期预付款项，减去本期发生的购货退回收到的现金。企业代购代销业务支付的现金，也在本项目反映。本项目可以根据"库存现金""银行存款""应付账款""应付票据""预付账款""主营业务成本""其他业务成本"等账户的记录分析填列。

根据账户记录分析计算该项目的金额，通常可以采用以下公式：

购买商品、接受劳务支付的现金 = 当期购买商品、接受劳务支付的现金 + 当期支付前期的应付账款和应付票据 + 当期预付的款项 − 当期因购货退回收到的现金

5)"支付给职工以及为职工支付的现金"项目

该项目反映企业实际支付给职工，以及为职工支付的现金，包括本期实际支付给职工的工资、奖金、各种津贴和补贴等，以及为职工支付的其他费用。企业代扣代缴的职工个人所得税，也在本项目反映。本项目不包括支付给离退休人员的各项费用及支付给在建工程人员的工资及其他费用。企业支付给离退休人员的各项费用(包括支付的统筹退休金以及未参加统筹的退休人员的费用)，在"支付其他与经营活动有关的现金"项目反映；支付给在建工程人员的工资及其他费用，在"购建固定资产、无形资产和其他长期资产支付的现金"项目反映。本项目可以根据"应付职工薪酬""库存现金""银行存款"等账户的记录分析填列。

企业为职工支付的养老、失业等社会保险基金、补充养老保险、住房公积金、支付给职工的住房困难补助，以及企业支付给职工或为职工支付的其他福利费等，应按职工的工作性质和服务对象，分别在本项目和"购建固定资产""无形资产和其他长期资产支付的现金"项目反映。

6) "支付的各项税费"项目

该项目反映企业按规定支付的各种税费、包括企业本期发生并支付的税费，以及本期支付以前各期发生的税费和本期预交的税费，包括所得税、增值税、营业税、消费税、印花税、房产税、土地增值税、车船使用税、教育费附加、矿产资产补偿费等，但不包括计入固定资产价值、实际支付的耕地占用税，也不包括本期退回的增值税、所得税。本期退回的增值税、所得税在"收到的税费返还"项目反映。本项目可以根据"应交税费""库存现金""银行存款"等账户的记录分析填列。

7) "支付其他与经营活动有关的现金"项目

该项目反映企业除上述各项目外所支付的其他与经营活动有关的现金，如经营租赁支付的租金、支付的罚款、差旅费、业务招待费、保险费等。若其他与经营活动有关的现金流出金额较大，应单列项目反映，本项目可以根据"库存现金""银行存款""管理费用""营业外支出"等账户的记录分析填列。

2. 投资活动产生的现金流量

1) "收回投资收到的现金"项目

该项目反映企业出售、转让或到期收回的除现金等价物以外的对其他企业的权益工具、债务工具和合营中的权益等投资收到的现金。收回债务工具实现的投资收益、处置子公司及其他营业单位收到的现金净额不包括在本项目内。本项目可根据"可供出售金融资产""持有至到期投资""长期股权投资""库存现金""银行存款"等账户的记录分析填列。

2) "取得投资收益收到的现金"项目

该项目反映企业除现金等价物以外的对其他企业的权益工具、债务工具和合营中的权益投资分回的现金股利和利息等，不包括股票股利。本项目可以根据"库存现金""银行存款""投资收益"等账户的记录分析填列。

3) "处置固定资产、无形资产和其他长期资产收回的现金净额"项目

该项目反映企业出售、报废固定资产、无形资产和其他长期资产收到的现金(包括因资产毁损收到的保险赔偿款)，减去为处置这些资产而支付的有关费用后的净额。如所收回的现金净额为负数，则应在"支付其他与投资活动有关的现金"项目反映。本项目可以根据"固定资产清理""库存现金""银行存款"等账户的记录分析填列。

4) "处置子公司及其他营业单位收到的现金净额"项目

该项目反映企业处置子公司及其他营业单位所取得的现金，减去相关处置费用以及子公司及其他营业单位持有的现金和现金等价物后的净额。本项目可以根据"长期股权投资""银行存款""库存现金"等账户的记录分析填列。

5) "收到其他与投资活动有关的现金"项目

该项目反映企业除了上述各项目以外，所收到的其他与投资活动有关的现金流入。比如，企业收回购买股票和债券时支付的已宣告但尚未领取的现金股利或已到付息期但尚未领取的债券利息。若其他与投资活动有关的现金流入金额较大，应单列项目反映。本项目可以根据"应收股利""应收利息""银行存款""库存现金"等账户的记录分析填列。

6) "购建固定资产、无形资产和其他长期资产支付的现金"项目

该项目反映企业本期购买、建造固定资产、取得无形资产和其他长期资产实际支付的现金，以及用现金支付的应由在建工程和无形资产负担的职工薪酬，不包括为购建固定资产而发生的借款利息资本化部分，以及融资租入固定资产支付的租赁费。企业支付的借款利息和融资租入固定资产支付的租赁费，在筹资活动产生的现金流量中反映。本项目可以根据"固定资产""在建工程""无形资产""库存现金""银行存款"等账户的记录分析填列。

7) "投资支付的现金"项目

该项目反映企业取得除现金等价物以外的对其他企业的权益工具、债务工具和合营中的权益投资所支付的现金，以及支付的佣金、手续费等交易费用，但取得的子公司及其他营业单位支付的现金净额除外。本项目可以根据"可供出售金融资产""持有至到期投资""长期股权投资""库存现金""银行存款"等账户的记录分析填列。

8) "取得子公司及其他营业单位支付的现金净额"项目

该项目反映企业购买子公司及其他营业单位购买出价中以现金支付的部分，减去子公司及其他营业单位持有的现金和现金等价物后的净额。本项目可以根据"长期股权投资""库存现金""银行存款"等账户的记录分析填列。

9) "支付其他与投资活动有关的现金"项目

该项目反映企业除上述各项以外所支付的其他与投资活动有关的现金流出，如企业购买股票时实际支付的价款中包含的已宣告而尚未领取的现金股利，购买债券时支付的价款中包含的已到期尚未领取的债券利息等。若某项其他与投资活动有关的现金流出金额较大，应单列项目反映。本项目可以根据"应收股利""应收利息""银行存款""库存现金"等账户的记录分析填列。

3. 筹资活动产生的现金流量

1) "吸收投资收到的现金"项目

该项目反映企业以发行股票、债券等方式筹集资金实际收到的款项，减去直接支付的佣金、手续费、宣传费、咨询费、印刷费等发行费用后的净额。本项目可以根据"实收资本(或股本)""库存现金""银行存款"等账户的记录分析填列。

2) "取得借款收到的现金"项目

该项目反映企业举借各种短期、长期借款实际收到的现金。本项目可以根据"短期借款""长期借款""库存现金""银行存款"等账户的记录分析填列。

3) "收到其他与筹资活动有关的现金"项目

该项目反映企业除上述各项外所收到的其他与筹资活动有关的现金流入，如接受现金捐赠等。若某项其他与筹资活动有关的现金流入金额较大，应单列项目反映。本项目可以根据"银行存款""库存现金""营业外收入"等账户的记录分析填列。

4) "偿还债务支付的现金"项目

该项目反映企业偿还债务本金所支付的现金，包括偿还金融企业的借款本金、偿还债券本金等。企业支付的借款利息和债券利息在"分配股利、利润或偿付利息支付的现金"项目反映，不包括在本项目内。本项目可以根据"短期借款""长期借款""应付债券""库

存现金""银行存款"等账户的记录分析填列。

5) "分配股利、利润或偿付利息支付的现金"项目

该项目反映企业实际支付的现金股利、支付给其他投资单位的利润或用现金支付的借款利息、债券利息等。本项目可以根据"应付股利""应付利息""财务费用""库存现金""银行存款"等账户的记录分析填列。

6) "支付其他与筹资活动有关的现金"项目

该项目反映企业除上述各项目外所支付的其他与筹资活动有关的现金流出,如捐赠现金支出、融资租入固定资产支付的租赁费等。若某项其他与筹资活动有关的现金流出金额较大,应单列项目反映。本项目可以根据"营业外支出""长期应付款""银行存款""库存现金"等账户的记录分析填列。

4. 现金流量表补充资料

除现金流量表反映的信息外,企业还应在附注中披露将净利润调节为经营活动现金流量、不涉及现金收支的重大投资和筹资活动、现金及现金等价物净变动情况等信息。

1) 将净利润调节为经营活动现金流量

现金流量表采用直接法反映经营活动产生的现金流量,同时,企业还应采用间接法反映经营活动产生的现金流量。间接法,是指以本期净利润为起点,通过调整不涉及现金的收入、费用、营业外收支以及经营性应收应付等项目的增减变动,调整不属于经营活动的现金收支项目,据此计算并列报经营活动产生的现金流量的方法。在我国,现金流量表补充资料应采用间接法反映经营活动产生的现金流量情况,以对现金流量表中采用直接法反映的经营活动现金流量进行核对和补充说明。

采用间接法列报经营活动产生的现金流量时,需要对四大类项目进行调整:① 实际没有支付现金的费用;② 实际没有收到现金的收益;③ 不属于经营活动的损益;④ 经营性应收应付项目的增减变动。

将净利润调节为经营活动现金流量,具体针对的是如下项目:

(1) 资产减值准备。该项目反映企业本期实际计提的各项资产减值准备,包括坏账准备、存货跌价准备、长期股权投资减值准备、持有至到期投资减值准备、投资性房地产减值准备、固定资产减值准备、无形资产减值准备等。本项目可以根据"资产减值损失"账户的记录分析填列。

(2) 固定资产折旧。该项目反映企业本期累计计提的固定资产折旧。本项目可根据"累计折旧"账户的贷方发生额分析填列。

(3) 无形资产摊销。该项目反映企业本期累计摊入成本费用的无形资产价值。本项目可以根据"累计摊销"科目的贷方发生额分析填列。

(4) 长期待摊费用摊销。该项目反映企业本期累计摊入成本费用的长期待摊费用。本项目可以根据"长期待摊费用"账户的贷方发生额分析填列。

(5) 处置固定资产、无形资产和其他长期资产的损失。该项目反映企业本期处置固定资产、无形资产和其他长期资产发生的净损失(或净收益)。如为净收益以"−"号填列。本项目可以根据"营业外支出""营业外收入"等账户所属有关明细账户的记录分析填列。

(6) 固定资产报废损失。该项目反映企业发生的固定资产盘亏净损失。该项目可以根

据"营业外支出"和"营业外收入"账户所属有关明细账户的记录分析填列。

(7) 公允价值变动损失。该项目反映企业持有的交易性金融资产、交易性金融负债、采用公允价值模式计量的投资性房地产等公允价值变动形成的净损失。如为净收益以"-"号填列。本项目可以根据"公允价值变动"账户所属有关明细账户的计量分析填列。

(8) 财务费用。该项目反映企业本期实际发生的属于投资活动或筹资活动的财务费用。属于投资活动、筹资活动的部分，在计算净利润时已扣除，但这部分发生的现金流出不属于经营活动现金流量的范畴，所以，在将净利润调节为经营活动现金流量时，需要予以加回。本项目可以根据"财务费用"账户的本期借方发生额分析填列，如为收益，以"-"号填列。

(9) 投资损失。该项目反映企业对外投资实际发生的投资损失减去收益后的净损失。本项目可以根据利润表"投资收益"项目的数字填列，如为投资收益，以"-"号填列。

(10) 递延所得税资产减少。该项目反映企业资产负债表"递延所得税资产"项目的期初余额与期末余额的差额。本项目可以根据"递延所得税资产"账户发生额分析填列。

(11) 递延所得税负债增加。该项目反映企业资产负债表"递延所得税负债"项目的期初余额与期末余额的差额。本项目可以根据"递延所得税负债"账户发生额分析填列。

(12) 存货的减少。该项目反映企业资产负债表"存货"项目的期初与期末余额的差额。期末数大于期初数的差额，以"-"号填列。

(13) 经营性应收项目的减少。该项目反映企业本期经营性应收项目(包括应收票据、应收账款、预付账款、长期应收款和其他应收款等经营性应收项目中与经营活动有关的部分及应收的增值税销项税额等)的期初与期末余额的差额。期末数大于期初数的差额，以"-"号填列。

(14) 经营性应付项目的增加。该项目反映企业本期经营性应付项目(包括应付票据、应付账款、预收账款、应付职工薪酬、应交税费和其他应付款等经营性应付项目中与经营活动有关的部分及应付的增值税进项税额等)的期初余额与期末余额的差额。期末数小于期初数的差额，以"-"号填列。

2) 不涉及现金收支的重大投资和筹资活动

该项目反映企业一定会计期间内影响资产和负债但不形成该期现金收支的所有重大投资和筹资活动的信息。这些投资和筹资活动是企业的重大理财活动，对以后各期的现金流量会产生重大影响，因此，应单列项目在补充资料中反映。目前，我国企业现金流量表补充资料中列示的不涉及现金收支的重大投资和筹资活动项目主要有以下几项：

(1) "债务转为资本"项目，反映企业本期转为资本的债务金额。

(2) "一年内到期的可转换公司债券"项目，反映企业一年内到期的可转换公司债券的本息。

(3) "融资租入固定资产"项目，反映企业本期融资租入固定资产的最低租赁付款额扣除应分期计入利息费用的未确认融资费用后的余额。

3) 现金及现金等价物净变动情况

该项目反映企业一定会计期间现金及现金等价物的期末余额减去期初余额后的净增加额(或净减少额)，是对现金流量表中"现金及现金等价物净增加额"项目的补充说明。该项目的金额应与现金流量表"现金及现金等价物净增加额"项目的金额核对相符。

三、现金流量表的编制方法

在具体编制现金流量表时，企业可根据业务量的大小及复杂程度，采用工作底稿法、T 形账户法，或直接根据有关账户的记录分析填列。

1. 工作底稿法

工作底稿法是以工作底稿为手段，以利润表和资产负债表数据为基础，结合有关账户的记录，对现金流量表的每一个项目进行分析并编制调整分录，从而编制出现金流量表的一种方法。

采用工作底稿法编制现金流量表的具体步骤如下：

(1) 将资产负债表的年初余额和期末余额过入工作底稿的年初余额栏和期末余额栏。

(2) 对当期业务进行分析并编制调整分录。调整分录大体有这样几类：第一类涉及利润表中的收入、成本和费用项目以及资产负债表中的资产、负债及所有者权益项目，通过调整，将权责发生制下的收入、费用转换为现金基础；第二类是涉及资产负债表和现金流量表中的投资、筹资项目，反映投资和筹资活动的现金流量；第三类是涉及利润表和现金流量表中的投资和筹资项目，目的是将利润表中有关投资和筹资方面的收入和费用列入现金流量表投资、筹资现金流量中。此外，还有一些调整分录并不涉及现金收支，只是为了核对资产负债表项目的期末年初变动。

在调整分录中，有关现金和现金等价物的事项，并不直接借记或贷记现金，而是分别记入"经营活动产生的现金流量""投资活动产生的现金流量""筹资活动产生的现金流量"有关项目，借记表明现金流入，贷记表明现金流出。

(3) 将调整分录过入工作底稿中的相应部分。

(4) 核对调整分录，借贷合计应当相等，资产负债表项目年初余额加减调整分录中的借贷金额以后，应当等于期末余额。

(5) 根据工作底稿中的现金流量表项目部分编制正式的现金流量表。

2. T 形账户法

T 形账户法是以利润表和资产负债表为基础，结合有关账户的记录，对现金流量表的每一个项目进行分析并编制调整分录，通过"T 形账户"编制出现金流量的一种方法。

采用 T 形账户法编制现金流量表的具体步骤如下：

(1) 为所有的非现金项目(包括资产负债表项目和利润表项目)分别开设 T 形账户，并将各自的期末年初变动数过入各账户。

(2) 开设一个大的"现金及现金等价物" T 形账户，每边分为经营活动、投资活动和筹资活动三个部分，左边记现金流入，右边记现金流出。与其他账户一样，过入期末年初变动数。

(3) 以利润表项目为基础，结合资产负债表分析每一个非现金项目的增减变动，并据此编制调整分录。

(4) 将调整分录过入各 T 形账户，并进行核对，该账户借贷相抵后的余额与原先过入的期末年初变动数应当一致。

(5) 根据大的"现金及现金等价物" T 形账户编制正式的现金流量表。

3. 分析填列法

分析填列法是直接根据资产负债表、利润表和有关会计账户明细账的记录，分析计算出现金流量表各项目的金额,并据此编制现金流量表的一种方法。

四、现金流量表的编制实例

【例 12-3】甲股份有限公司为增值税一般纳税人。该公司 2019 年度编制的资产负债表如表 12-5 所示。

表 12-5 资产负债表

会企 01 表　　　编制单位:甲股份有限公司　　　2019 年 12 月 31 日　　　单位:元

资产	期末余额	年初余额	负债和所有者权益(或股东权益)	期末余额	年初余额
流动资产:			流动负债:		
货币资金	795 435	1 406 300	短期借款	50 000	300 000
交易性金融资产	0	15 000	应付票据	100 000	200 000
应收票据	66 000	246 000	应付账款	953 800	953 800
应收账款	598 200	299 100	应付职工薪酬	180 000	110 000
预付账款	100 000	100 000	应交税费	226 731	36 600
其他应收款	5 000	5 000	应付利息	0	1 000
存货	2 484 700	2 580 000	应付股利	32 215.85	0
其他流动资产	90 000	100 000	其他应付款	50 000	50 000
			一年内到期的非流动负债	0	1 000 000
流动资产合计	4 139 335	4 751 400	流动负债合计	1 592 746.85	2 651 400
非流动资产:			非流动负债:		
长期股权投资	250 000	250 000	长期借款	1 160 000	600 000
固定资产	2 201 000	1 100 000	非流动负债合计	1 160 000	600 000
在建工程	578 000	1 500 000	负债合计	2 752 746.85	3 251 400
工程物资	150 000	0	所有者权益(或股东权益)		
无形资产	540 000	600 000	实收资本(或股本)	5 000 000	5 000 000
递延所得税资产	9 900	0	资本公积	0	0
其他非流动资产	200 000	200 000	盈余公积	124 770.40	100 000
非流动资产合计	3 928 900	3 650 000	未分配利润	190 717.75	50 000
			所有者权益(或股东权益)合计	5 315 488.15	5 150 000
资产总计	8 068 235	8 401 400	负债和所有者权益(或股东权益)总计	8 068 235	8 401 400

该公司 2019 年度编制的利润表如表 12-6 所示。

甲股份有限公司其他相关资料如下所示。

2019 年度利润表有关项目的明细资料如下:

(1) 管理费用的组成:职工薪酬 17 100 元,无形资产摊销 60 000 元,摊销印花税 10 000

元，折旧费 20 000 元，支付其他费用 50 000 元。

表 12-6　利 润 表

会企 02 表　　　　编制单位：甲股份有限公司　　　2019 年 12 月 31 日　　　　单位：元

项　　目	本期金额	上期金额(略)
一、营业收入	1 250 000	
减：营业成本	750 000	
营业税金及附加	2 000	
销售费用	20 000	
管理费用	157 100	
财务费用	41 500	
资产减值损失	30 900	
加：公允价值变动收益(损失以"－"号填列)	0	
投资收益(损失以"－"号填列)	31 500	
二、营业利润(亏损以"－"号填列)	280 000	
加：营业外收入	50 000	
减：营业外支出	19 700	
三、利润总额(亏损总额以"－"号填列)	310 300	
减：所得税费用	112 596	
四、净利润(亏损以"－"号填列)	197 704	

(2) 财务费用的组成：计提借款利息 21 500 元，支付应收票据贴现利息 20 000 元。

(3) 资产减值损失的组成：计提坏账准备 900 元，计提固定资产减值准备 30 000 元。上年年末坏账准备余额为 1 800 元。

(4) 投资收益的组成：收到股息收入 30 000 元，与本金一起收回的交易性股票投资收益 500 元，自公允价值变动损益结转投资收益 1 000 元。

(5) 营业外收入的组成：处置固定资产净收益 50 000 元(其所处置固定资产原价为 400 000 元，累计折旧为 150 000 元，收到处置收入 300 000 元)，假定不考虑与固定资产处置有关的税费。

(6) 营业外支出的组成：报废固定资产损失 19 700 元(其所报废固定资产原价为 200 000 元，累计折旧 180 000 元，支付清理费用 500 元，收到残值收入 800 元)。

(7) 所得税费用的组成：当期所得税费用为 122 496 元，递延所得税收益 9 900 元。

除上述项目外，利润表中的销售费用至期末尚未支付。

2019 年度资产负债表有关项目的明细资料如下：

(1) 本期收回交易性股票投资本金 15 000 元、公允价值变动 1 000 元，同时实现投资收益 500 元。

(2) 存货中生产成本、制造费用的组成：职工薪酬 324 900 元，折旧费 80 000 元。

(3) 应交税费的组成：本期增值税进项税额 42 466 元，增值税销项税额 212 500 元，已交增值税 100 000 元；应交所得税期末余额为 20 097 元，应交所得税期初余额为 0。应交税费期末数中应由在建工程负担的部分为 100 000 元。

(4) 应付职工薪酬的期初数无应付在建工程人员的部分，本期支付在建工程人员职工薪酬 200 000 元。应付职工薪酬的期末数中应付在建工程人员的部分为 28 000 元。

(5) 应付利息均为短期借款利息，其中本期计提利息 11 500 元，支付利息 12 500 元。

(6) 本期用现金购买固定资产 101 000 元，购买工程物资 150 000 元。

(7) 本期用现金偿还短期借款 250 000 元，偿还一年内到期的长期借款 1 000 000 元；借入长期借款 400 000 元。

根据以上资料，采用分析填列的方法，编制甲股份有限公司 2010 年度的现金流量表。

甲股份有限公司 2019 年度现金流量表各项目金额，分析确定如下：

(1) 销售商品、提供劳务收到的现金＝主营业务收入＋应交税费(应交增值税——销项税额)＋(应收账款年初余额－应收账款期末余额)＋(应收票据年初余额－应收票据期末余额)－当期计提的坏账准备－票据贴现的利息＝1 250 000＋212 500＋(299 100－598 200)＋(246 000－66 000)－900－20 000＝1 322 500(元)。

(2) 购买商品、接受劳务支付的现金＝主营业务成本＋应交税费(应交增值税——进项税额)－(存货年初余额－存货期末余额)＋(应付账款年初余额－应付账款期末余额)＋(应付票据年初余额－应付票据期末余额)＋(预付账款期末余额－预付账款年初余额)－当期列入生产成本、制造费用的职工薪酬－当期列入生产成本、制造费用的折旧费和固定资产修理费＝750 000＋42 466－(2 580 000－2 484 700)＋(953 800－953 800)＋(200 000－100 000)＋(100 000－100 000)－324 900－80 000＝392 266(元)。

(3) 支付给职工以及为职工支付的现金＝生产成本、制造费用、管理费用中职工薪酬＋(应付职工薪酬年初余额－应付职工薪酬期末余额)－[应付职工薪酬(在建工程)年初余额－应付职工薪酬(在建工程)期末余额]＝324 900＋17 100＋(110 000－180 000)－(0－28 000)＝300 000(元)。

(4) 支付的各项税费＝当期所得税费用＋营业税金及附加＋应交税费(增值税－已交税金)－(应交所得税期末余额－应交所得税期初余额)＝122 496＋2 000＋100 000－(20 097－0)＝204 399(元)。

(5) 支付其他与经营活动有关的现金＝其他管理费用＝50 000(元)。

(6) 收回投资收到的现金＝交易性金融资产贷方发生额＋与交易性金融资产一起收回的投资收益＝16 000＋500＝16 500(元)。

(7) 取得投资收益所收到的现金＝收到的股息收入＝30 000(元)。

(8) 处置固定资产收回的现金净额＝300 000＋(800－500)＝300 300(元)。

(9) 购建固定资产支付的现金＝用现金购买的固定资产、工程物资＋支付给在建工程人员的薪酬＝101 000＋150 000＋200 000＝451 000(元)。

(10) 取得借款所收到的现金＝400 000(元)。

(11) 偿还债务支付的现金＝250 000＋1 000 000＝1 250 000(元)。

(12) 偿还利息支付的现金＝12 500(元)。

(13) 支付其他与筹资活动有关的现金＝20 000(元)。

将净利润调节为经营活动现金流量各项目计算分析如下：

(1) 资产减值准备＝900＋30 000＝30 900(元)。

(2) 固定资产折旧＝20 000＋80 000＝100 000(元)。

(3) 无形资产摊销 = 60 000(元)。

(4) 处置固定资产、无形资产和其他长期资产的损失(减：收益) = – 50 000(元)。

(5) 固定资产报废损失 = 19 700(元)。

(6) 财务费用 = 41 500(元)。

(7) 投资损失(减：收益) = – 31 500(元)。

(8) 递延所得税资产减少 = 0 – 9 900 = – 9 900(元)。

(9) 存货的减少 = 2 580 000 – 2 484 700 = 95 300(元)。

(10) 经营性应收项目的减少 = (246 000 – 66 000) + (299 100 + 900 – 598 200 – 1 800) = – 120 000(元)。

(11) 经营性应付项目的增加 = (100 000 – 200 000) + (100 000 – 100 000) + [(180 000 – 28 000) – 110 000] + [(226 731 – 100 000) – 36 600] = 32 131(元)。

根据上述数据，编制现金流量表(见表 12-7)及其补充资料(见表 12-8)。

表 12-7　现 金 流 量 表

会企 03 表　　　　编制单位：甲股份有限公司　　　　2019 年 12 月 31 日　　　　单位：元

项　目	本期金额	上期金额
一、经营活动产生的现金流量：		略
销售商品、提供劳务收到的现金	1 322 500	
收到的税费返还	0	
收到其他与经营活动有关的现金	0	
经营活动现金流入小计	1 322 500	
购买商品、接受劳务支付的现金	392 266	
支付给职工以及为职工支付的现金	300 000	
支付的各项税费	204 399	
支付的其他与经营活动有关的现金	50 000	
经营活动现金流出小计	946 665	
经营活动产生的现金流量净额	375 835	
二、投资活动产生的现金流量：		
收回投资收到的现金	16 500	
取得投资收益收到的现金	30 000	
处置固定资产、无形资产和其他长期资产收回的现金净额	300 300	
处置子公司及其他营业单位收到的现金净额	0	
收到其他与投资活动有关的现金	0	
投资活动现金流入小计	346 800	
购建固定资产、无形资产和其他长期资产支付的现金	451 000	
投资支付的现金	0	
取得子公司及其他营业单位支付的现金净额	0	
支付其他与投资活动有关的现金	0	
投资活动现金流出小计	451 000	
投资活动产生的现金流量净额	–104 200	

续表

项　目	本期金额	上期金额
三、筹资活动产生的现金流量:		
吸收投资收到的现金	0	
取得借款收到的现金	400 000	
收到其他与筹资活动有关的现金	0	
筹资活动现金流出小计	400 000	
偿还债务支付的现金	1 250 000	
分配股利、利润或偿付利息支付的现金	12 500	
支付其他与筹资活动有关的现金	20 000	
筹资活动现金流出小计	1 282 500	
筹资活动产生的现金流量净额	-882 500	
四、汇率变动对现金及现金等价物的影响	0	
五、现金及现金等价物净增加额	-610 865	
加:期初现金及现金等价物余额	1 406 300	
六、期末现金及现金等价物余额	795 435	

表 12-8　现金流量表补充资料

补　充　资　料	本期金额	上期金额
1. 将净利润调节为经营活动现金流量:		略
净利润	197 704	
加:资产减值准备	30 900	
固定资产折旧、油气资产折耗、生产性生物资产折旧	100 000	
无形资产摊销	60 000	
长期待摊费用摊销	0	
处置固定资产、无形资产和其他长期资产的损失(收益以"-"号填列)	-50 000	
固定资产报废损失(收益以"-"号填列)	19 700	
公允价值变动损失(收益以"-"号填列)	0	
财务费用(收益以"-"号填列)	41 500	
投资损失(收益以"-"号填列)	-31 500	
递延所得税资产减少(增加以"-"号填列)	-9 900	
递延所得税负债增加(减少以"-"号填列)	0	
存货的减少(增加以"-"号填列)	95 300	
经营性应收项目的减少(增加以"-"号填列)	-120 000	
经营性应付项目的增加(减少以"-"号填列)	32 131	
其他	10 000	
经营活动产生的现金流量净额	375 835	
2. 不涉及现金收支的重大投资和筹资活动:		
债务转为资本	0	

补 充 资 料	本期金额	上期金额
一年内到期的可转换公司债券	0	
融资租入固定资产	0	
3. 现金及现金等价物净变动情况:		
现金的期末余额	795 435	
减: 现金的期初余额	1 406 300	
加: 现金等价物的期末余额	0	
减: 现金等价物的期初余额	0	
现金及现金等价物净增加额	−610 865	

任务五　所有者权益变动表

一、所有者权益变动表概述

1. 概念

所有者权益变动表是指反映构成所有者权益的各组成部分当期增减变动情况的报表。通过此表,可以全面反映所有者权益增减变动的信息,让报表使用者准确理解所有者权益增减变动的根源。

2. 内容和列报格式

在所有者权益变动表中,企业至少应当单独列示反映下列信息的项目:

(1) 净利润;

(2) 直接计入所有者权益的利得和损失项目及其总额;

(3) 会计政策变更和差错更正的累积影响金额;

(4) 所有者投入资本额和向所有者分配利润等;

(5) 提取的盈余公积;

(6) 实收资本或股本、资本公积、盈余公积、未分配利润的期初和期末余额及其调节情况。

通常所有者权益变动表可以分为以下两种列报格式:

(1) 以矩阵形式列报。一方面列示导致所有者权益变动的交易或事项,按所有者权益变动的来源对一定时期所有者权益的变动的情况进行全面反映;另一方面按照所有者权益组成部分及其总额列示交易或事项对所有者权益的影响。

(2) 列示所有者权益变动表的比较信息。根据相关规定,企业需要提供所有者权益变动表的比较,故还应就各项目再分为"本年金额"和"上年金额"两栏分别填列。

二、所有者权益变动表的结构

现行所有者权益变动表采用矩阵式结构来列示构成所有者权益的各组成部分当期的增减变动情况,表中各项目再分为"本年金额"与"上年金额"两栏分别填写,如表12-9所示。

表 12-9 所有者权益变动表

会企 04 表

编制单位：　　　　　　　　　　年度：　　　　　　　　　　单位：元

项目	行次	本年金额						上年金额					
		实收资本（或股本）	资本公积	盈余公积	未分配利润	减：库存股	所有者权益合计	实收资本（或股本）	资本公积	盈余公积	未分配利润	减：库存股	所有者权益合计
一、上年年末余额													
加：会计政策变更													
前期差错更正													
二、本年年初余额													
三、本年增减变动金额（减少以"—"号填列）													
（一）净利润													
（二）直接计入所有者权益的利得和损失													
1. 可供出售金融资产公允价值变动净额													
2. 权益法下被投资单位其他所有者权益变动的影响													
3. 与计入所有者权益项目相关的所得税影响													
4. 其他													
以上（一）和（二）小计													

续表

项　目	行次	本年金额						上年金额					
		实收资本（或股本）	资本公积	盈余公积	未分配利润	减：库存股	所有者权益合计	实收资本（或股本）	资本公积	盈余公积	未分配利润	减：库存股	所有者权益合计
（三）所有者投入和减少资本													
1. 所有者投入资本													
2. 股份支付计入所有者权益的金额													
3. 其他													
（四）本年利润分配													
1. 提取盈余公积													
2. 对所有者（或股东）的分配													
3. 其他													
（五）所有者权益内部结转													
1. 资本公积转增资本（或股本）													
2. 盈余公积转增资本（或股本）													
3. 盈余公积弥补亏损													
4. 其他													
四、本年末余额													

三、所有者权益变动表的填列方法

(1)"上年年末余额"项目，反映企业上年资产负债表中实收资本(或股本)、资本公积、库存股、盈余公积、未分配利润的年末余额。

(2)"会计政策变更""前期差错更正"项目，分别反映企业采用追溯调整法处理的会计政策变更的累计影响金额和采用追溯重述法处理的会计差错更正的累积影响金额。

(3)"本年增减变动额"项目。

①"净利润"项目，反映企业当年实现的净利润(或净亏损)的金额。

②"直接计入所有者权益的利得和损失"项目，反映企业当年直接计入所有者权益的利得和损失金额。

"可供出售金融资产公允价值变动净额"项目，反映企业持有的可供出售金融资产当年公允价值变动的金额。

"权益法下被投资单位其他所有者权益变动的影响"项目，反映企业对按照权益法核算的长期股权投资，在被投资单位除当年实现的净损益以外其他所有者权益当年变动中应享有的份额。

"与计入所有者权益项目相关的所得税影响"项目，反映企业根据《企业会计资本第18号——所得税》规定应计入所有者权益项目的当年所得税影响金额。

③"所有者投入和减少资本"项目，反映企业当年所有者投入的资本和减少的资本。

"所有者投入资本"项目，反映企业接受投资者投入形成的实收资本(或股本)和资本溢价或股本溢价。

"股份支付计入所有者权益的金额"项目，反映企业处于等待期中的权益结算的股份支付当年计入资本公积的金额。

④"利润分配"项目，反映企业当年的利润分配金额。

"提取盈余公积"项目，反映企业按照规定提取的盈余公积。

"对所有者(或股东)的分配"项目，反映对所有者(或股东)分配的利润(或股利)金额。

⑤"所有者权益内部结转"项目，反映企业构成所有者权益的组成部分之间的增减变动情况。

"资本公积转增资本(或股本)"项目，反映企业以资本公积转增资本或股本的金额。

"盈余公积转增资本(或股本)"项目，反映企业以盈余公积转增资本或股本的金额。

"盈余公积弥补亏损"项目，反映企业以盈余公积弥补亏损的金额。

任务六　财务报表附注

一、财务报表附注概述

1. 概念

财务报表附注是对资产负债表、利润表、现金流量表和所有者权益变动表等报表中列示项目的文字描述或明细资料，以及对未能在这些报表中列示项目的说明等。财务报表附注是对财务报表的补充,是财务报表的重要组成部分,通过附注可以使报表使用者全面了解企业的各项财务信息。

2. 形式

报表附注有旁注和解注两种形式。旁注是在财务报表的有关项目后用括号加注说明的一种附注形式,主要适用于有关报表项目的名称或金额受到限制而需要简单补充的情形。脚注是在基本财务报表后面以文字或数字补充说明的一种附注形式。

二、财务报表附注的内容

按照现行会计准则要求,财务报表附注应当披露以下主要内容。

1. 企业的基本情况

(1) 企业注册地、组织形式和总部地址。

(2) 企业的业务性质和主要经营活动。

(3) 母公司以及集团最终母公司的名称。

(4) 财务报告的批准报出者和财务报告批准报出日。

2. 财务报表的编制基础

企业应当以持续经营为基础,根据实际发生的交易和事项,按照会计准则的规定进行确认和计量,在此基础上编制财务报表。以持续经营为基础编制财务报表不再合理的,企业应当采用其他基础编制财务报表,并在附注中披露这一事实。

3. 遵循企业会计准则的说明

企业应当声明编制的财务报表符合企业会计准则的要求,真实、完整地反映了企业的财务状况、经营成果和现金流量等有关信息。

4. 重要会计政策和会计估计

企业应当披露采用的重要会计政策和会计估计,不重要的会计政策和会计估计可以不披露。在披露重要会计政策和会计估计时,应当披露重要会计政策的确定依据和财务报表项目的计量基础,以及会计估计中所采用的关键假设和不确定因素。

5. 会计政策和会计估计变更以及差错更正的说明

企业应当按照《企业会计准则第 28 号——会计政策、会计估计和差错更正》及其应用指南的规定,披露会计政策和会计估计变更以及差错更正的有关情况。

6. 重要报表项目的说明

企业对报表重要项目的说明,应当按照资产负债表、利润表、现金流量表、所有者权益变动表及其项目列示的顺序,采用文字和数字描述相结合的方式进行披露。报表重要项目的明细金额合计,应当与报表项目金额相衔接。

7. 其他需要说明的重要事项

例如或有事项、资产负债表日后事项和关联方关系及其交易等,具体披露要遵循相关准则的规定。

练 习 题

一、单项选择题

1. 在利润表中，要求详细列示营业收入、营业成本和费用，而对于投资收益只要求简略列示，这一做法体现了(　　)信息质量要求。

A. 重要性　　　　B. 客观性　　　　C. 配比性　　　　D. 谨慎性

2. 下列项目中，不符合现金流量表中现金的概念的是(　　)。

A. 企业的库存现金　　　　　　　B. 企业的银行汇票存款

C. 不能随时用于支付的定期存款　　D. 企业购入的 3 个月到期的国债

3. 下列各项中，不属于筹资活动产生的现金流量的是(　　)。

A. 吸收权益性投资收到的现金　　　B. 收回债券投资收到的现金

C. 发行债券收到的现金　　　　　　D. 借入资金收到的现金

4. "应付账款"明细账户中若有借方余额，应将其计入资产负债表中的(　　)账户的借方。

A. 应收账款　　　B. 应付账款　　　C. 预收账款　　　D. 预付账款

5. 下列资产负债表项目，可直接根据有关总账余额填列的是(　　)。

A. 货币资金　　　B. 应收账款　　　C. 存货　　　　　D. 未分配利润

二、多项选择题

1. 下列项目中，工业企业应列入资产负债表中的"存货"项目的是(　　)。

A. 发出商品　　　　　　　　　　B. 工程物资

C. 委托加工物资　　　　　　　　D. 在产品

2. 下列属于投资活动产生的现金流量的有(　　)。

A. 融资租入固定资产支付的租金　　B. 无形资产的购建与处置

C. 收到联营企业分回的利润　　　　D. 债权性投资的利息收入

3. 下列交易或事项中，不会影响当期现金流量的有(　　)。

A. 发放股票股利　　　　　　　　B. 计提固定资产折旧

C. 以长期投资偿还长期负债　　　　D. 以固定资产对外进行投资

三、业务题

根据以下业务资料，完成任务要求。

工业企业案例基本资料

(一) 企业基本概括

1. 企业名称：广州大唐科技有限公司(以下简称大唐公司，账套号写自己的学号)。

2. 开户银行：工商银行芳村支行。

3. 银行账号：4001030。

4. 纳税人类别：一般纳税人。

5. 纳税人税务登记号：214578442510545。

6. 纳税人电脑编码：454210545。

7. 执行税率：增值税税率 13%；所得税税率 25%。

8. 企业法定注册地址：广州市中山大道 5 号。

9. 联系电话：(020)81400699；邮政编码：510380。

10. 主营业务：涂料生产、销售。

(二) 总账科目余额资料

2019 年 11 月 30 日，大唐公司结账后有关账户余额资料如表 12-10 所示。

表 12-10　大唐公司结账后有关账户余额资料　　　　　单位：元

科　目	期初借方余额	期初贷方余额
库存现金	20 000	
银行存款	100 000	
应收账款——红星公司	30 000	
原材料——甲材料	26 000	
原材料——乙材料	6 000	
库存商品——A 产品	20 000	
固定资产	240 000	
累计折旧		23 040
应付账款——蓝天公司		18 960
实收资本——大唐集团公司		300 000
实收资本——海洋公司		100 000
合　计	442 000	442 000

(三) 2019 年 12 月份发生的经济业务

1. 2019 年 12 月 1 日，大唐公司收到大唐集团公司投入资本金 100 000 元，款项存入银行。

2. 2019 年 12 月 2 日，大唐公司向蓝鸟公司购入办公用汽车一辆，买价 50 000 元，已用银行存款支付。

3. 2019 年 12 月 4 日，大唐公司从蓝天公司购入甲、乙两种原材料。甲材料 50 千克，单价 240 元，计 12 000 元；乙材料 20 千克，单价 100 元，计 2 000 元。买价共计 14 000 元，增值税税额 1 820 元，全部款项已用银行存款支付。

4. 2019 年 12 月 8 日，大唐公司以银行存款支付华夏公司承运甲、乙材料的运杂费 1 400 元，其中甲材料 1 000 元，乙材料 400 元。

5. 2019 年 12 月 9 日，结转材料的实际采购成本 15 400 元，其中甲材料 13 000 元，乙材料 2 400 元。

6. 2019 年 12 月 11 日，大唐公司汇总发出甲材料 10 400 元用于 A 产品生产；发出乙材料 3 600 元，其中 A 产品耗用 2 400 元、车间一般耗用 1 200 元。

7. 2019 年 12 月 12 日，大唐公司计算应发工资总额为 66 000 元，其中 A 产品生产工人的工资 50 000 元，车间管理人员的工资 10 000 元，厂部管理人员的工资 6 000 元。

8. 2019 年 12 月 13 日，大唐公司按照工资总额的 14%计提职工福利费，按照 A 产品生产工人的工资计提 7 000 元，按照车间管理人员的工资计提 1 400 元，按照厂部管理人员的工资计提 840 元，共计 9 240 元。

9. 2019 年 12 月 14 日，大唐公司计提本月生产车间固定资产折旧 960 元。

10. 2019 年 12 月 17 日，大唐公司接银行通知，市自来水公司已通过托收无承付方式从公司账户内扣缴本月的水费 2 140 元。生产车间负担 1 640 元，行政管理部门负担 500 元。

11. 2019 年 12 月 18 日，大唐公司将制造费用 15 200 元转入生产成本。

12. 2019 年 12 月 19 日，大唐公司验收入库完工产品 A 产品 425 件，结转实际生产成本 85 000 元。

13. 2019 年 12 月 21 日，大唐公司出售给大金钟公司 A 产品 260 件，单价 500 元，增值税专用发票注明价款 130 000 元，增值税税额 16 900 元，共计 146 900 元，银行转账收讫。

14. 2019 年 12 月 31 日，大唐公司结转已销 A 产品 260 件，实际生产成本 52 000 元。

15. 2019 年 12 月 31 日，大唐公司计算本月应交城市维护建设税 1 055.60 元，计算应交教育费附加 452.40 元，共计 1 508.00 元。

16. 2019 年 12 月 31 日，大唐公司用银行存款支付广州日报社广告费 1 000 元。

17. 2019 年 12 月 31 日，大唐公司以银行存款支付购买厂部用办公用品(文具) 3 000 元。

18. 2019 年 12 月 31 日，大唐公司从银行提取现金 6 000 元以备日常开支。

19. 2019 年 12 月 31 日，大唐公司将本月实现的主营业务收入 130 000 元、主营业务成本 52 000 元、税金及附加 1 508 元、销售费用 1 000 元、管理费用 10 340 元转入"本年利润"账户。

20. 2019 年 12 月 31 日，大唐公司按所得税税率 25% 计算出 12 月份应交所得税税额为 16 288 元。

21. 2019 年 12 月 31 日，大唐公司将本月计提的所得税费用 16 288 元，转入"本年利润"账户的借方。

22. 2019 年 12 月 31 日，大唐公司将税后利润 48 864 元，转入"利润分配"账户。

要求：

(1) 编制大唐公司 2019 年 12 月份发生业务的会计分录；

(2) 编制大唐公司 2019 年 12 月份的资产负债表、利润表和现金流量表。

参 考 文 献

[1]　中华人民共和国财政部. 企业会计准则[M]. 北京：中国财政经济出版社，2019.

[2]　中华人民共和国财政部. 企业会计准则：应用指南[M]. 北京：中国财政经济出版社，2019.

[3]　财政部会计司. 企业会计准则讲解[M]. 北京：人民出版社，2019.

[4]　财政部会计资格评价中心. 中级会计实务[M]. 北京：经济科学出版社，2019.

[5]　中国注册会计师协会. 会计[M]. 北京：中国财政经济出版社，2020.

[6]　中国注册会计师协会. 税法[M]. 北京：中国财政经济出版社，2020.

[7]　张志凤. 中级会计实务[M]. 北京：北京大学出版社，2020.